テニス指導教本

公益財団法人
日本テニス協会
［編］

大修館書店

まえがき

　約35年前，日本テニス協会が初めて公認指導員制度を導入した際，榎本正一氏（現関東テニス協会副理事長），中川暢行氏（現関東テニス協会事務局長）と私の3人で携わらせていただきました。その後，昭和63年から文部省（現文部科学省）と日本体育協会の連名による公認指導員制度が発足し，平成17年には新しい制度に改革されました。私たちがスタートさせた当時には教本もなく，知識と現場の経験を織り交ぜただけのものでしたが，この35年間に指導の現場は心・技・体のみならず，科学的分野も含めて飛躍的に進歩いたしました。この「テニス指導教本」も1998年に初版が発行されてから，2005年に改訂され，このたびは10年ぶりに3回目の発行となります。

　ここ数年の日本のテニス界は，錦織選手を始めとする選手たちの活躍やジャパンオープン等の大会の成功で，飛躍的に活性化いたしました。そのおかげでメディアに取り上げられる機会が増え，幼少年期の子どもたちからシニア世代の愛好家まで，テニスに対する関心が高くなり，テニス用品の売り上げ実績も伸びております。

　2020年の東京オリンピック・パラリンピックを控え，この機会に錦織選手に続く選手を育成することがテニスのさらなる飛躍につながるものと考えております。そのためには，選手の発掘とその選手を育てる優秀な指導者が不可欠です。全国各地で日々たゆまなく普及・指導・育成に努力をしていただいている指導者の皆様のお役に立てるような教本をとの想いから，日本のテニス界を挙げてあらゆる分野を網羅して作り上げたつもりです。

　今回初めて，テニスの普及のためのツールとして，現在日本テニス協会が最も力を注いでおりますTENNIS PLAY & STAYの指導方法を紹介いたしました。初心者でも30分ほどでラリーを楽しめるようになり，始める（PLAY）そして続ける（STAY）につながるツールですので，ぜひとも普及させて，テニス人口の増加につなげたいと考えております。

　さらにパラリンピックも控えておりますので，車いすテニスの内容も充実させるようにいたしました。ご存じの通り，国枝選手，上地選手の大活躍をはじめ，日本は車いすテニスの世界では先進国です。この分野での普及と発展にも力を注いで参ります。

　また，スポーツ指導者の質に対する期待も高まっておりますので，モラル，ガバナンス，コンプライアンスの向上にも努力していきたいと考えております。

　本書が指導者の皆様に幅広く活用され，テニスの普及・育成・強化につながっていくことを強く願っております。

　　平成27年11月

　　　　　　　　　　　　　　　　　　　　　　　　公益財団法人　日本テニス協会
　　　　　　　　　　　　　　　　　　　　　　　　　　　　専務理事　内山　勝

テニス指導教本Ⅰ

目次

まえがき………iii

第1章　テニスとは　　1

1-1．テニスの特徴と特性………2
  1．テニスの特徴………2
  2．テニスの競技特性………3
  3．テニスのスキル特性………3
    技術とは...3　スキルとは...3　オープンスキルとクローズドスキル...4
    オープンスキル上達のための練習の考え方...5　5つのゲームの状況...7

1-2．求められる指導者像………8
  1．指導者に必要な資質………8
  2．良い指導者とは………9
    ティーチングとコーチング...9　指導者としてのモラル...9　指導者の役割と使命...10
    指導者に必要な要素...11
  3．楽しくわかりやすい指導を………11
    TENNIS P&Sの導入...11　子どもたちの成長に合わせた指導...12
    ジュニアの初心者への指導...12　大人の初心者への指導...13

1-3．日本のテニス界………14
  1．日本のスポーツ施策………14
    スポーツ基本法...14　スポーツ立国戦略...15
  2．強化指導指針Ⅲ………15
    我が国の課題...15　強化指導指針Ⅲにおける強化の具体的構想案...15
    テニス指導者の現状...19
  3．テニス人口………19
    我が国のテニス人口...19　テニス人口の年代別構成比...19　課題...21

1-4．テニスの歴史………22
  1．テニスの始まり………22
  2．テニスの普及・発展………24

3．テニスの競技史と技術の発展………25
   テニス競技の発展…25　テニス競技の技術・戦術の発展…26
4．日本における普及・発展………27
   伝来と発祥…27　発展…28

第2章　テニスの技術　　33

2-1．テニスの技術構造とその仕組み………34
1．テニスの技術構造………34
2．テニスの技術の仕組み………35

2-2．ボディーコントロール………36
1．ボディーワーク………36
2．ラケットワーク………37
3．フットワーク………38
   ステップ…38　ストローク動作時のスタンス…39　サーブ動作時のスタンス…40

2-3．ボールコントロール………41
1．ボールの方向………41
2．ボールの回転………43
3．ボールのスピード………43
4．ボールの距離………43
5．ボールの高さ………43

2-4．グリップ………44
1．グリップについての考え方………44
2．基礎技術のグリップ………46
   グラウンドストローク動作…46　サーブ，ボレー，オーバーヘッドスマッシュ動作…47

2-5．基礎技術と応用技術………48
1．基礎技術の局面構造………48
   準備局面…48　主要局面…49　終末局面…49
2．基礎技術の特徴………49
   グラウンドストローク…49　サーブ…49　オーバーヘッドスマッシュ…60　ボレー…61
3．応用技術………64
   リターン…64　アプローチショット…64　ドロップショット…64　ロブ…65
   パッシングショット…65　ハーフボレー…65

第3章　テニスの科学　　67

- 3-1．テニスの科学とは………68
- 3-2．テニスのバイオメカニクス………70
  1. バイオメカニクスが指導現場に貢献できること………70
  2. バイオメカニクスにおける2つの分析方法………71
     キネマティクス（運動学）…71　キネティクス（運動力学）…71
  3. バイオメカニクスからみた動きの観察手順………72
  4. 技術改善の最適化ループ………74
  5. 知っておきたいバイオメカニクスの原理・原則………75
     バランス…75　慣性…76　作用・反作用の法則…76　運動量…76　弾性エネルギー…78
     身体の最適な使い方（運動連鎖とユニット動作）…78
- 3-3．テニスの運動生理学………80
  1. テニスのエネルギー供給過程………80
     ATP-CP系…81　解糖系：グリコーゲン（ブドウ糖）の無酸素的分解…81
     酸化系：グリコーゲン（ブドウ糖）・脂肪の有酸素的分解…82
     3つのエネルギー系の相互性…82　テニスの試合時における運動量と運動強度…83
  2. エネルギーの現れ方………84
     鍛えるべき筋肉とは…84　筋収縮の様式…86　筋線維の組成とスポーツ…87
     運動をコントロールする神経系…87
  3. テニスを通じた健康増進………88
     健康増進に向けた運動実施のガイドライン…88　テニスの運動強度と心肺機能への影響…89　テニスの生活習慣病予防への効果…90　テニスの骨の健康への効果…90
- 3-4．テニスの栄養学………92
  1. テニスプレーヤーと栄養………92
  2. 基本の栄養素………92
     糖質（炭水化物）…92　脂質（脂肪・油脂）…93　たんぱく質・アミノ酸…94
     ミネラル（無機質）…94　ビタミン…96
  3. 食生活における栄養バランス………96
     エネルギー摂取量…96　食事内容とバランス…96　ジュニアプレーヤーの栄養摂取…99
  4. トレーニング時の栄養………99
     トレーニング前の栄養…99　トレーニング中の栄養…99　トレーニング後の栄養…99
     試合時の栄養…99

3-5．テニスの心理学………100

1. 動機づけ（モチベーション）………100
   動機づけの意味と重要性...100　内発的動機づけと外発的動機づけ...101
   動機づけの方法...101
2. 運動技能の学習段階………103
   初級（運動の認知段階）...103　中級（運動の洗練段階）...104
   上級（運動の自動化段階）...104
3. 技術練習の基本的前提条件………105
   運動表象の形成...105　レディネス...106　練習開始時の能力レベルの考慮...106
   フィードバック...106
4. 技術練習の原則・方法………107
   反復練習...107　全習法と分習法...107　集中練習と分散練習...108　ブロック練習，ランダム練習，シリアル練習...108　過剰学習（オーバーラーニング）...108　転移...109
   メンタルプラクティスとイメージトレーニング...109
   プラトー（高原状態），スランプ（低迷状態）...109

第4章　テニスのルールと審判員　　113

4-1．テニスのルール・試合方法・マナー………114

1. テニス規則………114
   コートの準備...114　トス...115　遅刻...115　サーバーとレシーバーの義務...115
   まぎらわしいフォールト...115　まぎらわしい失点...116
   相手プレーヤーへの妨害...117　不可抗力の妨害...117
   プレーヤーが守る倫理規定（コード）...117　休憩および中断が許される時間...118
   セルフジャッジの試合におけるプレーヤーの役割...119
2. 試合方法………120
   ゲームのスコア...120　セットのスコア...120　タイブレークスコア方式...120
   マッチタイブレーク方式...120
3. テニスのマナー………121
   コード オブ コンダクト...121　スポーツマンシップについて...121

4-2．審判員………122

1. 審判員の種類………122
2. 審判員の役割………122

　　　　レフェリー…122　チーフアンパイア…123　チェアアンパイア…123
　　　　ラインアンパイア…126　ロービングアンパイア…127
　　3．補助員の役割………127
　　　　ボールパーソン…127

第5章　テニスの戦術　　　　　　　　　　　　　　　　　　　　　　　　129

5-1．戦術の基本的な考え方………130
　1．戦略と戦術………130
　2．テニスの戦術の原則的な考え方………130
　3．戦術を支える要素………132
　　　心理的要素…132　技術的要素…132　体力的要素…133
　4．ボールコントロール能力………133
　5．オープンコート………134
　　　空間的オープンコート…135　時間的オープンコート…135
　　　心理的オープンコート…136
　6．ポジショニング能力………136
　　　守備的ポジショニング…137　攻撃的ポジショニング…137
　7．試合における戦術様相………137

5-2．シングルスの戦術………140
　1．「始まりの局面」でのセオリー………141
　2．「ベースラインの局面」でのセオリー………141
　　　クロスコートラリー…141　センターセオリー…141
　　　ダウン・ザ・ラインへの配球…142
　3．「攻撃の局面」と「守備の局面」でのセオリー………143

5-3．ダブルスの戦術………144
　1．ボールコントロールとポジショニングのセオリー………144
　2．ポーチのセオリー………145
　3．ダブルスに特有のプレー………146
　　　サーブ時のパートナーのポジショニング…147　センターセオリー…147　ロブ…147

5-4．その他の戦術的要素………148
　1．心技体の面から………148
　2．試合環境の面から………149
　3．試合の流れから………150

第6章　テニスの指導論　　　　　　　　　　　　　　　　151

6-1. テニス指導の目標と内容………152
1. テニス指導の目標と内容………152
   テニス指導の目標…152　指導内容…153
2. プレーヤーに応じた指導………153
   プレーヤーの運動技能に応じた指導…153　プレーヤーのパーソナリティーに応じた指導…155　指導者が理解すべき学習の法則…156

6-2. 指導プログラムと指導技術………157
1. 指導の基本的な考え方………157
   ゲームに基づいた指導法（ゲーム・ベースド・アプローチ）…157　至適挑戦…157
   段階的指導法…157　難易度の設定方法…158
   指導で用いるプログラム・用具・設備…159　指導形態…160
2. 指導の実践………160
   モニタリング（観察）…161　マネジメント（組織・運営力）…161
   指導者の働きかけ…161　インストラクション…162　フィーディング…164
3. 評価………166
   指導計画の評価…166　評価の種類と役割…166　目標に準拠した評価…166
   評価の種類と実施上の留意点…167　評価の視点（観点別評価）…167

6-3. 指導計画の立案………169
1. 指導計画を作成することの意義………169
2. 指導計画の種類………169
3. 期計画の作成………170
   期の目標設定とプログラムの内容…170　課題の検討…170
   プログラムの配列と構成…171　学習タイプの種類と配置…171
   「ゲーム」の種類と配置…173
4. レッスン計画の作成………173
   レッスン計画とは…173　レッスン計画作成の手順とポイント…176
   指導上の留意点とつまずきへの準備…177

6-4. テニス指導の留意点………178
1. 指導の手順と留意点………178
   安全への配慮…178　継続は力なり…178　指導の目的を明確に…179
   準備は万全に…179　説明は簡潔に…179　公平に…179　指導の手順…180

2．中高年プレーヤーの指導………180
　　　安全への配慮...180　継続は力なり...180　社交が重要...180
　　　技術指導偏重は困りもの...181　テニスマナーやエチケット...181
　3．ジュニアプレーヤーの指導………181
　　　幼児期...181　児童期...181　思春期前...182　思春期...183　思春期後...183
　4．初心者指導の実際………184
　　　初心者指導のねらい...184　セルフテニスの指導...184　フォアハンドとバックハンドは同時進行で指導する...186　ミニラリーからミニダブルスへ...187　サーブの指導...187
　　　ボレーの指導...188　ミニダブルスの指導...188

6-5．TENNIS P&S 指導の実践………190
　1．TENNIS P&S とは………190
　2．なぜTENNIS P&S なのか………191
　　　国内におけるテニス人口の減少...191　世界のテニスの環境...191
　3．TENNIS P&S の実際………191
　　　ゲームに基づいたコーチング...191　試合中の局面と初心者への基本的な戦術指導...192
　4．tennis 10s………193
　　　tennis 10s とは...193　tennis 10s と子どもの発育段階...193
　5．tennis Xpress………194
　　　tennis Xpress とは...194　tennis Xpress と tennis 10s の違い...195
　6．TENNIS P&S の可能性と指導者の役割………196
　　　発想の転換...196　少子高齢社会への対応...196

第7章　車いすテニス　　197

7-1．車いすテニスの歴史と特性………198
　1．歴史と現状………198
　2．車いすテニスの特性………199
　　　身体的特徴...199　ルール・大会・クラス分け...200　運動形態...200
　3．車いすの特徴………200

7-2．車いすテニスの技術とチェアーワーク………202
　1．技術………202
　　　グラウンドストローク...202　サーブ...205　ボレー...205
　　　オーバーヘッドスマッシュ...205

2．チェアーワーク………206
　　　基本動作…206　ターンの方法…208　ボールへの近づき方…210
　　　チェアーワークセオリー…211
7-3．車いすテニスの練習法………213
　1．ウォーミングアップ………213
　　　1人で…213　2人で…215
　2．ドリル………215
　　　チェアーワークスキル…215　ヒッティング…217

第8章　テニスの体力トレーニング　　219

8-1．体力トレーニングの必要性とその原則………220
　1．体力トレーニングの必要性………220
　　　傷害の予防…220　運動能力の向上…221　精神的優位性…221
　2．テニスに必要な体力の要素………221
　　　筋力（パワー，筋持久力）…221　持久力…221　スピード…222　敏捷性…222
　　　柔軟性…222　コーディネーション（調整力）…222
　3．体力トレーニングの原理・原則………222
　　　オーバーロードの原理…223　特異性の原理…223　可逆性の原理…223
　　　全面性の原則…223　意識性の原則…223　漸進性の原則…223　反復性の原則…224
　　　個別性の原則…224
8-2．体力テストの実施と評価………225
　1．テニスフィールドテスト………225
　　　測定項目…226　テストに必要な用具…226　実施方法…226
　2．体力テストの評価………229
8-3．ウォーミングアップとクーリングダウン………230
　1．ウォーミングアップとは………230
　2．ウォーミングアップの効果………230
　3．ウォーミングアップの方法………231
　　　一般的ウォーミングアップの方法…231　専門的ウォーミングアップの方法…233
　4．クーリングダウンの効果………233
　5．クーリングダウンの方法………234
8-4．体力トレーニングの実際………236

1. コーディネーション（調整力）のトレーニング………237
   移動運動…237　回転運動（マット運動）…237　障害走…237　球技…237
   身体各部位と視覚の協応動作…237　テニス…237
2. 筋力のトレーニング………238
   アイソメトリックトレーニング…238　アイソトニックトレーニング…238
   アイソキネティックトレーニング…240
3. 筋持久力のトレーニング………240
4. パワーのトレーニング………240
5. スピードのトレーニング………243
6. 敏捷性のトレーニング………243
7. 全身持久力のトレーニング………244
   持続走トレーニング…244　インターバルトレーニング…244
   インターバルスキルトレーニング…245
8. 柔軟性のトレーニング………245
   スタティックストレッチング…245　ダイナミックストレッチング…246
9. 総合的体力トレーニング（サーキットトレーニング）………246

8-5. 発育発達期の体力トレーニング………248
1. 発育と発達………248
   身長の発育…249　体重の発育…249　筋と筋パワーの発育発達…250
   神経系の発育発達…251　呼吸循環器系の発育発達…251
2. 発育発達に応じたトレーニングのあり方………252
3. 各年齢期におけるトレーニング・ガイドライン………254
4. 子どものレジスタンストレーニングとその効果………255
   筋力の強化…256　外傷・障害の予防…257
5. 発育発達期における性差………257
   女性の身体的特徴…257　女性の体力と運動能力…258　月経について…259
   指導者の役割と注意点…261

8-6. 中高年者の体力トレーニング………262
1. 加齢による体力の変化………262
   体力・予備力の低下…262　個人差の拡大…264　最大心拍数の減少…264
2. テニスにおける中高年の体力の現状………264
3. テニス運動の効果………265
4. 中高年にとっての体力トレーニングとより良いコンディションづくり………266

第9章　テニスの指導における安全管理　　269

9-1．安全対策とその指導………270
- 1．応急手当とは………270
- 2．救命処置………271
  - 心肺蘇生法…271　AEDの使用法…272　気道異物に対する処置…273
- 3．運動器外傷・障害，その他の応急手当………274
  - スポーツ外傷・障害に対する応急手当…274　出血に対する応急手当…274
  - 熱中症に対する応急手当と予防，プレー指針…276
- 4．代表的な外傷・障害とその応急手当………278
  - 足関節捻挫…278　膝関節の外傷…279　膝関節の障害…279　筋痙攣…280
  - 肉離れ（筋断裂）…281　アキレス腱断裂…281　テニス肘…281

9-2．リスクマネジメント………283
- 1．スポーツの事故………283
  - 安全への意識…283　スポーツの事故事例…284　テニスの事故事例…284
- 2．スポーツ事故判例………284
  - テニスの事故判例…284　重要なスポーツ事故判例から学ぶ…287
- 3．指導者が知っておくべき法的知識………288
  - 法的責任…288　指導上の安全配慮義務について…289　違法性阻却事由…289
  - 事故の予防と事後補償…290
- 4．よりよいテニス環境を求めて－もう1つのリスクマネジメント………290

さくいん………292
あとがき………296
執筆者一覧………297

TENNIS
COACHING THEORY

1章

テニスとは

1-1 テニスの特徴と特性

1．テニスの特徴

　テニスは，球技種目の1つである。球技はネット型，ベースボール型，ゴール型などに分類されるが，テニスはネット型スポーツとしてネットを介しておこなわれる。そして，道具（ラケットとボール）を使い，いろいろな技術を利用しながら，1人（シングルス）あるいは2人（ダブルス）で相手とポイントを競うことが特徴である。

　また，老若男女が生涯を通して楽しめるスポーツでもあり，生涯スポーツ種目として健康増進や体力増強などの観点からも大変価値が高い。さらに，男女が組んで出場できるミックスダブルスの種目（公認大会）があり，他の球技にはみられない競技性に関する特徴もある。

［生涯スポーツとしての特徴］
▶2～4人いれば手軽にプレーでき，シングルスやダブルスのゲームができる。
▶プレーヤーの体力レベルや技術レベルに応じ，運動量などを調整してプレーできる（年齢別トーナメントなどがある）。
▶相手プレーヤーと接触がないので安全性が高い。
▶審判のコールなどはすべて英語表記であり，国際的なスポーツ種目である。
▶ミックスダブルスのゲームのように男女で楽しめる。
▶適度な運動強度であることから，健康の維持や体力向上などの観点から有効なスポーツ種目である。

［対人的スポーツとしての特徴］
▶相手のストロークや動作から，コースや戦況を予知・予測しなければならない。
▶相手の戦法や試合のペース，リズムをよく観察しなければならない。

▶あらゆる時点で諸状況を判断し，最善の行動を決定・実行しなければならない。
▶試合中は，誰からの助言も受けられない（団体戦やダブルスを除く）。
▶ポイント間やセット間の時間を利用して，対策が考えられる。

2．テニスの競技特性

テニスの競技特性としては，次のようなことが考えられる。
▶運動と休息を交互に繰り返し，あらゆるショット（技術）を使いながらポイントを取得していく。
▶無酸素性のエネルギー過程を主とするが，ポイントの時間によっては，乳酸などを発生するエネルギー過程（解糖系）を利用する場合もある。
▶トーナメントなどでは，勝利すると毎日試合がおこなわれることが多く，疲労を回復する能力も必要である。
▶ラリーテンポは，道具の進化によってますます高速化の方向である。
▶男女が組むミックスダブルスも公式化しており，チームワークや戦術なども重要である。

エリートプレーヤーの試合におけるプレー時間（表1-1）を見ると，テニスの競技特性が把握できる。一般のプレーヤーについても，時間的には差があるものの，同様な傾向にあることから，指導者はこれらの競技特性を理解して，指導していく必要がある。

3．テニスのスキル特性

1―技術とは

スポーツにおける技術とは，特定の課題（運動課題）を合理的に解決するために考案された運動のおこない方のことである。テニスで考えると，ボールをコート内のある場所にワンバウンドで打つことをグラウンドストロークと呼んでいるが，そのストロークを正確性とスピードとを調和させて効果的に打つ方法が，目標とする1つの技術となる。

2―スキルとは

技術を練習によって習得し，試合中の状況に応じて運動を調整しながら，実行する能力のことをスキル（技能，スポーツ達成力）と呼んでいる。

例えば，サーブでスピンをかけて正確に打つことやスピードのあるショットを打つこと，また，相手から角度をつけて打たれたボールに対して，グラウンドストロークで相手のいないオープンコートに効果的なボールを打つことなど，課題に

表1-1　エリートプレーヤーの試合におけるプレー時間（梅林）

	添田選手 vs シュットラー選手	寺地選手 vs スリチャパン選手	本村選手 vs ホップ選手
1試合全体（プレー時間）	1371秒（22分51秒）	791.4秒（13分11秒4）	636.2秒（10分36秒2）
1ポイント最長	29秒	26秒	20.9秒
1ポイント最短	1.7秒	1.4秒	1.6秒
1ポイント平均（ダブルフォルトは除く）	8.1秒	7.3秒	6.1秒
試合全体の時間	2時間10分	1時間30分	1時間15分

合うように運動を調整し，実行することのできる能力を表わしている。

このスキルには3つの要素が（図1-1）あり，技術のほかに，体力，精神力が深く関わっている。スキルを効果的に高めるためには，技術を正しく理解して身につけるとともに，スキルに関連した体力を高め，さらに意欲，集中力などの精神力を養うことが必要になる。このようにしてスキルを高めることが，最終的にはテニスの試合で良い結果を導くことになる。

とかくテニスは，技術練習に多くの時間を割く傾向がある。しかし，例えば断続的に繰り返しおこなわれるラリーを試合の後半まで続けるためには，有酸素的な持久力をベースに無酸素的な持久力をつけていくことが必要となる。また，緊迫したゲームで効果的なショットを打つためには，精神的な強さ（メンタルタフネス）も必要となってくる。パフォーマンスは，これらの総合的な能力によって左右されるのである。

また，これらの3要素の練習における比率には年齢も考慮する必要がある。ジュニア期（5，6歳～13，14歳ぐらい）は，調整力（コーディネーション能力）が発達する時期であるため，技術的要素をしっかりと練習していくことが重要となる。また，12，13歳～成人期にかけては，発育発達期のピークから完成期の期間であるため，体力的要素（スタミナ系や筋力系）に加え，精神的要素にもウエイトを置かなければならなくなる。成人期～中高年・高齢者時期においては，プレーヤーの特徴に応じて，技術や体力のバランスを十分に考えていく必要がある。

3 ― オープンスキルとクローズドスキル

スポーツにおけるスキルは，オープンスキルとクローズドスキルに大別することができる（表1-2）。

オープンスキルとは，絶えず変化する外的な状況に対応して発揮されるスキルのことである。すなわち，相手の状態やボールの位置によって動作（技術）を選択しなければならない状況で発揮される。この場合には，状況を判断するための知覚的な認識が重要となる。

これに対してクローズドスキルは，外的環境はあまり変化しない状況で発揮されるスキルのこと

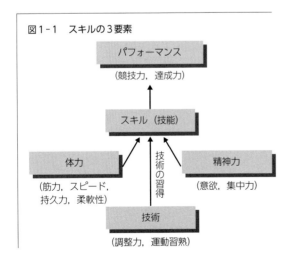

図1-1　スキルの3要素

表1-2　オープンスキル型・クローズドスキル型のスポーツ種目

オープンスキル型 （視覚，聴覚が重要）	クローズドスキル型 （身体の動きの感覚が重要）
サッカー	器械運動
バスケットボール	陸上競技
バレーボール	水泳
テニス	スキー
柔道	スケート
剣道	

である。すなわち，同じ環境で，決められた動作を確実におこなわなければならない状況で発揮される。この場合には，自分がどう動いたかというような，身体についての感覚的な認識が重要となる。

一打ごとに相手やボールの動きに対応しなければならないテニスは，オープンスキルが多く発揮されるスポーツ種目である。プレーには，いろいろな状況が存在し，それに対処するためには，オープンスキルの特性を理解し，練習方法をいろいろと工夫することが大切である。

初心者（初期の各ストロークの基本技術をマスターする段階）では，クローズドスキルの練習場面が多い。しかし，実際のゲームでは，「どう打つか」よりも，「相手や戦況を見据えながら，どこに，どのような効果的なボールを打つか」が重要となる。オープンスキルの練習を工夫していくことが，パフォーマンスの向上につながるのである。

4──オープンスキル上達のための練習の考え方

いろいろなスキルをゲームで用いるためには，プレーヤーは，周りの状況を知覚し，意思の決定をおこない（打つべきショットを選択する），技術を実行するといったステップを瞬時におこなわなければならない。さらにボールを打ったあとには，そのプレーの選択と実行はよかったのか，またうまくいかなかった場合には，何が悪かったのかをフィードバックする必要がある。

このような過程は，プレー中，いつもおこなわなければならないのである。すなわち，オープンスキルを上達させるためには，『知覚』→『意思決定』→『実行』→『評価・フィードバック』の4つの過程を考えなければならない（図1-2）。

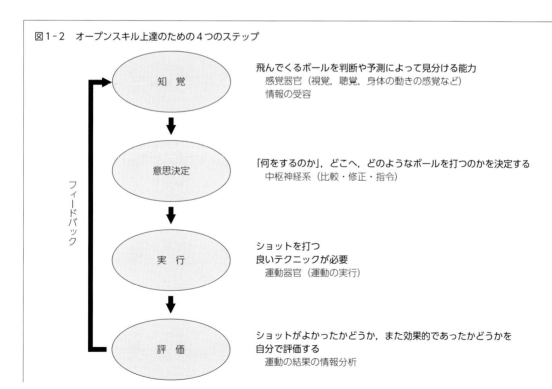

図1-2　オープンスキル上達のための4つのステップ

知覚
飛んでくるボールを判断や予測によって見分ける能力
感覚器官（視覚，聴覚，身体の動きの感覚など）
情報の受容

意思決定
「何をするのか」，どこへ，どのようなボールを打つのかを決定する
中枢神経系（比較・修正・指令）

実行
ショットを打つ
良いテクニックが必要
運動器官（運動の実行）

評価
ショットがよかったかどうか，また効果的であったかどうかを自分で評価する
運動の結果の情報分析

フィードバック

1——知覚

テニスでは，飛んでくるボールを見分け（コース，スピン，高さ，スピード，深さなど），そのときのゲームの状況を考慮して，相手の位置なども的確に認識する必要がある。そのため予測能力もフルに発揮することが大切で，予測は相手の技術的な側面と戦術的な側面からおこなうべきである。

[相手がおこなおうとすることの予測]

相手の技術的・戦術的な特性を十分に理解することは重要である。ゲームのいろいろな状況において，相手があまりしないこと，またできないことなども予測することが必要である。例えば，自分がネットの位置にいるとき，相手は，ロブをほとんど使わず，クロス方向にフォアハンドストロークのショットを打ってくることが多い傾向であれば，そのショットを予測し，ネットにできるだけつめて，次にボレーを打てるように準備することが重要である。

[予測の4つのタイプ]

①知覚的予測

視覚的にそのボールがどこに落ちるか，ボールの性質等をインパクト後にすぐに予測する。つまり，回転，スピード，高さ，コートのサーフェスなどから，ボールの軌跡を予測する必要がある。これについては，インパクト後の予測が主であるが，インパクト前の相手の状況が加味されることも多い。

②技術的予測

相手プレーヤーが，総合的にはどのようなテニスをおこなうのか，また，どのショットが得意か，あるいは苦手か，相手のグリップ，レディポジション（準備状態），身体の動き，インパクトの位置，ラケットの軌跡などを参考に予測する。

③戦術的予測

過去のプレーパターンの分析をおこない，相手がどのような戦術を用いるか，また，いろいろな場面においての戦術的要素の特徴などをもとに，戦術のデータを多くもつようにする。

④ポジション的予測

後陣でのラリー時に，相手のポジションによって，打ってくる可能性のあるコースの真ん中に位置することや，相手のボールが浅いと判断したら，少し前のポジションをとるなど，ショットの可能性を判断し，それに対応したポジションをとる。

2——意思決定

状況を知覚すると，次に「何をするのか」，すなわち，どこへどのようなボールを打つのかを決定する。これには，現在自分がどのような状況に置かれているのかを十分把握していなければならない。自分の置かれている状況には，ゲームの状況とパフォーマンス発揮の程度に関する状況がある。

3——実行

プレーヤーは意思決定すると，次の段階として実行，すなわちショットを打つことになる。もちろん，基礎技術が正確におこなえれば，それがボールコントロールにもつながっていく。特に，すべてのショットに通じる基本的打法であるグラウンドストロークは重要で，さまざまなショットに関連した技術や，バランスのある動きに影響を与え，打ったボールの有効性が高くなる。

4——評価・フィードバック

打ったボールに対して，良かった点と悪かった点を考える。このとき，知覚，意思決定，実行の3段階でミスがなかったかを考える。コーチは，視覚的（デモンストレーション），聴覚的（説明），運動感覚的（身体で覚えさせる）にプレーヤーに伝えることが大切である。このフィードバックに

おいては，プレーヤーが自分自身でおこなう場合と指導者におこなってもらう場合の2つがある。

練習法としては，単にクロスラリー練習をするのではなく，「シングルスのゲームを想定し，バックハンドストロークを使ったラリーをおこない，打ったあとは，センターマーク付近に戻り，そしてチャンスボールがきたら，ストレートコースへ積極的にエースをねらいにいく」というように，指導者はプレーヤーの技能レベルに応じて，目標やプレーの状況を設定する。そして，そのなかで有効な具体例を課題としてプレーヤーに説明し，実践させ，どこが良いのか悪いのかを指示していくことで，オープンスキルを上達させることができる。

プレーヤー自身が判断し，実行していく場を多く設定することによって，このオープンスキルが向上していくのである。個人に応じたそれぞれの状況のなかでの課題を設定し，練習していくことは，確実に実践に役立つはずである。

5 ― 5つのゲームの状況

テニスのプレーにおいては，以下の5つのゲーム状況がある（Louis Cayer, ITFより梅林が改変）。

①サーブをするとき
②サーブを返すとき
③2人ともバックコートにいるとき
④自分がネットにつこうとしているか，またはすでにネットにいるとき
⑤相手がネットにつこうとしているか，またはすでにネットにいるとき

指導者は，この5つの状況を常に考えながら，より効果的な練習メニューを作成していくことが重要である。このことにより，プレーヤーのその状況でのスキルが向上し，また，このときの戦術的・技術的な面からの指導により，オープンスキルの能力が効果的に向上するものと考えられる。

1-2 求められる指導者像

1. 指導者に必要な資質

テニスは，子どもから高齢者まで，世代を超えて楽しめるスポーツである。また，テニスは世界で最も普及したスポーツの1つであり，ラケットを1本持っていれば，世界中どこでも誰とでもプレーを楽しめ友人をつくることができる。言葉が通じなくても，テニスは共通の言語のような役割を果たしてくれる，とてもすばらしいスポーツである。

このように，テニスは老若男女を問わずに楽しめるスポーツであるがゆえに，プレーヤーそれぞれの目標は千差万別である。ある人は体力維持や健康のため，ある人は友人をつくるため，また，ある人は競技者としてチャンピオンをめざすため，さまざまである。

一方，テニスは学校や地域のボランティアでの指導のみならず，世界的にその指導過程が1つの産業として確立しているスポーツである。つまり，指導者には，いくつかの種類があって，それぞれがそれぞれの立場で指導理念や指導方法を共有する現状である。

いずれの指導者も，それぞれの指導対象のニーズに的確に対応できなくてはならないが，以下に示す指導者として必要な資質はそう変わるものではない。

▶常に学び続ける向上心
▶豊富な知識
▶鋭い洞察力，正確・的確な状況判断
▶毅然とした態度
▶指導するすべての対象者に対する敬意
▶指導する対象者から尊敬される立ち振る舞い（言葉遣い，服装も含む）
▶信念をもった指導

これらの資質をもった優れた指導者が、楽しみのためのプレーヤーに対しても、競技者をめざすプレーヤーに対しても、テニスのすばらしさと大きな喜びを伝えることができるのである。そして、優れた指導者によって指導されたプレーヤーは、後に優れた指導者となり、継承されていく。1人の優れた指導者が後にたくさんの優れた指導者を輩出することにより、テニスがさらに普及し、活性化するのである。

　（公財）日本体育協会が、2003年12月に「21世紀のスポーツ指導者～望ましいスポーツ指導者とは～」という小冊子を発行した。（公財）日本テニス協会（JTA）は、日体協の推奨する一貫指導システム構築の実践をめざす立場から、この冊子の骨子に則った指導者育成をおこなっている。詳しくは、日本体育協会のホームページ（http://www.japan-sports.or.jp/）を参照していただきたい。

2．良い指導者とは

1―ティーチングとコーチング

　ティーチングとは、指導者が理解している基本や方法を伝え教えることである。例えばテニスコートで、初心者や経験の浅いプレーヤーに対して、テニスの基本や動きを説明したり指示したりすることである。それに対してコーチングは、コミュニケーションを通じて効果的な問いかけをすることにより、プレーヤーに考えさせ、その能力や資質を引き出し、行動に結びつけることである。つまり、プレーヤーがなりたいと思う自分に近づけるためのサポートをすることである。

　子どもたちに質問するときに「昨日勝ったの？」というようなイエス・ノーを求める問いかけではなく「昨日はどんな試合ができた？」というように5W1H（なぜ、なにを、いつ、どこで、だれと、どのように）が表現できるような問いかけで会話をつなげ、コミュニケーションを図る配慮が大切である。

　テニスの指導においては、プレーヤーの経験度や場面に応じてティーチングとコーチングを使い分けることが必要な場合があるが、スポーツの意義やプレーヤーが主役だということを考えると、コーチングの果たす役割を重視して活用したい。

2―指導者としてのモラル

　「我々は学ぶことをやめたときに、教えることをやめなければならない。」この指導者としてのありようたる金言を、耳や目にした人は少なくないであろう。フランスのサッカー指導者ロジェ・ルメール氏の味わいある言葉である。

　経験にあぐらをかくのではなく、社会やテクノロジーの進歩・発展、スポーツ医科学はもちろん、指導法の変遷や技術の進化を真摯にみつめ、自らの知識や能力の向上に努力し続けたいものである。指導者として見かける3つのタイプをあげる。

1―管理・指示命令型

　プレーヤーが主人公でなく、指導者中心になりがちで絶対的な権限をもつ。コミュニケーションが一方通行になりがち。情熱的ではあるが「手取り足取り」の指導や1人のプレーヤーに関わる時間が長く、ともすれば教えすぎる傾向がみられる。ある種のカリスマ性をもつ。

2―自由放任主義型

　「プレーヤーの自主性尊重」との聞こえはよいが、決断が必要なときに方針があいまいで、プレーヤー任せとなることがある。プレーヤーにとってはものわかりがよく、意見や希望をすぐ聞

いてくれるが，結果として甘やかしたり，挨拶やマナーなど大切なことがなおざりにされたりする。必要な場面で技術や戦術などの助言がなかったり，練習がマンネリ化しやすくなったりする。

③―協調および協同型

プレーヤーが主人公であることをわきまえ，指導者自身も活動を通してともに人間的に成長する機会であることを理解している。誤りがあったときでも，プレーヤーの前でも率直に認め訂正する謙虚さを失わない。コミュニケーションは双方向だが聞くことを大切にしている。もし活動を通じて不正やいじめを発見したときには，断固たる態度がとれる。

テニスの指導は，単に技術を教えて上達をめざしたり，勝つことを目標にしたりするだけではない。とりわけプレーヤーが若年層であるほど教育的要素が強くなり，テニスを通じての成長や人格形成にかかわることが多い。

したがって学習を深め指導経験を積むなかで，その人なりの一貫した「指導哲学」「コーチング哲学」を確立したいものである（マートン，2013）。それは経験の積み重ねから蓄積されてきた指導に関するものの見方考え方であり，行動の指針となるものである。指導の現場において困難に直面したり，迷ったり悩んだりしたときの道しるべの役割をもつ。さまざまな年代層との出会いや求められる指導内容がより高いレベルである場合の指標となるだろう。

また自らの人格を高めることにより，プレーヤーとの信頼関係は深まる。その土台としてスポーツマンシップとフェアプレーに代表されるテニスのマナーやエチケットの手本となるような言動が求められる。

最近社会的にも問題となっている学校やスポーツ界における体罰やいじめ，各種のハラスメントおよびそれに類する行為は，どんな理由があっても起こしてはならないし，見逃してはならない。また反倫理的な言動がないように自覚しつつ，黙認や隠ぺいをせず速やかに適切に解決すべきである。参考資料として次の文書を理解しておこう。

▶（公財）日本体育協会，日本オリンピック委員会，日本障害者スポーツ協会，全国高等学校連盟，日本中学校体育連盟「スポーツ界における暴力根絶宣言」（2013年4月）
▶JTA「スポーツ指導等に伴う暴力とハラスメントについて－理事会決議に基づく会長声明」（2013年3月）
▶（公財）日本体育協会指導者育成専門委員会・監物永三委員長名による「スポーツ指導現場における暴力根絶について　公認スポーツ指導者の皆様へのメッセージ」（2013年2月14日）

❸―指導者の役割と使命

テニスの指導者（コーチ）の役割とやりがいについて考えてみよう。もし小学生の初心者に出会ったとしよう。発育発達が著しいこの時期にテニスの楽しさを共有し，成長のアルバムを重ねていく過程は，指導者・プレーヤー双方にとって忘れがたいものとなるだろう。もし高齢者とテニスの楽しさや達成感をともにすることができたら，双方にとって生きがいと感じる時間ではないだろうか。

このようにして考えてみると，私たちは国際的で老若男女誰もが楽しめるテニスというスポーツを通じて，さまざまな人びと（プレーヤー）に出会い，その進歩や成長をサポートして喜びを共有できるという大変やりがいある仕事にかかわっている。そのことはテニスという分野での，スポーツ文化の歴史を発展させるという事業の一翼を担っていると言えよう。

4 ─ 指導者に必要な要素

▶経験主義・主観主義に陥ることなく，世界のテニス技術の進歩や指導法の変遷に目を向け，日常の指導に生かすことができる。

▶スポーツ医科学やテクノロジーの進歩・発展に関心をもっている。

▶トッププロの姿勢や対戦相手へのリスペクトなどを見るために試合会場へ足を運んだり，他の競技の指導者の話に耳を傾けたり，指導書など読書の習慣を身につけたりしている。

▶国や地方のスポーツ行政，テニス施設やテニス人口の推移に関心をもっている。

▶環境問題（地球温暖化など）とりわけ3R(Reduce, Reuse, Recycle)，そしてゴミの分別など，テニスコートの内外で可能なことから実践している。合い言葉は「Think Globally, Act Locally」。視野は地球規模で，行動は身近なところから。

▶さらなる女性の社会的な進出や地位向上のために，テニスの世界でももっと女性が活躍できる機会や場が広がるように力を尽くしている。

▶スポーツフォアオール実践の立場から，障害をもった人びとにテニスへの扉を開き，テニスの楽しさをわかち合っている。

3. 楽しくわかりやすい指導を

1 ─ TENNIS P&S の導入

TENNIS P&S（プレイ・アンド・ステイ）は，主要テニス国におけるテニス人口の減少と停滞を背景に，国際テニス連盟（ITF）が2000年から計画，2002年から推進チームを発足させて実験および

図1-3　JTAカンファレンス

図1-4　TENNIS P&Sのイベント

び検証した画期的なテニスの普及プログラムである。2006年から各国で講習会やイベントが開かれ飛躍的に広がった（図1-3）。今や世界的にテニスの普及プログラムのスタンダードとなっている。

「テニスは簡単で楽しくて健康的」を合い言葉に，「最初からサーブして，ラリーして得点できるように」とゲームをベースにしたプログラムで構成されている。具体的には，ボール（スピード），ラケット（長さ），コート（大きさ），ネット（高さ）が身長や進歩の度合いで使い分けられる。指導マニュアルは，初心者が途中でやめることなく，テニスが楽しめるように工夫されている。

「TENNIS P&S」のコンセプトを10歳以下の年少者用にプログラムしたのが，「tennis 10s」である（図1-4）。10歳以下では，遅めのレッド，オレンジ，グリーンのボールと短めのラケット，小

さめのコートを年齢や体格により使用する。試合方式も簡易で，たくさんの試合ができるように工夫され，チーム戦も推奨されている。このことにより，子どもたちが技術や戦術への理解を早める結果を生み出している。

ITFでは，2012年から世界の各国での10歳以下の試合については，標準のイエローボールの使用を禁止し，その代わりに遅めのレッド，オレンジ，またはグリーンのボールの使用を義務づけるルールを導入しており，我が国でもこれを適用している。

また大人の初心者プレーヤー向けに，テニスを簡単に楽しく活動的におこなうために考えられたのが，「tennis Xpress」である。遅めのボールを使用しながら，6週間（90分×6回）で基本的な技術や戦術が理解でき，終了時にはグリーンボールを使って，フルコートで試合ができるように考えられたプログラムである。

TENNIS P&Sは，我が国でも2009年のJTAカンファレンス以降急速に各地に広がっているが，全国のすべてのテニススクール，クラブ，教室や学校で導入されることが，テニス人口の増大をもたらし，生涯スポーツとしてのテニスが社会的にも魅力的なものとして確固たる基盤をつくることになる。

またTENNIS P&Sは障害をもつ人びとに対しても，テニスの楽しさをより容易に享受できるという点で大きな貢献を果たし始めた。各地で障害をもつ人びとが，ハンディキャップを乗り越えて健常者とともにさわやかな汗を流せるように取り組んでいることは大変喜ばしい。

ITFの情報はwww.tennisplayandstay.comから収集が可能である。ITFが作成しJTAが日本語版として発行した以下の指導教本をぜひ活用していただきたい。

▶プレー・テニス教本
▶tennis 10s（10歳以下の競技と指導に関するガイドブック）
▶tennis Xpress コーチのためのガイドブック

❷—子どもたちの成長に合わせた指導

子どもたちを指導するうえで，身体的・精神的な発育発達がどのように進んでいくかを理解しておくことはとても重要である。例えば神経系統の発達が著しいゴールデンエイジと言われる9〜10歳までは，身のこなしやコーディネーション能力を高めることを重視したい。技術指導だけに偏らず，遊び感覚を取り入れたトレーニングを含めたり，ほかのスポーツを楽しんだりすることが大切である。

また急速に身長が伸びる中学生の男子の場合，打点の高さの変化やスポーツ障害（オスグッド病や腰痛）の防止に留意する必要がある。心理面の特徴としては中・高校生の女子はチーム内で競い合うことを避ける傾向があり，男子はハードトレーニングや試合を好む。

❸—ジュニアの初心者への指導

指導の対象となるジュニアの年代によって内容や重点が異なるとはいえ，最も重要なことは，プレーヤーが年少者であってもその人格と個性を尊重することである。子どもたちは大人のミニチュア版ではない。目線を近づけコミュニケーションを大切にしたい。自らが最初にコーチからテニスの楽しさの手ほどきを受けたころのことを思い起こし，初めてラケットを手にした子どもたちが，その白いキャンバス（テニスコート）で，のびのびとした発想やアイデアで個性豊かにプレーできるようサポートすることが大切である。

また年少者の指導にあたっては，技術的な進歩

に対してはもちろんのこと，コート内外での行動や態度での長所を見つけ前向きな評価をする（褒める）ことは，プレーへのモチベーションを高め，練習を楽しいものにする。ちょっとした一言や声がけがその子とっては記憶に残って自信につながり，信頼関係を築くきっかけとなる。

反対に指導者が皮肉を言ったり，決めつけたり，ネガティブなトーンや方法で欠点のみを指摘したりすることは避けるべきである。楽しさをより強く感じられるのは，褒められる，愛される，必要とされる，役に立つことであり，それは幸福感につながる。

また指導者が進んで挨拶を交わすようにしたり，ちょっとしたゲームでもルールやコートマナー，エチケットなどの道徳的規範を重んじて，対戦相手を尊敬できるように，スポーツマン（パーソン）シップやフェアプレーの精神を教えたりすることは，この段階では重要である。もしコートの内外で不正やいじめに類する行為があったら，事実に基づいてすぐ対応することが望ましい。

指導プログラムはTENNIS P＆Sを積極的に活用し，年代によってはtennis 10sを取り入れ，長期的な視点でのプランを立てて指導する必要がある。

4―大人の初心者への指導

初心者の指導に際しては，レッスンプログラムに「tennis Xpress」を導入し，楽しみながらゲームに慣れて生涯スポーツとしてのテニスが継続できるようにしよう。

急激に進む高齢社会では，健康やスポーツ志向が高まっており，従来までは参加していなかった層や年代の人びとに門戸を広げることが可能となっている。文部科学省の調査（平成24年度体力・運動能力調査）によれば，高齢者（65～79歳）に関してはほとんどの種目で以前に比べて体力の向上がみられ，スポーツの実施頻度が高いほど体力水準もあがり，スポーツクラブなどへの加入者の増加がみられる。

特に配慮すべきことは，プレーヤー個々のスポーツ歴，加齢による体力の変化，既往歴，柔軟性，個人差，参加の動機などを的確に把握し，事故やスポーツ障害の防止に努めることである。とりわけ下肢の肉離れやアキレス腱の断裂，熱中症の防止に留意し，ウォーミングアップやクーリングダウンを徹底したい。

指導者よりも，豊かな社会経験や知識をもつ年代のプレーヤーが対象となる場合もあるので，節度をもった対応が必要であり，良い学習の機会ともなる。プレーヤーによって目標設定が異なるケースが多いので，個々に目を配り目標の実現を援助するとよい。

中高年者の指導にあたっては，指導法と併せて所管の消防署による救命講習を受講することが望ましい。指導する会場のどこにAED（自動体外式除細動器）が設置されているかを把握して，不慮の事故に対応する必要がある。

また，行政主催によるテニス教室では，コート1面あたりのプレーヤー数が多い傾向にある。この場合，コート上で指導者が立つ位置は重要であり，全体の進行が見渡せること。フィーディング（→p.164）も実践的で活動的な雰囲気が保たれるよう配慮する。

1-3 日本のテニス界

1．日本のスポーツ施策

❶—スポーツ基本法

　我が国では，スポーツ振興法（1961年）の規定に基づき，2000年にスポーツ振興基本計画が策定された。その後，2011年にスポーツ振興法から新たにスポーツ基本法が制定され，それによりスポーツ基本計画（2012年）が策定された。その基本的施策は以下のとおりである。

［スポーツ推進のための基本的条件の整備等］
　①指導者の養成等
　②スポーツ施設の整備等
　③学校施設の利用
　④スポーツ事故の防止等
　⑤スポーツに関する紛争の迅速かつ適正な解決
　⑥スポーツに関する科学的研究の推進等
　⑦学校における体育の充実
　⑧スポーツ産業の事業者との連携等
　⑨スポーツに係る国際的な交流及び貢献の推進
　⑩顕彰

［多様なスポーツの機会の確保のための環境の整備］
　①地域におけるスポーツの振興のための事業への支援等
　②スポーツ行事の実施及び奨励
　③体育の日の行事
　④野外活動，スポーツ・レクリエーション活動の普及奨励

［競技水準の向上等］
　①優秀なスポーツ選手の育成等
　②国民体育大会，全国障害者スポーツ大会
　③国際競技大会の招致又は開催の支援等
　④企業，大学等によるスポーツへの支援

⑤ドーピング防止活動の推進

❷―スポーツ立国戦略

　2010年8月，文部科学省はスポーツ政策の基本的方向性を示す「スポーツ立国戦略」を打ち出した。この「スポーツ立国戦略」がめざすものは，新たなスポーツ文化の確立であり，すべての人びとのスポーツ機会を確保し，安全・公正にスポーツをおこなうことができる環境を整備すること，また，トップスポーツと地域スポーツの好循環を創出するとともに，新しい公共の形成等による社会全体でスポーツを支える基盤を整備することを基本的な考え方としている。

［スポーツ立国戦略の5つの重点戦略］
　①ライフステージに応じたスポーツ機会の創造
　②世界で競い合うトップアスリートの育成・強化
　③スポーツ界の連携・協働による「好循環」の創出
　④スポーツ界における透明性や公平・公正性の向上
　⑤社会全体でスポーツを支える基盤の整備

2．強化指導指針Ⅲ

❶―我が国の課題

　JTAは，日本のスポーツ施策を基本としながら，「テニスの普及と強化の推進」を最重要課題として，具体的な4つのねらいを示している。
　①世界のトップで活躍するプレーヤーを多く輩出する。
　②我が国のテニス人口を1000万人にする。
　③よりいっそうの健康増進・体力増強を図る。

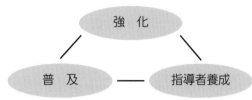

図1-5　強化の基本理念

　高い競技能力を持った競技者の育成

　人間的にも資質の高い人材の養成

図1-6　三位一体：テニスの強化・普及・指導者養成

　強化　―　普及　―　指導者養成

　④テニスを通じ，人びとが支え合い，活力のある社会の実現をめざす。

　これらの重要課題を考えつつ，2010年に強化指導指針Ⅲが発表された。この指針は，強化の基本理念（図1-5）と目標に基づき，強化・普及・指導者養成が三位一体となることの重要性を強調するとともに，あらゆる方策をJTAのすべてのシステムに反映させ，強化基盤を整備していく具体的構想案を示すものである（図1-6）。

❷―強化指導指針Ⅲにおける強化の具体的構想案

　「ブロック（都道府県）から世界へ！　見つけ，育て，活かす（強くする）！」

　ブロック，エリア（地域）の活動を中心に，選手を発掘・育成し，強化するとともに，トップ選手に対してナショナルチームを形成し，世界基準で戦っていくことがその道筋である。強化をしっかりと考えていくうえで，次の3つの課題を重点的に進め，1つのシステムとして機能させていくことが必要となる。
　①一貫指導システムの確立
　②トレーニングセンター（トレセン）システム

の構築

　③優秀な指導者の養成

1──一貫指導システムの確立

　一貫指導とは「テニスに初めて出会うジュニア期からトップレベルに至るすべての過程で，発育発達に応じた適切なトレーニングをおこなうことによって，プレーヤーの可能性を最大限に引き出し，最終的に世界レベルで戦えるプレーヤーに育成・強化していくこと」と定義されている。この実現に向けて，指導者やサポートスタッフという「人的資源」，施設・用具等の「物的資源」，指導プログラムなどの「知的・文化的資源」「財政的資源」といったそれぞれの資源を有機的に連携させて運営していくマネジメント機能を一体的に組み合わせて，育成・強化を実行していく仕組みを一貫指導システムと考えている。

　特に，長期一貫指導を考えるうえで，発育発達に応じたトレーニングプログラムの確立は重要である。また，年齢別指導指針およびプログラムの作成が必要となり，なかでもITFが推奨する「TENNIS P&S」プログラムや「tennis 10s」などを導入しながら，普及・育成・強化を推進していくことが重要となる。さらに，トーナメント（大会）環境の整備についても，それぞれの年代や競技レベルに応じた大会のあり方などを常に考えていくことが必要と言える。

2──トレーニングセンターシステムの構築

　トレセンシステムとは，テニスに関する情報（指導法，プログラム，プレーヤーなど）を共有しながら，優秀なプレーヤーを発掘・育成・強化していくシステムのことである（図1-7）。

▶指導に関する世界（ITFやATF：アジアンテニス連盟など）の情報や日本のトップ（ナショナル）の情報などがブロック，エリアの方向へ流れ，情

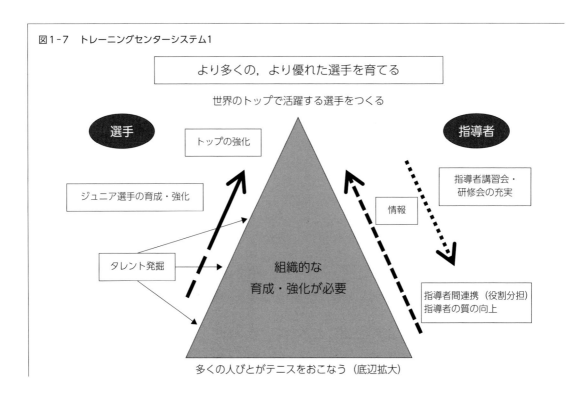

図1-7　トレーニングセンターシステム1

報の共有を円滑におこなう。
▶プレーヤーの情報が，ブロック，エリアからナショナルへと流れていく。
▶タレント発掘・育成に関する基本方針は，ナショナル（スポーツ医科学分野も含む）が，また，その対象となるプレーヤー情報はブロック，エリアが主体となり，ナショナルとブロック，エリアが協同しておこなう。
▶練習会，合宿，大会などを通して指導者間コミュニケーションを活性化し，指導・トレーニング環境を整えていく。

2008年に完成した「味の素ナショナルトレーニングセンター（NTC）」は，アスリートの育成強化や情報発信の拠点として多く活用されている。また都道府県を中心とした「ブロックトレセン（ふるさとトレセン）」も地域，ナショナルとの連携によるモデルトレセン構想によって将来を見据えた形で推進している。このトレセンシステムを構築し，機能させることが，一貫指導をよりいっそう促進することにつながるのである（図1-8）。

③—優秀な指導者の養成

「優秀な指導者なくしては，優秀な選手は生まれない。」

「指導者は，常に向上心をもちながら学ぶ姿勢をもつことが重要である。」

この理念に基づく指導者養成は，非常に重要なものであり，JTAは以下の内容の充実化を図っていくと述べている。

①指導者の役割の明確化
▶現在のJTAコーチシステムを，さらに強化していく。
▶ナショナルコーチ，エリアコーチ，ブロックコーチなどの役割も明確にし，配置していく。
▶年齢および技術レベルを勘案し，コーチングレ

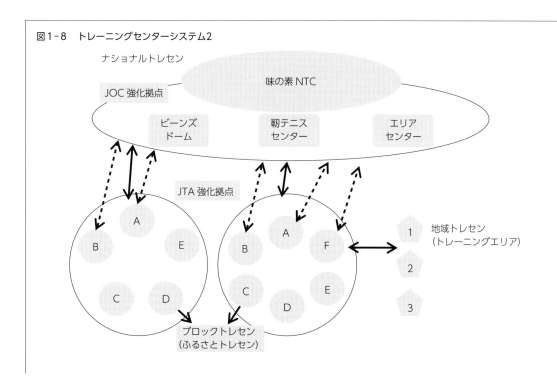

図1-8　トレーニングセンターシステム2

表1-3　テニス指導者数　　　　　　　　　　　　　　　　　　　　　　　　　　　　　　　　　　　　（2014年8月）

	指導員	上級指導員	コーチ	上級コーチ	教師	上級教師	指導者合計	S級エリートコーチ
北海道	106	73	5	2	7	3	196	0
青森県	47	16	3	1	3	1	71	0
岩手県	34	14	7	8	3	1	67	1
宮城県	84	12	3	1	4	3	107	0
秋田県	26	9	3	1	2	1	42	0
山形県	35	18	3	1	3	0	60	0
福島県	9	21	3	1	3	5	42	0
茨城県	116	41	5	1	6	2	171	1
栃木県	113	23	7	5	1	0	149	0
群馬県	36	36	10	7	3	1	93	0
埼玉県	171	82	10	8	26	12	309	0
千葉県	93	69	9	6	35	12	224	4
東京都	231	158	51	55	96	36	627	11
神奈川県	225	102	27	26	63	21	464	6
新潟県	103	33	4	6	28	5	179	0
富山県	60	14	4	4	14	2	98	1
石川県	63	26	3	4	3	1	100	0
福井県	28	13	8	2	4	2	57	0
山梨県	11	8	2	0	3	1	25	2
長野県	80	16	4	1	7	3	111	0
岐阜県	74	21	2	1	5	1	104	0
静岡県	69	27	12	3	9	5	125	0
愛知県	78	22	11	11	10	5	137	3
三重県	109	23	4	2	4	4	146	0
滋賀県	77	24	5	7	4	0	117	0
京都府	68	32	4	2	6	2	114	0
大阪府	233	115	15	19	46	7	435	3
兵庫県	129	105	20	17	31	6	308	4
奈良県	44	14	3	0	3	1	65	0
和歌山県	42	14	6	3	0	0	65	0
鳥取県	16	6	2	0	0	0	24	0
島根県	48	30	3	4	3	2	90	0
岡山県	56	57	4	4	2	1	124	1
広島県	54	44	11	12	14	4	139	0
山口県	50	30	10	6	1	1	98	0
徳島県	18	5	2	0	3	2	30	0
香川県	39	23	8	2	4	0	76	0
愛媛県	51	23	3	2	2	0	81	0
高知県	23	11	3	0	1	0	38	0
福岡県	103	56	6	8	12	3	188	2
佐賀県	15	6	9	2	0	0	32	0
長崎県	6	7	1	0	1	0	15	1
熊本県	13	11	2	6	1	3	36	0
大分県	11	14	3	0	2	1	31	1
宮崎県	15	5	0	0	0	0	20	0
鹿児島県	11	11	1	5	3	3	34	0
沖縄県	56	10	3	0	0	0	69	0
合　計	3,179	1,530	324	256	481	163	5,933	42

注) S級エリートコーチの合計には，海外の1人が含まれる。

ベルを分け，指導内容および指導法を構築していく。

②指導内容の充実化

▶指導者のレベル別の講習内容の充実と指導マニュアルの作成。

▶低年齢から14歳レベルを中心とした，ジュニア指導内容の充実化。

③指導者養成講習会の質のレベルアップおよび実践力の強化

▶最新情報を取り入れながら，プレゼン技術も含め，レベルの高い講習会としていく。また，リフレッシュ講習会なども充実させていく。

■3─テニス指導者の現状

①─資格制度

テニス指導者の資格制度は，基本的に公益財団法人日本体育協会公認スポーツ指導者制度に従っており，競技別指導者の種類は，指導員，上級指導員，コーチ，上級コーチ，教師，上級教師がある。また加えて，JTAでは公認S級エリートコーチの養成に取り組み，世界で活躍する選手の育成を強化しようとしている。さらにJTA公認の普及員を設置し，広くテニスを普及していくことを目的としている。

②─指導者数

我が国のテニス指導者数（2014年8月時点）は，5,975名である（表1-3）。内訳は，指導員3,179名，上級指導員1,530名，コーチ324名，上級コーチ256名，教師481名，上級教師163名，S級エリートコーチ42名である。なお，これらにはJTA公認の普及員は含まれていないことから，潜在している指導者を含めると，我が国のテニス指導者数は6,000名以上になる。

3．テニス人口

■1─我が国のテニス人口

JTAは，2012年に大規模なテニス人口に関する調査を実施し，2013年3月に「テニス人口等環境実態調査」報告書としてまとめている。この調査では，テニス人口を「過去1年間に1回以上，硬式テニスをおこなった日本の10歳以上の人口」と定義しており，ソフトテニス人口は含まれていない。

図1-9，図1-10は，テニスの実施頻度別にみた10歳代と成人のテニス人口の推移である。2011年の調査結果によると，10歳代のテニス人口（年1回以上実施）は76.9万人である。また，成人のテニス人口（2012年の調査結果より）は296万人で，両者を合わせると約373万人となる。

つまり，我が国のテニス人口は373万人であり，10年前に実施された調査結果423万人と比較すると長期的な減少傾向を示している。このテニス人口の減少は，欧米を中心としたテニス先進国にも共通してみられる現象である。また日本国内では，スポーツ種目別にみると，サッカーを除くほとんどの種目で横ばいか減少傾向にあることから，今後新たなテニス普及策が必要となろう。

■2─テニス人口の年代別構成比

図1-11に示した総務省「社会生活基本調査」（2011年）によると，成人テニス人口の年代別構成比は，男性は20歳代が29.9％，女性は40歳代が26.6％と最も多い。10年前と比較すると，男女ともに20歳代，30歳代で減少しているのに対し，40歳代以上のすべての年代で増加傾向にある。

図1-9 10歳代のテニス人口の推移

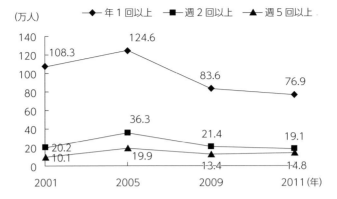

図1-10 成人のテニス人口の推移

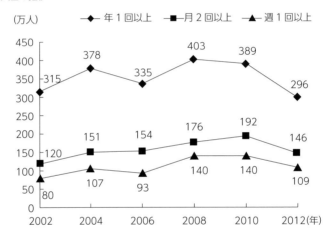

図1-11 成人のテニス実施者の性別・年代構成比

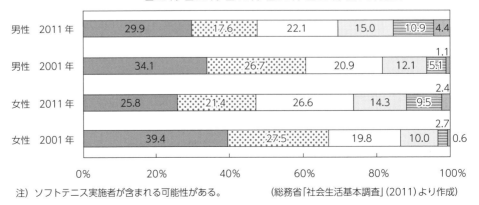

注）ソフトテニス実施者が含まれる可能性がある。　　　（総務省「社会生活基本調査」(2011)より作成）

3 ─ 課題

　我が国のテニス人口は長期的な減少傾向にある。これは，我が国の少子化傾向がより顕著となっていることが根底にあると考えられるが，テニス環境をみてみると，1996年から2008年までの13年間でテニスコートは3分の2に減少しており，テニス実施の機会も失われている。また，テニス愛好者のニーズの多様性等も加わり，民間テニス事業者は厳しい経営状況にさらされていることも一因となっている。

　このようななか，「テニス人口等環境実態調査」報告書によると，潜在的なテニス愛好者は多く，また定期的なテニス実施者が根強く存在していることから，日本テニス界全体でさまざまな対策を講じていくことで，テニス人口を減少から増加に転換させていくことが今後期待される。

1-4 テニスの歴史

1. テニスの始まり

　テニス型の球技または「球戯」の起源には，紀元前3000年ごろにまでさかのぼる説もある。古代エジプト時代にナイル川のデルタ上のチニス「Tinnis」，またはタミス「Tamis」と呼ばれた町でおこなわれたボールゲームが発展したとか，ペルシア地方の古い球戯の1つから生まれたなどの説がある。

　テニスの原型として一般的に認知されているのが「ジュ・ドゥ・ポーム（Jeu de paume，手のひらのゲームの意味）」である。11世紀にフランスの修道院で考え出されたもので，修道院の中庭や室内にネットを張り地面に線を引いて区域を分けて，手のひらやグローブをはめた手，もしくはそれに代わる道具を使ってボールを打ち合ったと言う（図1-12）。14世紀のフランス王ルイ10世もこのゲームの愛好者で，試合に負けまいと全力を尽くしたあまり，身体を壊して死亡したとする詩が残されている。

　ジュ・ドゥ・ポームは，初めは聖職者に，その後は貴族階級を中心に流行し，他の階級の人びとはプレーを禁じられていた。多くの王はポーム禁止令を出していたが，日曜日だけは例外とし，ポームを賭けの対象にして賭金の一部を国庫収入にしたと言われている。それだけ人気があったと言えよう。スポーツの本家イギリスへは14世紀半ばにフランスのピカルディ公エンゲランの娘，マリー・ド・クーシを護衛してきた騎士たちによって伝えられたと言われている。

　イギリスの詩人ジョン・ガウワーが1399年に表した『平和を讃えて』の詩の中に「TENETZ」とのスペルが出ており，これがテニスの語源ではないかと言われている。いずれにしても中世のこ

図1-12 修道院中庭のポーム（15世紀）

保護のために手にグローブをはめている。

図1-13 球戯館のポーム（16世紀）

図1-14 壁とひさしを使ったポーム（16世紀）

図1-15 絵画表現された最初のバックハンドストローク（1757年）。室内でおこなわれたクルト・ポーム

の時期に、フランス生まれのポームは、イギリス、スペイン、ドイツなどヨーロッパ各地へ広まっていった。

16世紀に入るとポームはますます盛んになり、手のひらに代わりラケットが使われるようになってきた（図1-13，図1-14）。1505年には初めての国際試合がウィンザー城でオーストリア大公フェリッペとドーセット侯との間でおこなわれた。その際、カスティリア王（フェリッペ）はラケットを用い、素手のドーセット侯に15点のアドバンテージを与えたと記されている。また、ヘンリー8世は7本のラケットを所持していたと言う。

ポーム人気が高まるにつれ、各地で専用コートが建設された。有産階級は室内のコートを用いて「クルト・ポーム（Court paume）＝短いポーム」（図1-15）を楽しみ、一般の人びとは公園や野原で「ロング・ポーム（Longue paume）＝長いポーム」に熱を入れた。主流はロング・ポームで、これが19世紀末のローンテニスへとつながっていく。

17世紀にはシェークスピアが自らの戯曲の中にテニスボールなどの言葉を用いており、このころからイギリスではテニス（Tennis）と言う名前が定着したのではないかと思われる。そして他の類似の打球戯と区別するため、ポームを「リアルテニス」と呼ぶようになった。

2．テニスの普及・発展

リアルテニスが盛んになり，ポームの世界選手権も18世紀中ごろにはパリで開かれるようになったが，毎回ルールをめぐる混乱が絶えなかった。統一ルールをつくろうとする動きは常にあったが，各コートやクラブ特有のローカルルールが幅をきかせており，いずれも失敗に終わった。

しかし，19世紀後半における3つの出来事がテニスの近代化へ大きな道を開いていった。

第一は1873年に英国のウォルター・ウィングフィールド少佐（図1-16）が「スフェアリスティク（ギリシア語でプレーの意）またはローンテニス」と名づけたパンフレットを発表したことである。このパンフレットではローンテニスのコート，ルール，用具を整理統一している。現在のコートやネットと大きく違ってはいるが，テニスの誕生に果たした役割は大きかった。のち1902年にヴィクトリア勲章を受章，近代テニスの創始者と言われている。

第二は1874年にヒースコート氏が実用化したテニスボールの開発である。それまでポームで用いられていた中芯のあるボールは，芝生の上では弾みが悪く，プレーに制約を強いていた。しかし，表面をフランネル布で補強したゴムボールを実用化することで，芝生の上でも十分に弾むだけでなく，軽量化され，操作性も向上した。テニスの楽しさがこれで倍加したと言われた。

第三の，そして最大と思われる要因は1877年のウィンブルドン大会の創設である。当時の代表的なスポーツ誌『フィールド』のJ.W.ウォルシュを名誉会長に迎えたオールイングランド・クロッケークラブは，このころ経営難に陥り，コートをならすローラーの修理さえままならなくなっていた。そこで，ウォルシュは流行のきざしがみえていたローンテニスの大会を開催。アマチュアなら誰でも出場できるオープンシステムにして，入場料収入をあげることを考えついた。

フィールド誌の社長から銀製カップを寄贈させるとともに，G.C.ヒースコートらにルールの見直しを依頼し，大会用ローンテニスのルールを決定した。22名が参加した大会はアーサー・ゴア（イギリス）が優勝。1人約1ポンドを払って決勝の観戦に訪れた入場者は200人に及び，10ポンドの利益をあげてローラーの修理ができたと言う。この大会の成功をきっかけに毎年大会が開かれるようになり，これが現在のウィンブルドン選手権へとつながった。さらに重要なのは，各クラブがこの大会をめざすようになったために，大会規則が必然的に統一共通ルールへと発展していったことである。

ウィンブルドン大会の成功に導かれるように，1881年には全米選手権（現全米オープン）が創設された。1891年にはフランス選手権（現全仏オープン），1880年にはオーストラリアで最も古い州

図1-16 ローンテニスの創始者と言われるウィングフィールド少佐

選手権がヴィクトリア州で、それぞれスタートしている。

3. テニスの競技史と技術の発展

1—テニス競技の発展

ウィンブルドン大会の誕生とともにスタートをきった近代テニスは，20世紀に入って世界的な広がりをもつようになった。1905年に全豪選手権（現全豪オープン）が始まり，1925年にはフランス国際選手権（現全仏オープン）があらゆる国のプレーヤーに門戸を開放し，現在の四大大会の基礎ができた。

1895年の英米対抗が発展して，1900年にはデビスカップ（Davis Cup）戦が生まれ，国別対抗の形態が整った。1924年までには20か国以上が参加する大会となった。日本は，1921年に初めて参加して，熊谷一彌，清水善造の活躍により準優勝している。デビスカップ戦は，国別のテニス対抗戦としては最も権威のある大会と認識されている。

女子の国別対抗戦（フェドカップ　Fed Cup）は，1963年から開催されている。1963年の国際テニス連盟設立50周年を記念して，第1回大会がおこなわれた。最初の名称は「連盟」の名前をとって「フェデレーション・カップ」（Federation Cup）と称したが，1995年から現在の名称「フェドカップ」に変更された。

第一次大戦終了から第二次大戦までの間がテニスの第一次黄金期だった。最強プレーヤーとうたわれたビル・チルデン（アメリカ），フランスの四銃士トト・ブルニオン，ジャン・ボロトラ，アンリ・コシェ，ルネ・ラコストらが活躍した。8連覇をねらったチルデン率いるアメリカを1927年の決勝で破った四銃士は，以後6年間，デビスカップを母国に維持し続けた。その後はイギリスの時代を代表したフレッド・ペリー，史上初のグランドスラムを1938年に達成したドン・バッジ（アメリカ），女子では，1919年からウィンブルドン5連覇のスザンヌ・ランラン（フランス）や，ウィンブルドンを8回も制したヘレン・ウィルズ（アメリカ）らが活躍した。

現在のテニスの隆盛のきっかけとなったのは1968年のオープン化であろう。有力プレーヤーのプロ転向やアマチュアながら裏で金銭を受け取る欺瞞行為の解消をめざして，1967年12月，イギリス協会はプロの受け入れを決定した。1968年3月には国際連盟もこれを黙認し，主要大会は一気にオープン化に突き進んだ。

プロになっていたロッド・レーバーが1969年にふたたびウィンブルドンに帰ってきて，1962年に続くグランドスラムを達成した。1970年代はビヨン・ボルグ，ジミー・コナーズ，ジョン・マッケンロー，1980年代はイワン・レンドル，ボリス・ベッカー，ステファン・エドバーグ，1990年代はジム・クーリエ，ピート・サンプラス，アンドレ・アガシ，今世紀に入ってロジャー・フェデラー，ラファエル・ナダル，ノバク・ジョコビッチなどがおもなスタープレーヤーとしてあげられる。

女子も1960年代に活躍したマーガレット・コート，1970年代のクリス・エバート，マルチナ・ナブラチロワ，1988年にグランドスラマーに輝くとともにソウル五輪の金メダルも獲得して"ゴールデンスラム"と呼ばれたシュテフィ・グラフ，モニカ・セレシュ，今世紀に入るとマルチナ・ヒンギス，マリア・シャラポワらのスタープレーヤーが次々と誕生した。

男女ともにトップ10に入ると年間200万ドル前

後，ナンバーワンは年間1,000万ドル以上の巨額賞金を獲得するまでに成長している。

❷―テニス競技の技術・戦術の発展

近代テニスで最も改良を加えられ進歩したのは，サーブ技術であろう。

ローンテニスとそれ以前のリアルテニスの大きな違いは，サーバーが優位に立ったという点だった。『フィールド』誌によれば，第1回ウィンブルドン大会全試合の601ゲーム中，サーバーが取ったゲーム数は376，レシーバーが取ったのは225で，全体の約63％のゲームをサーバーが取ったわけである。もっとも，現代においてはサーバーがゲームをキープするのはいわば「常識」だが，サーブ技術はネットの高さの変化とともに向上していった。

第1回ウィンブルドン大会は，参加22名が全員アンダーハンドのサーブだった。1877年当時，ネットの両サイドの高さは約1.52m，中央は約0.99m（現在はそれぞれ約1.06mと約0.91m）。この3年前，つまり，ウィングフィールドのころは両サイドの高さは一緒だが，センターの高さは1.42mもあり，アンダーハンドからのサーブでスピンのかけ方に工夫をこらしたのも当然と言える。

1878年の第2回大会にはオーバーヘッドサーブが登場したが，オーバーヘッドと言っても変化球主体で，弾丸サーブの登場は1881年のレンショー兄弟が出現してからと言われる。ネットの高さも1878年には前年に比べ，両端，中央とも8cmずつ低くなり，1880年には両端がさらに23cm低くなった。ネットの高さの変化とサーブのスピード化が密接に結びついているのがわかる。

また，ネットの高さの変化にはラリーの応酬のための適正な高さが求められたことや，ネットポストが木製から1880年代に入って鋼鉄製になり，ネットをより強く張れるようになった点も見逃せない。そして，ネットは1883年に現行の高さに定められた。

コートの形もサーブの変化に影響を与えた。1874年，ウィングフィールドの考えたコートは，長さ18.288m，幅9.144mで，中央は幅8.40mと砂時計型の真ん中がくびれた形であった。サーブサイドが固定され，その中央にダイヤ形のマークが入り，サーバーはここからサーブをおこなった。第1回ウィンブルドン大会では長さ23.77m，幅8.23mと，現代とまったく同じ長方形のコートに変化している。しかし，サーブエリアはネットから7.924mもあり，現在より1.5m以上も長かった。当時はベースラインをまたいでサーブをしなければならず，ボールも現在より軽かったので，サーバーが圧倒的有利ということでサーブエリアの縮小が実施され，1880年には現在の「ネットから6.4m」と決まった。

一方，1903年には両足ともベースラインの外側に置いてサーブを打つようにルールが変わり，1960年になってサーブのインパクトの瞬間には両足で跳び上がってもよいことになった。1930年代に硬く弾力性に富んだボールも登場しており，ここでサーブ・アンド・ボレーの技術が非常に有効となった。

ボレー，ロブ，オーバーヘッドスマッシュはこの順に登場した。第1回ウィンブルドンチャンピオンのスペンサー・ゴアは，スピンをきかせたアンダーサーブとネットにつめてのボレーが得意だった。彼はラケッツ競技出身者だったので，その技術をもち込んだと言われる。

翌1878年，ゴアを破って優勝したフランク・ハドーは，ゴアのボレーに手を焼いたものの，空中にボールを上げるロブを思いつき，ボレー攻撃をかわした。

そのロブを打ち砕くために生まれたのがオーバーヘッドスマッシュである。レンショー兄弟はこのオーバーヘッドスマッシュを武器にウィンブルドンを制したが，ベースライン近くからでも威力十分のオーバーヘッドスマッシュを打ち込んだことから，兄弟のオーバーヘッドスマッシュは別名「レンショーアタック」と呼ばれた。

現在ではコートのタイプにより，プレースタイルも変わる。全仏オープンに代表されるヨーロッパのクレーコートでは，ストロークを粘り強く続けるベースラインプレーヤーが有利と言われ，ウィンブルドンのような芝コートではサーブに威力のあるプレーヤーがアドバンテージを握りがちである。その中間とも言える全米オープンのようなハードコートでは，攻守兼ね備えたオールラウンドなテニスが要求される。現代は，中間の球足のハードコートや，室内カーペットコートでの大会が増えているので，強力なサーブでネットプレーもこなし，さらにリターンでもすきのないオールラウンドな技術の持ち主が有利となっている。

また，技術史的な側面から注目すべき点は，プレースタイル（特にグリップの握り方）の地域性である。イギリスではすべてのショットを握り替えの必要がないワングリップで打てるように「イングリッシュグリップ（いわゆるもっとも薄いグリップ）」で持っていたが，大西洋を渡りアメリカの東海岸では「イースタングリップ」，さらに遠方の西海岸では「ウェスタングリップ（いわゆるもっとも厚いグリップ）」というように異なるグリップの傾向があった。厚いグリップは，グラウンドストロークにおいて，よりスピンをかけた攻撃的なボールを打つことができる。しかし，その反面，フォアハンド，バックハンド，ボレー，サーブなど異なるショットを打つときには，グリップを持ち替える必要がある。また，ローンテニスが伝播された当時においては，現在のラケットよりも約2倍の重さの木製ラケットを操る必要があったため，強靱な体力をもった一部のプレーヤーにしか真似のできないものとされてきた。しかしながら，1970年ごろから，アルミニウム，グラスファイバーなどの合成樹脂製のラケットが開発され，より軽く，スイートスポットが広く，剛性の高いものが出現してきた。そのため，現在では時速200kmを超すサーブも珍しくなくなり，一般プレーヤーでもウェスタングリップでフォアハンドストロークを打つことが普通となっている。スポーツの技術の変遷には，スポーツ用具の革新も大きく影響しているのである。

4．日本における普及・発展

1──伝来と発祥

日本のテニスの普及にソフトテニスが果たした役割はきわめて大きく，この点が欧米諸国にはみられない日本独特の発展過程である。当時の我が国の産業・経済状態に適応した先人たちの知恵と言える。

近代テニス（ローンテニス）の日本への伝来の起源については数多くの説が存在しており，「いつ伝来したか」という視点でそれらを検証することは困難となっている。「日本の継続的なテニス活動がいつ胎動し始めたか」という視点，すなわち「発祥」については，1884（明治17）年の高等師範学校と言われる。

伝来当初のテニスボールは，明らかに硬球であったと考えられる。しかし，他の用具に比較して消耗の度合いが高い割に高価であった等の理由

により，1887（明治20）年ごろから，硬球の代わりに玩具用のゴムマリが用いられるようになった。これが，広範な意味でのソフトテニスの始まりである。その後，大正時代に入るまで日本でのテニス（ローンテニス）と言えばゴム球を用いたテニスを指し，国際的におこなわれているテニスとは異なるものであった。

19世紀末ごろからいくつかのゴム会社がテニス用のゴム球の製造を開始した。しかし，この段階では舶来品のゴム球に比較して不完全であったため，広く用いられるに至らなかった。そのため明治30年代半ばまでは，ゴム球と言えども大半は輸入品に頼っており，特にドイツ製の「青馬印ボール」が好んで用いられた。

その後，東京高等師範学校（現在の筑波大学），東京高等商業学校（現在の一橋大学），慶應義塾大学，早稲田大学の四対立時代への突入，1905（明治38）年の4校による統一ルールの制定の波を受け，ますます産業界はテニスに注目することとなった。1906（明治39）年，馬場亀一がゴム球製造に関する特許を得，同年8月日本護謨毯合資会社を大阪に興した。また，東護謨製造会社は「N印ボール」の製造を開始した。1908（明治41）年には，三田土護謨会社も特許を得，品質性の高さと効果的な広告戦略によってその「M印ボール」は一躍日本のテニスボールの中心的存在となった。また，同年の2月に統一ルールに大幅な改正がなされ，用具に関する規定が細かく規定されたことは，当時のゴム球製造の規格化と統一化を促した。このような過程で，日本における初期のテニスボール（ゴム球）の堅固な生産・供給システムが確立した。つまり，テニスボールの代用品としてのゴム球から，テニスボールとしてのゴム球が広く用いられるようになったのである。また，こうして始まったソフトテニスが急速に全国に普及していったのは，東京高等師範学校に取り入れられ，そこで習った学生たちが各地の学校に赴任してソフトテニスを指導するという形式で，広く地域に根を広げていったからである。

このように，大正期中ごろまでソフトテニスは学校を中心にして急速に普及していった。一方の硬式は，横浜のレディースクラブ，東京ローンテニスクラブ，軽井沢などで細々と続けられていたのが現状であった。

1913（大正2）年に慶應義塾大学庭球部が硬球の採用に踏み切った。外国との交流が増えているなかで，国際的にプレーされていた硬式への転換は時間の問題だったのかもしれないが，慣れ親しんだものを捨てて未知のものに挑戦した勇気は賞賛されるべきである。慶應の硬式採用によって，それまで軟式に固執していた早稲田，東京高師，東京高商も1920（大正9）年から硬式に転向した。以後，硬軟両テニスの二派に分派されるかたちで日本のテニス界が形成されていった。それまで軟球のみを指していた日本のテニスは，当時のスポーツ界の国際化などの社会的背景の影響を受けながら硬球と軟球に分派していき，互いに意識し合いながらもそれぞれの世界での覇権（ヘゲモニー）の獲得をめざし始めた。テニスに限らず日本のスポーツ界において，各種の競技連盟・協会が設立され始めた時期は大正9年ごろと言われる。テニスにおいてもこの時代的潮流を感じ取りながら，全国統轄組織の設立と整備をめざす段階に入っていったのであった。

2―発展

1920年のウィンブルドンで清水善造（図1-17）は準決勝に勝ち進み，ベルギーのアントワープで開催されたオリンピック大会では熊谷一彌（図1-18）は単複で銀メダルを獲得した。特

図1-17 ウィンブルドン大会で活躍した清水善造

1920年のウィンブルドン大会シングルス準決勝で，世界のテニス王と言われたチルデンと球史に残る名勝負を演じた。

図1-18 日本最初のオリンピックメダリスト・熊谷一彌

に熊谷の銀メダルは，オリンピックで日本人初のメダル獲得という快挙であった。1921（大正9）年，日本はデビスカップ戦に熊谷，清水，柏尾誠一郎の3名で参加したが，出場のための必要条件である国内の統一団体を結成するため，事後ではあったが1922（大正10）年3月11日，組織化の第一歩として日本庭球協会創立発会式がおこなわれた。そして，日本庭球協会は，1923（大正12）年に国際ローンテニス連盟に加盟して，名実ともに世界のテニス界の仲間入りを果たした。

以後，日本のテニスはトーナメントや対抗戦が多く組まれて，テニスクラブと学校を中核として発展していった。日本庭球協会は，戦時中においても，全国の加盟学校や民間クラブに対して，テニスボールを計画的に配球するなどの施策を通してテニスの普及に尽力した。戦後には，1959（昭和34）年の皇太子（現天皇）と美智子妃（現皇后）のテニスコートのロマンスによって，テニスは爆発的なブームを呼び，また経済の復興もあって，テニスコートの増設，テニス人口の増加をみた。

1967（昭和42）年4月に日本で最初の民間のテニススクールが東京で営業を開始し，従来の学校のテニス部とごく限られた個人によるコーチという指導体系から組織化への道が進められた。ビジネスとしての指導へと大きく間口を広げ，テニスに親しむ機会のなかった一般の人や子どもたちへの普及もおこなわれるようになり，日本のテニスは質・量ともに改善された。

日本のテニスは，元来，アマチュア（学校と企業）によって育まれてきた。1921（大正9）年のデビスカップ戦で世界のひのき舞台に鮮烈なデビューを果たした清水，熊谷両選手も企業人であったし，その実力を培った母体は学校のテニス部であった。テニス名門校の伝統のなかにも，明確にこの事実をうかがうことができる。

ところが，それから半世紀後の1968（昭和43）年，世界のテニス界はプロ，アマにこだわらずに，同一大会への参加を認めるオープン化を決定した。このころから日本にもプロプレーヤーが誕生し，また，プロプレーヤーの養成を主目的にするプライベートのテニススクールが数多く生まれ，プ

レーヤー育成の過程も多種多様に広がることとなった。

当然，プレーヤー層も拡大され，現在のテニスプレーヤーは，トーナメントプロ，社会人，学生，クラブ育ちのジュニア，高・中学生などに区分される。それぞれのカテゴリーに合った，個性を生かした指導方法の確立が求められている。医科学的理論を積極的に取り入れたり，ほかの指導者にも自分が指導しているプレーヤーを委ねることができたりするなど，広い視野と見識をもった指導者のもとにそれが確立されることが肝要であろう。

最近の傾向として，女子は1980年代から世界的なレベルのなかで活躍するプレーヤー（クルム伊達公子，遠藤愛，沢松奈生子，杉山愛，浅越しのぶ，森上亜希子，森田あゆみ，土居美咲，奈良くるみなど）を数多く輩出しており，グランドスラムイベントにも多くのプレーヤーが出場している（図1-19）。しかし，常に女子と比較され，実力以下に評される男子は，1990年代までは，実質的には松岡修造が唯一のグランドスラム大会出場者というのが状況であった。しかしながら近年，添田豪，伊藤竜馬，杉田祐一，守屋洋紀，錦織圭などの活躍によりグランドスラム大会に出場するレ

図1-20　日本人初の全米オープン決勝（2014）に進出した錦織圭

ベルの男子プレーヤーが増えてきた（図1-20）。2011年にはデビスカップワールドグループプレーオフでインドに勝利して27年ぶりのワールドグループ復帰を果たした。翌年にはアジア・オセアニアゾーンへの降格となったが，2013年にはプレーオフでコロンビアに勝利してワールドグループに2年ぶりに復帰した。2005年ごろまでは，女子の活躍が目立った日本テニス界であったが，現在では錦織圭を中心とした男子の活躍が目立つようになってきている。男女ともに世界トップレベルに肉薄してきた流れをどのように発展させるかが，我々テニスに携わる者に課せられた使命と言わなければならない。組織が何をするのかではなく，自分たちが何をしなければならないかを，1人ひとりが真剣に考えることが，日本テニス隆盛の基礎を固めることに直結すると思われる。

プロプレーヤーは賞金で生計を立てられない限りは，本当のプロとは言えない。男子の厚い層の構築と世界的レベル到達には，現在の指導環境に加え，従来の形でもあった競技生活終了後の身分を保証する企業の，テニス界への参画が望まれる時代がふたたび巡ってきているのかもしれない。

図1-19　日本女子のトップとして活躍する奈良くるみ

[第1章文献]
- 新井博，榊原浩晃（2012）スポーツの歴史と文化，道和書院.
- Ari Novic（1988）COACH 1：TENNIS CANADA COACHING CERTIFICATION SYSTEM, Tennis Canada.
- 朝岡正雄（1999）スポーツ運動学序説，不昧堂出版：pp.131-142.
- 福田雅之助（1966）庭球百年，時事通信社.
- 後藤光将（2011）日本における硬式テニスの全国統括組織の形成と確立，明治大学教養論集，465：pp.51-79.
- 市原則之ほか（2003）競技者育成プログラム策定マニュアル，公益財団法人日本オリンピック委員会.
- ジャンニ・クレリッチ（1978）テニス500年，虫明亜呂無[訳]，講談社.
- 神和住純ほか（2002）強化指導指針Ⅰ～トップへの道～，財団法人日本テニス協会.
- 金子明友ほか（1990）運動学講義，大修館書店：pp.43-52.
- Lance Tingay（1977）100 years of Wimbledon, Guinness Superlatives Ltd.
- 宮下充正（1978）スポーツとスキル，大修館書店：pp.1-9.
- 文部科学省（2011）スポーツ基本法.
- 文部科学省（2010）スポーツ立国戦略.
- 大熊廣明[監修]（2013）体育・スポーツ史にみる戦前と戦後，道和書院.
- 表孟宏（1997）テニスの源流を求めて，大修館書店.
- レイナー・マートン（2013）スポーツ・コーチング学，大森俊夫，山田茂[訳]，西村書店.
- 高石昌弘ほか（2004）現代保健体育，大修館書店.
- 梅林薫ほか（2011）強化指導指針Ⅲ～トップへの道～，財団法人日本テニス協会.

TENNIS COACHING THEORY

2章 テニスの技術

2-1 テニスの技術構造とその仕組み

1．テニスの技術構造

　テニスのプレーには，いろいろな技術が要求される。指導者は，動きに調和がなく，有効性もないような技術については，改善していかなければならない。動きに調和をもたせるためには，すべてのストロークに通じる基本を考える必要がある。

　テニスの技術を構成する要素としては，入力系として，打球技術の選択などを図るための状況判断能力や認知能力，また相手のプレーに対する予測能力，そして意志力などがある。出力系としては，基礎としての体力的要素（筋力，持久力，柔軟性，敏捷性，調整力，バランスなど）があり，そしてボールコントロールに影響を与えるボディーコントロールとしてボディーワーク，ラケットワーク，フットワークの3つの要素があげられる（図2-1）。

　フットワークについては，レディポジションから相手の打ったボール（スピード，回転，コースなど）に応じて，適切な場所にすばやく移動し，適切な位置で打球，そして打球後は，次の準備としてすばやく戻るといった要素が重要となってくる。また，試合において，このフットワークのスピードを後半まで持続させるための体力的要素も必要となってくる。

　ボディーワーク，すなわち身体の動きについては，ストローク動作において，下半身から体幹，そして上半身へと力の伝達がスムーズにいき，バイオメカニクス的な動きの連携による運動連鎖が必要となる。

　ラケットワーク，すなわちラケットの動きについては，目的に応じた適切なインパクトポイントでボールをとらえ（タイミング），スイング全体のリズム（ゆっくりとしたラケットの動きから，

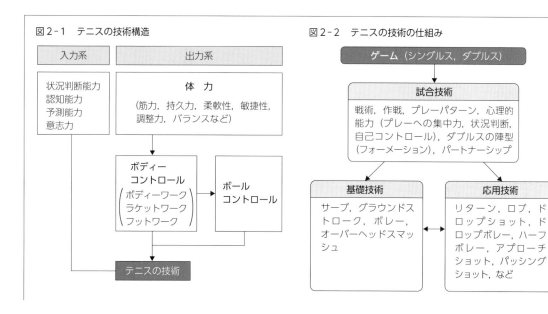

図2-1 テニスの技術構造

図2-2 テニスの技術の仕組み

インパクトへ向けて加速していく）も重要となる。

すべての動きにおいて，身体のバランスも重要である。安定した動きになるように心がけなければならない。また，運動の時間的調整（タイミング），空間的調整（スペーシング），力の強弱の調整（グレーディング）といった要素からなる調整力の働きも重要となってくる。

2．テニスの技術の仕組み

テニスでは，シングルスやダブルスなどのゲームをおこなう能力を全体技能として捉えることができるが，全体技能は部分技能に支えられている。部分技能の中心となるのは，各ストローク技術であり，これは基礎技術と応用技術に分けられる。

基礎技術としては，サーブ，グラウンドストローク（フォア，バック），ボレー（フォア，バック），オーバーヘッドスマッシュがあげられる。初期の段階では，これらの基本打法を習得することが課題となる。正確で，合理性のあるショットが打てるようになることが重要である。

また，お互いの技能レベルが高くなってくると，状況に応じて多彩なプレーが要求されるようになる。リターン，高い球筋のロブ，ネット際をねらってやわらかくコントロールされるドロップショット，バックコートからネットプレーに移行するアプローチショット，相手がネットへ出てきたときのパッシングショットなどが代表的なものである。このようなプレーは，基礎技術に基づく応用技術として位置づけることができる。

試合においては，戦術や作戦，プレーパターン，およびプレーへの集中力，状況判断，自己コントロールといった心理的能力，さらにダブルスでは，陣形（フォーメーション），パートナーシップなどが勝敗に大きく影響し，これらを高めていくことも重要となる（図2-2）。

2-2 ボディーコントロール

　インパクト前のラケットや身体各部の動作は，インパクト後のボールの動きを決定する重要な要素である。自分の意図したように，ボールが飛ばない，回転がかからない，うまく打ち込むことができない等，ボールコントロールがうまくできないプレーヤーは，インパクト前のラケットや身体各部の動作に問題が生じている可能性がある。

　そこで，ボールの動きを決定づける重要な要素として，インパクト前のラケットや身体各部の動きを，ボディーワーク，ラケットワーク，フットワークに分類し，各技術に共通してみられる3項目の重要な要素についてまとめていくことにする。

1．ボディーワーク

　サーブ，グラウンドストローク，オーバーヘッドスマッシュ動作で，正確性とともにスピードのあるボールを打つ場合には，図2-3に示した運動連鎖の原則に従い，身体各部の回転動作を最大限利用することが重要になる（「3-2．テニスのバイオメカニクス」参照）。

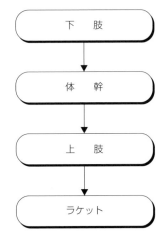

図2-3　運動連鎖の原則

2. ラケットワーク

ラケットは，手関節の動作とともに，運動連鎖の原則に従い，下肢から順次伝達される力を最終的にボールに伝え，ねらいとするボールを打つ効果器のような役割をもっている。ラケットワークは，以下の要素に分けることができる（図2-4）。

① ラケットの向き
② ラケット面の角度

図2-4　ラケットワーク

①ラケットの向き：ボールの方向を決定づける。

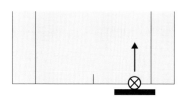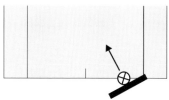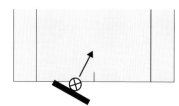

②ラケット面の角度：ボールの回転・深さ・高さを決定づける。

地面

③-1 横から見たラケットスイングの方向：ラケット面の角度とともに，ボールの回転・高さ・距離を決定づける。

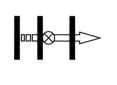

ネット

地面

③-2 上から見たラケットスイングの方向：ラケットの向きとともに，ボールの方向を決定づける。

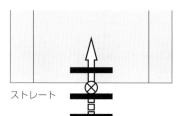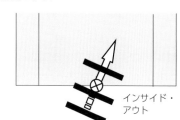

ストレート　　　　　　　　　　アウトサイド・イン　　　　　　　インサイド・アウト

④ラケットスイングの大きさ：ボールのスピード・距離を決定づける。

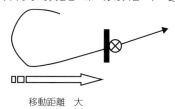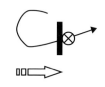

移動距離　大　　　　　　　　　　　　　　　移動距離　小

③ラケットスイングの方向

④ラケットスイングの大きさ

　プレーヤーは，ボールコントロールに大きく影響をもたらすこれらの要素を調整し，うまく組み合わせて，目的に応じたボールを打てる能力を獲得しなければならない。また，インパクト時間は1000分の4〜6秒と非常に短く，これらの要素をインパクトの間に調整することは不可能なので，あらかじめインパクト時点のラケットの状態を決定しておくことが重要になる。

3．フットワーク

　フットワークには，レディポジションからストローク動作開始までの，あるいはストローク動作終了から次のレディポジションまで（リカバリー）の，コート上での最適なポジショニングを確保するために必要とされる足の運び（以下，ステップ）と，グラウンドストローク動作時に自分の得意とするヒッティングゾーンから効果的なボールを打つのに必要とされる足の運び（以下，スタンス）がある。

1 ─ステップ

1 ─スプリットステップ

　スプリットステップとは，相手のサーブをレシーブするとき，グラウンドストローク動作の構えのとき，サーブダッシュからボレーへ切り替わるとき等に，相手の打球するタイミングに合わせて，軽くジャンプするステップのことを指す。スプリットステップには次のような役割がある。

▶相手のボールがどちらに来るか状況判断する。

▶次の動きへ移行しやすいように姿勢を立て直す。

▶筋の伸張─短縮サイクルを利用して，判断した方向へとすばやく身体を動かす準備をする。

2 ─サイドステップ

　サイドステップとは，図2-5に示したように，ネット方向を向き，反復横跳びの要領でおこなうステップのことを指す。サイドステップの役割は，打球後のコートカバーリング（オープンコートをつくらないようにすばやく戻る）をおこなうことであり，比較的短い距離を移動するのに有用で，頻繁に利用されるステップである。

3 ─クロスステップ

　クロスステップとは，図2-5に示したように，ネット方向を向き，左右の足を交差させながらおこなうステップのことを指す。クロスステップの

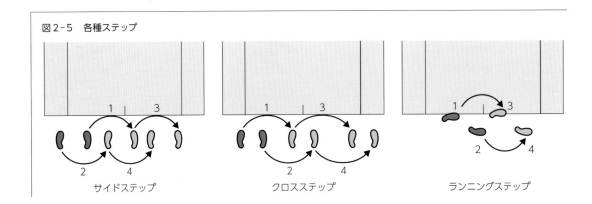

図2-5　各種ステップ

サイドステップ　　　　クロスステップ　　　　ランニングステップ

役割は，サイドステップよりもやや広いコートカバーリングをおこなうことで，すばやくボールへ移動したり，戻ったりする場合に有用なステップである。

④—ランニングステップ

ランニングステップとは，図2-5に示したように，通常の走動作によるステップのことを指す。ランニングステップの役割は，サイドステップやクロスステップよりもさらに広範なコートカバーリングをおこなうことであり，ワイドに振られた場合やネット方向への動きに対して有用なステップと言える。

また，ランニングステップを利用したショットをランニングショットと言い，ランニングによる身体の勢いを利用してボールを打球するため，左右に振られた不利な状況からでも，優勢に転じることのできる攻撃的なショットをつくり出すことが可能となる。

2—ストローク動作時のスタンス

グラウンドストローク，ボレー，オーバーヘッドスマッシュ等の技術は，大きく分けて3つのスタンスを利用している（図2-6）。フォアハンドストロークの動作を中心に述べていくことにする。

①—クローズドスタンス

クローズドスタンスとは，右利きのプレーヤーであれば，右足（後足）を軸足として，左足（前足）を打球方向へ踏み出し，さらに，左足（前足）が右足（後足）よりも右側へ置かれた（バックスイング時には，相手に背中が見えるような状態になる）スタンスのことを指す。バックハンドストローク動作で多用されるスタンスである。また，前方への動きやコートカバーリングの狭い範囲内でのストローク動作において有用である。

しかし，体幹部の回転動作が多少制限され，前足の膝関節に負荷がかかりやすいために，これらの要素に注意しながら指導する必要がある。

②—スクエアスタンス

スクエアスタンスとは，クローズドスタンス同様に，右利きのプレーヤーであれば，右足（後足）を軸足として，左足（前足）を打球方向へ踏み出すが，両足は打球方向と平行な状態に置かれたスタンスのことを指す。このスタンスを利用したストローク動作は，正確性とともにスピードを兼ね備えたボールを打つことができる。また，クローズドスタンス同様に，前方への動きやコートカバーリングの狭い範囲内でのストローク動作において有用である。

身体各部に無理な負荷がかからないので，初心者や低年齢のジュニアプレーヤー，高齢者を指導

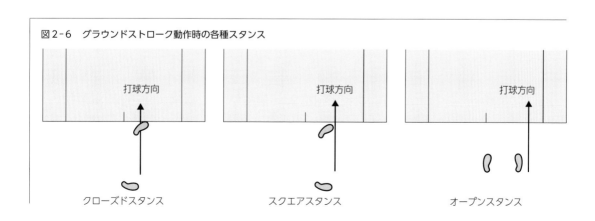

図2-6　グラウンドストローク動作時の各種スタンス

クローズドスタンス　　　スクエアスタンス　　　オープンスタンス

するときには有用なスタンスと言える。

③—オープンスタンス

オープンスタンスとは、右利きのプレーヤーであれば、一般的には、左足を軸足として、右足を左足よりも右側方へ踏み出したスタンスのことで、両足がベースラインとほぼ平行に置かれたスタンスのことを指す。また、右足の踏み出す方向は、右前方、右後方など広範である。

そのほかにも、例えば、ボディー近くにきたショットにうまく対応するときなどには、右足を軸足として、左足を右足よりも左側方へ踏み出したオープンスタンスをとる場合もある。したがって、さまざまなショットに対応することが可能なスタンスと言える。

このスタンスを利用したストローク動作は、主として、身体各部の回転運動を有効利用できるので、スピードのあるストローク動作を生み出すことができる。また、ストローク動作に要する時間は、クローズドスタンスやスクエアスタンスを用いたストローク動作よりも短いので、次の動作へ比較的早く準備することができる。

そのほかにも、広範囲なコートカバーリングに対応できる、スピードのあるボールに対応できる等の利点がある。しかし、身体各部の回転動作、特に体幹の回転動作を大きく利用するので、身体にかかる負荷が大きくなり、傷害をもたらす可能性が大きい。そのため、このスタンスを身につける場合には、傷害予防の点から、筋力強化に努めながら指導するほうがよいと言える。

❸—サーブ動作時のスタンス

サーブ動作時に用いられるスタンスには2つのタイプがある（図2-7）。

①—フットアップスタンス

フットアップスタンスとは、右利きの選手であれば、後方にある右足を軸足となる左足（前足）付近に移動させてサーブ動作をおこなうときの、両足を揃えたスタンスのことを指す。

②—フットバックスタンス

フットバックスタンスとは、右利きのプレーヤーであれば、後方にある右足をそのまま後方に位置した状態でサーブ動作をおこなうときの、広いスタンスのことを指す。

フットワークについて、さまざまなステップやスタンスについて記述してきたが、コート上で、プレーヤーが効率の良い動きを遂行するためには、個々の体格や骨格、身体的諸能力、技術、プレースタイルやグリップに応じた、あるいは、身体各部の動作のタイミング等に応じたステップやスタンスを選択していくことが重要になるだろう。

図2-7 サーブ動作時の各種スタンス

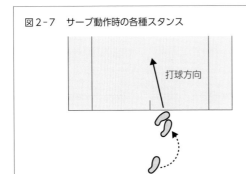
フットアップスタンス

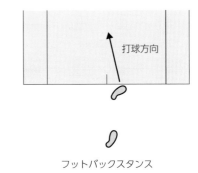
フットバックスタンス

2-3 ボールコントロール

　自分の意図したように，ボールを打球することを，ボールをコントロールすると言う。ボールコントロールは，ボールの方向・回転・スピード・距離・高さの5つの要素から構成されており，プレーヤーはこれらの要素をそれぞれ調整し，うまく組み合わせることによって，技術的にも戦術的にもより有効な打球を相手コートに打ち込むことが可能になる。

　そして，この5つの要素は，ボディーワーク，ラケットワーク，フットワークにより生み出される。特にラケットワークは，インパクト時にボールの成否を決定する重要な役割を担っている。したがって，ラケットワークと関連させながら，ボールコントロールの各要素について述べていくことにする（図2-8）。加えて，サイドラインやベースラインの長さ，ネットの高さ等，コートの規格を頭に入れておくことも忘れてはならない。

1．ボールの方向

　ボールの方向には，大きく分けて，ダウン・ザ・ライン，クロス，逆クロスがあげられる。これらのボールの方向をコントロールするには，おもに，①ラケットの向き，②ラケットスイングの方向（インサイド・アウト，アウトサイド・イン等）を調整する必要がある。また，これらのラケットワークはそれ以前の身体各部の動作，ボディーワークやフットワークも関連して生み出されることを忘れてはならない。

図2-8　ボールコントロールの各要素

ボールコントロールの要素	ラケットワーク	図式（グラウンドストロークの例）
ボールの方向	ラケットの向き 上から見たラケットスイングの方向	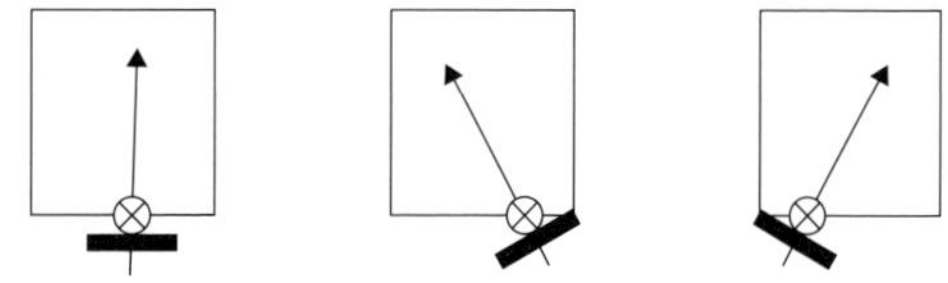 ダウン・ザ・ライン　　クロス　　逆クロス
ボールの回転	ラケット面の角度 横から見たラケットスイングの方向	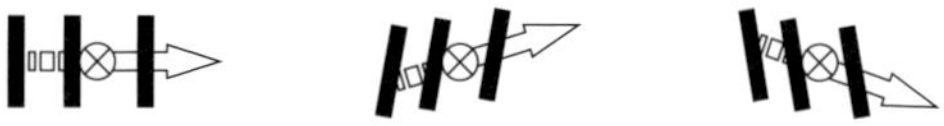 フラット　　トップスピン　　アンダースピン
ボールのスピード	ラケットスイングの大きさ ラケットのスイングスピード	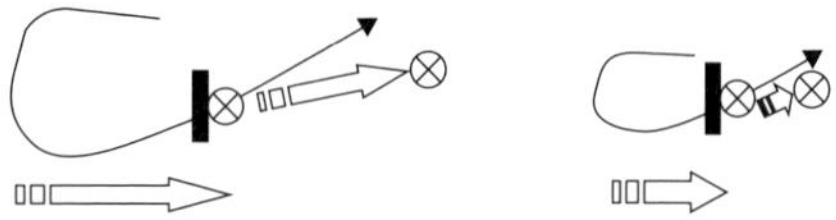 スピード大　　スピード小
ボールの距離	ラケットスイングの大きさ ラケットのスイングスピード ラケット面の角度 ラケットスイングの方向	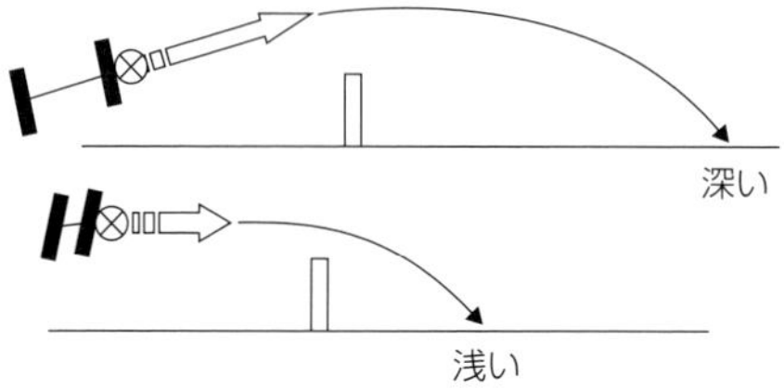 深い／浅い
ボールの高さ	ラケット面の角度 ラケットスイングの方向	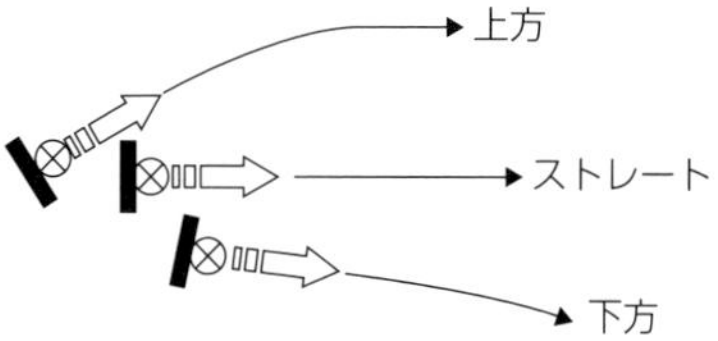 上方／ストレート／下方

図2-9　ボールの回転

球種	フラット（回転なし）	トップスピン（順回転）	アンダースピン（逆回転）	サイドスピン（右・左横回転）
回転方向	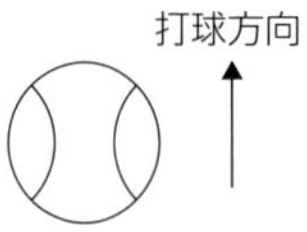 ほとんど回転なし。	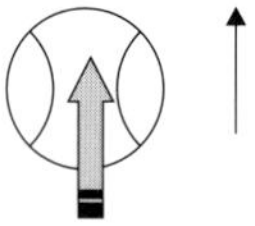 打球方向へ回転する。	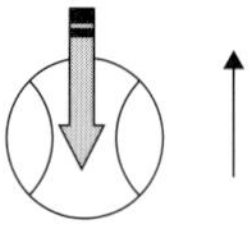 打球方向とは逆方向へ回転する。	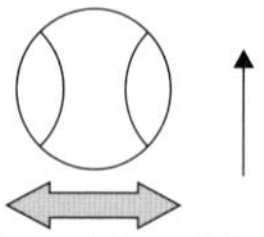 打球方向に対して横回転する。
球種の特徴	弾道は直線的であり，バウンド前後の球速の変化は小さい。	落下が大きく，バウンド後の弾み方は大きい。「ドライブ」とも呼ばれている。	滞空時間が長く，バウンド後の弾み方は小さい。「スライス」とも呼ばれている。	右横回転では，バウンド後に，右方向へ大きく曲がる。一方，左横回転では，左方向へ曲がる。

トップスピンやアンダースピンとサイドスピンを組み合わせることによって，さまざまな回転を生み出すことが可能になる。

2．ボールの回転

　ボールの回転には，大きく分けて，フラット，トップスピン，アンダースピン，さらにサイドスピンが挙げられる（図2-9）。これらのボールの回転をコントロールするには，おもに，①ラケット面の角度，②ラケットスイングの方向を調整する必要がある。

3．ボールのスピード

　ボールのスピードをコントロールするには，おもに，①ラケットスイングの大きさ，②ラケットのスイングスピードを調整する必要がある。ボールスピードを調整する能力は，ボールコントロールのなかでも身につけることが難しい要素である。しかし，一度身につけてしまえば，戦術的に幅の広いプレーが可能になる。また，ボールスピードをコントロールするには，適したボディーワークを選択する必要がある。

4．ボールの距離

　ボールの距離をコントロールするには，おもに，①ラケットスイングの大きさ，②ラケットのスイングスピード，③ラケット面の角度，④ラケットスイングの方向を調整する必要がある。最初は，ボールを深く打つ能力を身につけさせ，常に自身のペースで試合を有利に運べるように指導することが望ましい。

5．ボールの高さ

　ボールの高さをコントロールするには，おもに，①ラケット面の角度，②ラケットスイングの方向を調整する必要がある。

2-4 グリップ

1. グリップについての考え方

"グリップ"とは，ラケットの握り方を指す。テニスには，サーブ，ストローク，ボレー，オーバーヘッドスマッシュなど，目的に応じたさまざまな技術があるため，各技術の目的を効率よく遂行するためには，各技術に適したグリップを利用する必要がある。

表2-1と図2-10は，各グリップの特性と握り方を示したものである。この表は，各技術に適したグリップを指導するときの1つの目安である。グリップは，ストローク動作時の身体各部の動きを示すボディーワーク，下肢動作を示すフットワーク，ラケットの動きを示すラケットワーク，そして，インパクト後のボールの方向・回転・スピード・距離・高さといったボールコントロールの各要素に大きな影響をもたらすものである。したがって，グリップを効果的に指導するためには，グリップに適した技術，身体の使い方，プレースタイル，そのグリップのメリットなどを詳細に理解しておく必要がある。

しかし，表に示したものはあくまでも目安であり，100人いれば100通りの個性があるように，グリップにも個性がある。個々の骨格や体格，プレースタイルによっても異なり，プレーヤー個人の発育段階，あるいはプレースタイルや技術の変化によってもグリップは異なるはずである。

したがって，指導者は，自己の経験だけを頼りに，「グリップは絶対にこうしなければならない」などという指導をするのではなく，そのプレーヤーに適したグリップを常に見つけていく手助けをすることが重要であろう。また，プレーヤーがどうしてもある技術ができない，あるいは，あるショットが打てないというような場合には，より

表2-1　グリップの種類と特性

グリップの種類	基本グリップ	グリップの特徴（メリット）	対応するストローク動作
厚い ↑	ウエスタンフォアハンド セミウエスタンフォアハンド	・身体から近く，高い位置でボールを捉えることが可能。 ・身体各部の回転運動を利用して打つことが可能。	フォアハンドストローク
	イースタンフォアハンド	・身体から遠く，腰の位置でボールを捉えることが可能。 ・インパクト時のラケット面と大きなヒッティングゾーンをつくることが可能。	
薄い	コンチネンタル	・ラケットを立てやすく，手関節の関節可動域（橈/尺屈動作）を獲得しやすい。 ・「瞬時の対応」を可能にする。	サーブ オーバーヘッドスマッシュ フォア・バックボレー
	イースタンバックハンド セミウエスタンバックハンド	・身体から遠く，腰の位置でボールを捉えることが可能。 ・インパクト時のラケット面と大きなヒッティングゾーンをつくることが可能。	シングルバックハンド
↓ 厚い	ウエスタンバックハンド	・身体から近く，高い位置でボールを捉えることが可能。 ・身体各部の回転運動を利用して打つことが可能。	

＊一般的に，イースタン，セミウエスタン，ウエスタングリップと呼ばれているものは，フォアハンド側のストロークに対して用いられている用語である。ここでは，混乱を避けるために，フォアハンド，バックハンドのそれぞれのグリップに対して，明確に記載しておくことにする。

図2-10　グリップの握り方

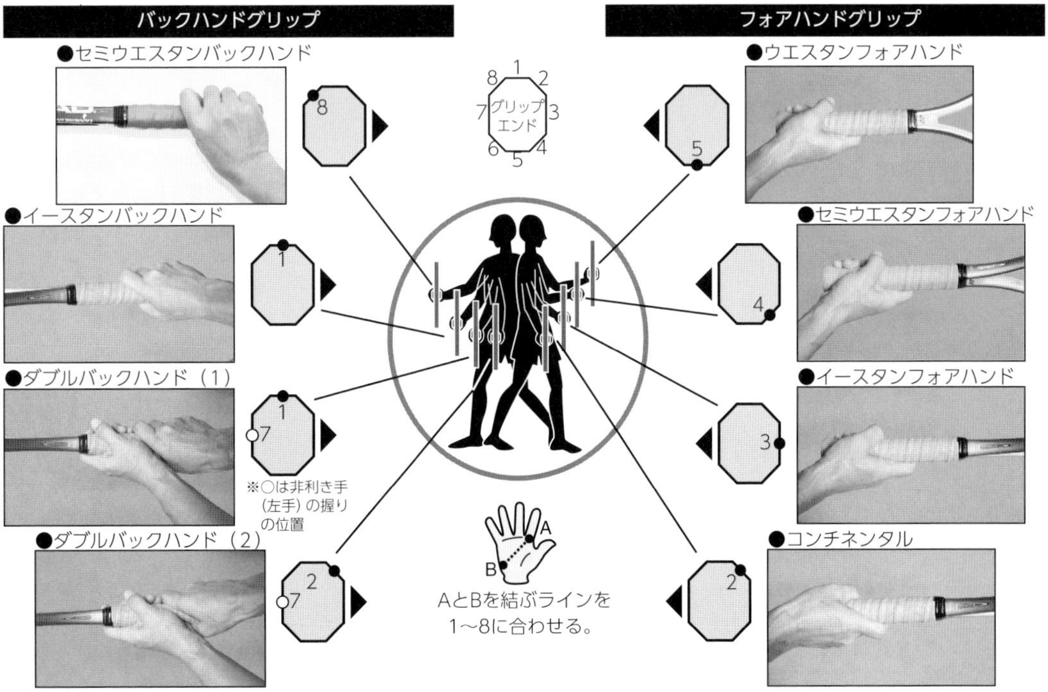

バックハンドグリップ
- セミウエスタンバックハンド
- イースタンバックハンド
- ダブルバックハンド（1）
- ダブルバックハンド（2）

※○は非利き手（左手）の握りの位置

AとBを結ぶラインを1～8に合わせる。

フォアハンドグリップ
- ウエスタンフォアハンド
- セミウエスタンフォアハンド
- イースタンフォアハンド
- コンチネンタル

効果的なショットが打てるようなグリップに修正する必要がある。

2．基礎技術のグリップ

1—グラウンドストローク動作

　グラウンドストローク動作は，主として水平面内でラケットを操作してボールを打球するという特徴を有している。この動作に対して，フォアハンドストローク動作では，イースタンフォアハンドグリップ，セミウエスタンフォアハンドグリップ，ウエスタンフォアハンドグリップを，シングルバックハンドのグラウンドストローク動作では，イースタンバックハンドグリップ，セミウエスタンバックハンドグリップ，ウエスタンバックハンドグリップを利用するのが一般的となっている。近年では，フォアハンドもバックハンドも，セミウエスタンやウエスタンなどのいわゆる「厚いグリップ」を利用してボールを打つのが主流となっている。また，ダブルバックハンドのグラウンドストローク動作では，主として，利き手がコンチネンタルグリップ，非利き手がイースタンフォアハンドグリップまたはセミウエスタンフォアハンドグリップを利用するのが一般的である。

1—ウエスタンフォアハンドグリップの特徴
▶最適な打点の位置：肩の高さ，身体から近い。
▶身体各部の回転運動を利用した動作が認められる。
▶フォワードスイング局面において，ラケットの軌道が下から上方へと移動するため，ボールにトップスピン（順回転）を与えやすい。
▶フォロースルー局面において，ラケット面が顔の前を横切って，肩から腰の辺りで終了するスイング動作が認められる。
▶ボールが高く弾むコートに有利である。

2—セミウエスタンフォアハンドグリップの特徴
▶最適な打点の位置：胸の高さ，身体からやや近い。
▶身体各部の回転運動を利用した動作が認められる。
▶フォワードスイング局面において，ラケットの軌道がやや下から上方へと移動するため，ボールにトップスピン（順回転）を与えやすい。
▶フォロースルー局面において，ラケット面が顔の前を横切って，肩から腰の辺りで終了するスイング動作が認められる。
▶ボールが高く弾むコートに有利である。

3—イースタンフォアハンドグリップの特徴
▶最適な打点の位置：腰の高さ，身体から遠い。
▶後方から前方への体重の移動を利用した動作が認められる。
▶フォワードスイング局面において，ラケットの軌道が比較的，地面と平行に移動するので，回転量の少ない（フラットな）ショットを打つのに適している。
▶フォワードスイングの早い段階で，インパクト時に垂直な面をつくることができるので，正確性のあるボールを打つことを可能にする。
▶フォロースルー局面において，前方への大きなスイング動作が認められる。
▶ボールの弾まないコート，滑るコートに有利である。

4—イースタンバックハンドグリップの特徴
▶最適な打点の位置：腰の高さ，身体から遠い。
▶後方から前方への体重の移動を利用した動作が認められる。
▶フォワードスイング局面において，ラケットの軌道が比較的，地面と平行に移動するので，回転量の少ない（フラットな）ショットを打つのに適している。
▶フォワードスイングの早い段階で，インパクト時に垂直な面をつくることができるので，正確性のあるボールを打つことを可能にする。

▶フォロースルー局面において，前方への大きなスイング動作が認められる。
▶ボールの弾まないコート，滑るコートに有利である。

5—セミウエスタンバックハンドグリップの特徴
▶最適な打点の位置：胸の高さ，身体からやや近い。
▶手首と前腕の角度が，比較的ニュートラルな状態に位置するため，無理なくボールを打つことが可能である。
▶フォワードスイング局面において，ラケットの軌道がやや下から上方へと移動するため，ボールにトップスピン（順回転）を与えやすい。
▶ボールが高く弾むコートに有利である。

6—ウエスタンバックハンドグリップの特徴
▶最適な打点の位置：肩の高さ，身体から近い。
▶身体各部の回転・回旋を利用した動作が認められる。
▶フォワードスイング局面において，ラケットの軌道が下から上方へと移動するため，ボールにトップスピン（順回転）を与えやすい。
▶ボールが高く弾むコートに有利である。

7—ダブルバックハンドグリップの特徴
▶最適な打点の位置：腰・胸の高さ，身体から近い。
▶シングルバックハンドよりも打点は後方。
▶フォワードスイング局面において，ラケットの軌道がやや下から上方へと移動するため，ボールにトップスピン（順回転）を与えやすい。
▶利き手・非利き手の役割は，4：6，もしくは3：7をイメージするとよい。すなわち，非利き手側のボールへの力の加え方が重要な要素となる。

2—サーブ，ボレー，オーバーヘッドスマッシュ動作

サーブ，ボレー，オーバーヘッドスマッシュ動作は，グラウンドストローク動作とは異なり，ラケットヘッドが手首よりも上方へ位置した状態でラケットを操作しやすいことが望まれる。したがって，このような動作に対しては，コンチネンタルグリップ，いわゆる「薄いグリップ」を利用するのが一般的である。

1—コンチネンタルグリップと動きの特徴
▶フォアハンドとバックハンドのグラウンドストローク動作の中間のグリップである。
▶「瞬時の対応」を可能にするグリップである。例えば，ボレー動作のように至近距離から短時間での対応が求められる場合，グリップを握り替えることなしに，フォア・バックの両動作に，あるいはボレーからオーバーヘッドスマッシュ動作にすばやく対応することが可能である。サーブからボレーにも非常に有効なグリップである。
▶手関節に過度な負荷をかけずに，効率よく，上方でのラケットの操作（スイングやラケット面のコントロールなど）を可能にする。
▶手関節の可動域を大きく利用して，ボールにさまざまな回転をかけることが可能である。例えば，サーブ動作ではスピン，スライス，フラットなど，オーバーヘッドスマッシュ動作ではスライス回転をかけて鋭角に打つことができる。
▶肩関節周りの内外旋動作，前腕の回内外動作（図2-11）を最大限に利用することができる。正確性とともにスピードのあるボールを相手コートに打ち込むことを可能にする。

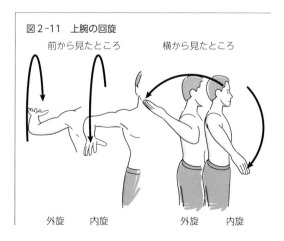

図2-11　上腕の回旋
前から見たところ　　横から見たところ
外旋　内旋　　外旋　内旋

2-5 基礎技術と応用技術

1. 基礎技術の局面構造

　サーブ，グラウンドストローク，ボレー，オーバーヘッドスマッシュなどの基礎技術を分析すると，共通して，動きの目的に応じて，①準備局面，②主要局面，③終末局面の3つの局面に分けることができる。ここでは，それぞれの局面の役割とその局面での重要な要素について取り上げていくことにする。

1 ― 準備局面

　準備局面は，レディポジションからバックスイング完了までを指す。次の主要局面と逆方向の動きによって特徴づけられ，主要局面を効果的に，経済的に遂行するための導入的役割を果たす。「バックスイング局面」「テイクバック局面」などと呼ばれることもある。ここでは，構えやバックスイングの役割，スイングのタイプについて取り上げて説明する。

1 ― レディポジション

　構えの基本姿勢は，図2-12が示すように，以下のことがポイントになる。
▶上体はやや前傾していること。
▶股関節や膝関節はやや屈曲していること。

図2-12　構えの基本姿勢

上体がやや前傾している。
股関節や膝関節がやや屈曲している。

この基本に従って，構えの姿勢をとることで，反応時間を短縮できる，股関節や膝関節周りの筋をあらかじめ緊張させることができる，前後左右にすばやく動くことが可能になることなどから，次の動作への迅速な対応が可能になる。

2―バックスイングの役割

バックスイング完了から主要局面に切り替わるとき，引き伸ばされた筋には弾性エネルギーが蓄えられ，また伸張反射が働くことで，すばやく力強いスイングが可能になる。

バックスイングの大きさを調節することでラケットスピードを調節することが可能である。一般にバックスイングを大きくすれば，大きなラケットスピードが得られる反面，動作に必要な時間が長くなり，バックスイングを小さくすれば，ラケットスピードは小さくなりやすいが，動作に必要な時間は短くてすむ。

2―主要局面

主要局面は，バックスイング終了後のフォワードスイング開始時からインパクトまでを指す。ボールの成否を決定する重要な役割を担う局面である。「フォワードスイング局面」と呼ばれることもある。フォワードスイングには，以下のような役割がある。
▶効果的なボールを打球すること。
▶打球方向へのスイングの加速。
▶伸張反射・弾性エネルギーの活用により，効果的に運動を遂行する。

3―終末局面

終末局面とは，インパクト後からフォロースルー終了を指す。制動およびリカバリーのための局面である。「フォロースルー局面」と呼ばれることもある。フォロースルーには，以下の役割がある。
▶ラケットの加速維持。
▶リカバリーのための準備。
▶障害予防（例えば，フォロースルーを急激に止めようとすると，肩関節などに大きな負荷がかかることになる）。

2．基礎技術の特徴

各技術の特徴についてみていく。具体的な説明は各写真の下に記述する。

1―グラウンドストローク

コートに一度バウンドしたボールを打球する技術で，利き腕側で打つフォアハンドストロークとその反対側で打つバックハンドストロークがある。

またフォアハンドストローク，バックハンドストロークともに，片手で打つ「片手打ち」と両手で打つ「両手打ち」があるが，一般的にフォアハンドストロークは片手打ちが多い。一方バックハンドストロークについては，高い打点で強く打ちやすいことなどから，近年は両手打ちが多くなっている。

2―サーブ

すべてのポイントはサーブによってスタートするため，サーブは大変重要なショットである。そして相手の返球の影響を受けない，自分でコントロールできる唯一のショットである。

サーブ動作は基本的には投球動作と類似している。下半身に蓄えられたパワーを運動連鎖によって体幹部，そして上肢へと伝えることが重要である。サーブのフットワークには後ろ足を

フォアハンドストローク①──フラット

①②右足の位置を決め，左腕を伸ばしながら体幹・肩を後ろに回す。体重を右足に乗せる。　③バックスイングを完了し，準備局面が終了（主要局面の開始）。　④左足に体重を移動しながら，体幹・肩の捻りを戻す（回転させる）。

フォアハンドストローク②──トップスピン

①②右足の位置を決め，左腕を伸ばしながら体幹・肩を後ろに回す。体重を右足に乗せる。ここまではフラットとほぼ同じ。　③フラットに比べ，身体の右側を左側よりも低くして，下から上にスイング。　④⑤フラットに比べ，ラケットが下から上に向かって加速している。身体の右側は引き続き低くなっている。

⑤体重移動，体幹等の捻り戻しの結果，ラケットが加速する。
⑥インパクトは体幹よりもややネット寄り（主要局面の終了，終末局面の開始）。
⑦一気に振りぬく（やや上向き）。
⑧体幹・肩の回転が続き，フォロースルー（終末局面の終了）。

⑥フラットに比べ，ラケット面が若干下を向いた状態でインパクト。
⑦フラットに比べ，より上方向にフォロースルー。
⑧フラットに比べて上方向にフォロースルーしたため，ラケットが下方向に戻り，フィニッシュでのラケットヘッドはやや低い位置にきている。

フォアハンドストローク③――スライス

①②右足の位置を決め、打つ方向に対して横向きになる。ラケットを高めに引いてバックスイングを完了し、準備局面が終了（主要局面の開始）。

③〜⑤左足に体重を移動して体幹・肩の捻りを戻し（回転させ）ながら、後ろから前（わずかに上から下）にスイング。フラットやトップスピンほどは捻りを大きく使わない。

片手打ちバックハンドストローク①――フラット

①②左足の位置を決めたら左足に体重をかけ、左手でラケットを引き、体幹・肩を後ろに回す。

③バックスイングを完了し、準備局面が終了（主要局面の開始）。

④右足に体重を移動し、体幹・肩の捻りを戻す（回転させる）。

⑤体重移動・体幹等の捻り戻しの結果,ラケットが前方に加速する。　⑥インパクトは体幹よりもややネット寄りで,体重は左足にかける(主要局面の終了,終末局面の開始)。ラケット面はわずかに上向き。　⑦ほぼ水平に振りぬく。　⑧体重移動,体幹・肩の回転が続き,フォロースルー(終末局面の終了)。

⑤体重移動,体幹等の捻り戻しの結果,ラケットが前方に加速する。　⑥インパクトは体幹よりもネット寄りで,体重は右足にかける(主要局面の終了,終末局面の開始)。　⑦打球方向(やや上向き)に振りぬく。　⑧体重移動,体幹・肩の回転が続き,フォロースルー(終末局面の終了)。

片手打ちバックハンドストローク②──トップスピン

①②左足の位置を決めたら左足に体重をかけ、左手でラケットを引き、体幹・肩を後ろに回す。ここまではフラットとほぼ同じ。

③④フラットに比べ、身体の左側を低くして、下から上にスイング。

片手打ちバックハンドストローク③──スライス

①②左足の位置を決め、打つ方向に対して横向きになる。ラケットを高めに引いてバックスイングを完了し、準備局面が終了（主要局面の開始）。

③〜⑤右足に体重を移動して体幹・肩の捻りを戻し（回転させ）ながら、後ろから前（わずかに上から下）にスイング。フラットやトップスピンほどは捻りを大きく使わない。

⑤〜⑦フラットに比べ、ラケットが急激に下から上に向かうなかでインパクト、フォロースルー。身体の左側は引き続き低くなっている。

⑧そのまま大きくフォロースルー。

⑤体重移動、体幹等の捻り戻しの結果、ラケットが前方（やや下向き）に加速する。

⑥インパクトは体幹よりもややネット寄りで、体重は右足にかける（主要局面の終了、終末局面の開始）。ラケット面はわずかに上向き。

⑦やや下方向に振りぬく。

⑧体重移動、体幹・肩の回転が続き、フォロースルー（終末局面の終了）。

両手打ちバックハンドストローク①——フラット

①②左足の位置を決めたら左足に体重をかけ、体幹・肩を後ろに回す。

③バックスイングを完了し、準備局面が終了（主要局面の開始）。

④右足に体重を移動し、体幹・肩の捻りを戻す。

両手打ちバックハンドストローク②——トップスピン

①〜③左足の位置を決めたら左足に体重をかけ、体幹・肩を後ろに回す。バックスイングを完了し、準備局面が終了（主要局面の開始）。ここまではフラットとほぼ同じ。

④〜⑥フラットに比べ、下から上にスイング。

⑤体重移動,体幹等の捻り戻しの結果,ラケットが前方に加速する。
⑥インパクトは体幹よりも若干ネット寄りで,体重は右足にかける(主要局面の終了,終末局面の開始)。
⑦打球方向(やや上向き)に振りぬく。
⑧体重移動,体幹・肩の回転が続き,フォロースルー(終末局面の終了)。

⑦フラットに比べ,上方向にフォロースルー。
⑧フラットに比べて上方向にフォロースルーしたため,ラケットが下方向に戻り,フィニッシュでのラケットヘッドはやや低い位置にきている。

フラットサーブ

スピンサーブ

58　第 2 章　テニスの技術

①②横向きの構えから左腕を伸ばしたままトスアップ。体幹・肩を後ろに回しながらバックスイング。
③重心を下げながら左腰を前方に，また左手を上方に突き出し，準備局面完了。
④重心を上昇させながら体幹・肩の捻りを戻す。左腕を下げて左右の肩の位置を入れ替える（左肩を下げ，右肩を上げる）。ラケットヘッドはまだ地面のほうに向いている。
⑤下肢→体幹→上肢の運動連鎖の結果，ラケットが上方に加速する。
⑥右肩の上方（やや前方）でインパクト。ジャンプすることで打点が高くなっている。
⑦一気に前方に振りぬく。
⑧左足で着地。右脚を大きく後方に出すことで，前傾した上半身のバランスをとっている。障害予防の観点からも，フォロースルーを十分にとる。

①〜③フラットサーブとほぼ同じだが，トスの位置が異なっている。フラットサーブほどネット方向に上げず，やや背中側に上げる。
④後ろから見ると，フラットサーブよりも横向きの状態になっている。
⑤後ろから見ると，インパクトに向けて，ラケットが左下から右上に振られている。
⑥後ろから見ると，フラットサーブよりもラケットが寝た状態（ラケットヘッドの位置が低い）でインパクト。また身体がやや横向きの状態でインパクト。ボールに斜め回転を加える。横から見ると，打点はフラットサーブに比べるとベースラインに近い。
⑦後ろから見ると，打ちたい方向よりも右の方向に振りぬく。
⑧フラットサーブと同様，十分にフォロースルーをとる。

スライスサーブ

前に寄せる「フットアップスタンス」と，前に寄せない「フットバックスタンス」の2種類があり，どちらも一般的に用いられている。連続写真では「フットアップ」のフットワークが使われている。

3 ― オーバーヘッドスマッシュ

オーバーヘッドスマッシュはロブに対する攻撃的なショットである。サーブとかなりの類似点があるが，サーブと異なり相手のロブに合わせて移

①〜③フラットサーブとほぼ同じだが,トスをやや右側(腹側)に上げる。
④フラットサーブと比べてわずかに横向き。
⑤〜⑦やや左から右方向にスイング。インパクトはフラットサーブよりも右側。ボールに横回転を加える。
⑧フラットサーブと同様,十分にフォロースルーをとる。

①〜④打ちたい方向に対して横向きになり,左腕を上に上げ,体幹・肩を後ろに回し,右足に体重を乗せる。準備局面が終了(主要局面の開始)。
⑤⑥左腕を下げ,体幹・肩の捻りを戻してスイング。横から見るとインパクトは身体よりも前であることがわかる(主要局面の終了,終末局面の開始)。
⑦⑧体重移動を続けながらフォロースルー(終末局面の終了)。

動する必要があるため,フットワークも重要となる。

4―ボレー

地面にバウンドさせずに打つ技術をボレーと言う。ボレーは攻撃性が強く戦術的にも重要であるが,早い判断力とすばやいボディーワーク,ラケットワークが要求される。また,バウンド直後を打つハーフボレーもある。

フォアハンドボレー

片手打ちバックハンドボレー

両手打ちバックハンドボレー

①②右足の位置を決め，肩を少し回しながらボールの高さに応じたラケットセットをおこなう（バックスイングは小さく）。準備局面が終了（主要局面の開始）。
③打ちたい方向に踏み込みながらスイング。ラケット面はフォロースルーまで終始やや上向き。
④横から見ると，身体よりもかなり前でボールをとらえている（主要局面の終了，終末局面の開始）。
⑤引き続き，コンパクトなスイングをおこなう。
⑥体重移動を続けながら，フォロースルー（終末局面の終了）。

①②左足の位置を決め，肩を少し回しながらボールの高さに応じたラケットセットをおこなう（バックスイングは小さく）。
③打ちたい方向に踏み込みながらスイング。ラケット面はフォロースルーまで終始やや上向き。
④横から見ると，身体よりもかなり前でボールをとらえている。
⑤引き続き，コンパクトなスイングをおこなう。
⑥体重移動を続けながら，フォロースルー。左腕を後方に伸ばして肩・体幹の回転を抑えている。両手打ちバックハンドボレーと異なり，肩・体幹の回転がほとんどない。

①②左足の位置を決め，肩を少し回しながらボールの高さに応じたラケットセットをおこなう（バックスイングは小さく）。
③打ちたい方向に踏み込みながらスイング。ラケット面はフォロースルーまで終始やや上向き。
④横から見ると，身体よりもかなり前でボールをとらえている。
⑤引き続き，コンパクトなスイングをおこなう。
⑥体重移動を続けながら，フォロースルー。

3．応用技術

1—リターン

リターンは，サーブ同様に非常に重要なショットである。グラウンドストロークに比べて時間的な余裕がないことが多いため，コンパクトなバックスイングが必要である。

2—アプローチショット

ラリー中に相手のボールが浅くなり，サービスライン前後にバウンドした場合に，打球後ネットポジションにつくためにおこなうグラウンドストロークである。

3—ドロップショット

相手コートのネット側に，ボールの勢いを殺してコントロールして落とすショットである。

リターン①——フォアハンド

リターン②——バックハンド

4―ロブ

相手からの攻撃的なショットに対し時間的な余裕をつくるために，高く緩い弧を描くように打球するグラウンドストロークである。

5―パッシングショット

ネットポジションでプレーする相手に対して横を抜くショットである。

6―ハーフボレー

ネット近くでプレーする際に，バウンドの直後を打球する動作で，ブロック面の早い確保が必要である。

①～④すばやく肩を回しながら右足の位置を決める。バックスイングはコンパクトに（準備局面の終了，主要局面の開始）。
⑤～⑥後ろから前に体重を移動しながらインパクト（主要局面の終了，終末局面の開始）。
⑦～⑧体重移動を続けながらフォロースルー（終末局面の終了）。

①～④すばやく肩を回しながら左足の位置を決める。バックスイングはコンパクトに（準備局面の終了，主要局面の開始）。
⑤～⑥後ろから前に体重を移動しながらインパクト（主要局面の終了，終末局面の開始）。
⑦～⑧体重移動を続けながらフォロースルー（終末局面の終了）。

TENNIS
COACHING THEORY

3章
テニスの科学

3-1 テニスの科学とは

「テニスの科学」とは,「スポーツバイオメカニクス」「スポーツ生理学」「スポーツ心理学」「スポーツ医学」「スポーツ哲学」「スポーツ史」「スポーツ人類学」「スポーツ運動学」「スポーツ社会学」「スポーツ栄養学」「体力トレーニング学」など,スポーツ諸科学の分野を駆使して,テニスをさまざまな角度から科学的に研究する学問の総称である(図3-1)。

スポーツの指導現場においては,指導者による経験則に基づいた指導が長く重んじられてきた。しかし,経験則に基づいた指導は,その指導者自身が選手であったときの視点から観察された結果であり,必ずしも経験や身体能力の異なるほかの選手に適用できるとは限らない。スポーツをより詳細に調査・観察し,スポーツの技術・戦術をデータ化することで,より最適かつ効率的な指導に生かす試みが続けられている。このスポーツを科学的な観点から観察する学問の発展,ひいてはテニスの科学の進歩により,さまざまな角度からテニスが分析・研究されるようになった。特にオンコートでのパフォーマンスが分析・検証されることで,高いパフォーマンスを発揮するために必要な技術・戦術や,身体的・心理的トレーニングの手法についての検証実験が実施されている。

テニスの科学の進歩は,プレーヤー自身のパフォーマンス向上やトレーニング方法に影響するだけでなく,シューズやラケットを含めた用具の開発にも大きな影響を与え,さまざまな角度からプレーヤーのパフォーマンスに影響を与えている。現代におけるテニスの発展に科学は切り離せないものとなっている。

テニス指導者は,オンコートでの技術指導においても,科学的な根拠に基づいた指導を意識することが求められている。テニスの科学に関する知見を用いることで,以下のようなメリットを得ら

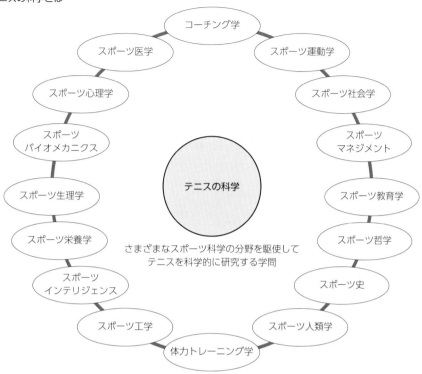

図3-1 テニスの科学とは

れる。
▶科学的根拠に裏づけられた指導が可能となる。
▶効率的なオンコートとオフコートでのトレーニング指導が可能となる。
▶選手のパフォーマンス向上のみならず，疲労によるけがを予防する。
▶ジュニア育成における成長期に合わせた適切なトレーニングの実施が可能となる。
▶中高齢者に向けた健康増進としてのテニスの効果が理解できる。

以上のように，さまざまな指導場面でテニスの科学が活用可能なのである。

テニスの試合において，勝敗を左右する要因として，「心・技・体・戦術」があげられる。これら4つの調和を図り，プレーヤーの能力を最大限に引き出す，あるいはプレーヤーの能力を開発するには，「テニスの科学」の果たすべき役割は重要となる。

そこで，第3章では，まず初めに，テニスプレーヤーの動きの良し悪しや技術の改善・向上に役立てることが可能な「テニスのバイオメカニクス」について，次いで，テニスプレーヤーの基礎となる体力やテニスを通じて身体内部の環境がどのような変化を遂げているのかを理解することが可能な「テニスの運動生理学」，テニスプレーヤーとしての身体をつくるのに必要な栄養素や食事の摂り方などについて理解を深めることが可能な「テニスの栄養学」，最後に，テニスのプレーと心の関係性やストレスマネジメントなどについて紐解いていくことが可能な「テニスの心理学」，これら4つの学問について学習していくことにする。

3-2 テニスのバイオメカニクス

「バイオメカニクス」とは，生体や生物（Bio）と力学（mechanics）が複合してできた言葉で，生理学，解剖学，物理学などの基礎知識を利用して，広範な生物の動きを究明する学問である。

「テニスのバイオメカニクス」とは，テニスの指導者の経験則，テニスのさまざまな知識，そして，上記の基礎知識を統合して，プレーヤーの動きや技術，ラケットやボールなどの用具の働きを明らかにする学問のことである。

1. バイオメカニクスが指導現場に貢献できること

テニスの指導現場にバイオメカニクスの視点を導入することで，おもに，表3-1に示した4項目に役立てることができる。

①では，「インパクトの現象はどうなっているのか」「インパクト直前のラケットの動向はどうなっているのか」など，特に，肉眼では捉えられない詳細な現象や動きについて，理解を深め，指導に役立てることができる。

②では，「上手なプレーヤーのフォームはどうなっているのか」「自分と何が違うのか」「どこの筋肉がどのぐらいの力で働いているのか」「こんな打ち方はできないだろうか」，あるいは，④と関連するが，「けがをしない打ち方とは」というような疑問を明らかにすることができる（図3-2，図3-3）。

また，③と関連するが，ふだんからバイオメカニクスの視点をもって，テニスの指導にあたることで，プレーヤー独自の，あるいは日本独自のプレースタイルや新たな技術の開発にも取り組むことが可能になろう。

表3-1　バイオメカニクスの指導現場への貢献

①詳細な動きの究明に役立つ
例）肉眼では捉えられないインパクトの現象を知ることができる。
例）選手の動き・技術・フォームなどの特徴がわかる。
②技術の改善・向上に役立つ
例）良いときと悪いときのフォームを分析することで，技術の改善すべき欠点がわかる。
例）モデルとなるプレーヤーとの動きを比較することで，身につけるべき動きがわかる。
③用具・技術・指導法などの開発に役立つ
例）①②などの数値情報に基づいて，選手独自の指導法やトレーニング法を考案できる。
例）足部にかかる負荷を知ることで，シューズの開発につなげることができる。
④傷害予防に役立つ
例）身体各部に加わる負荷とそのときのフォームを知ることで，けがを未然に防ぐことができる。

図3-2　キネマティクス（運動学）的分析

身体を開くタイミングが早く，肘が伸びきっている（肘関節角度が180度）。けがをするのでは？

図3-3　キネティクス（運動力学）的分析

ボールに，「グーッ」と，力を長く加え続けて，相手コートに深く打つべきか，「バシッ」と，一瞬で大きな力を与え，エースを奪いにいくべきか？

2．バイオメカニクスにおける2つの分析方法

　テニスプレーヤーの動きや技術を分析するにはさまざまな方法があるが，ここでは，テニスのバイオメカニクスにおける2つの分析手法，キネマティクス（運動学）とキネティクス（運動力学）について学習する。

■1―キネマティクス（運動学）

　キネマティクス（運動学）とは，動きの原因となる力とは無関係に，動き自体を記述する学問のことを指す。例えば，「インパクト時点の関節の角度はどうなっているのだろうか」「スイングスピードはどれぐらい出ているのだろうか」「トッププレーヤーと教え子のフォームはどこに違いがあるのだろうか」など，フォームを詳細に数値化して分析したり，「スイングやフットワークに要する動作時間はどれぐらいなのだろうか」などの時間分析をしたりと，プレーヤーの動きや技術の状態を知るための分析手法が，キネマティクス的分析となる。

　図3-2は，まさにキネマティクス的分析をおこなっているところであり，指導現場においても，よく見かける光景ではないだろうか。キネマティクス的分析は，動作学的分析，運動学的分析と呼ばれることもある。

■2―キネティクス（運動力学）

　キネティクス（運動力学）とは，動作の原因となる力について記述する学問のことを指す。■1のキネマティクス的分析によって，運動の状態を知ることに加え，さらに，その動きがどのような力によって生み出されているのかを知ることで，技術向上に有益となるトレーニングを考案したり，

提供したりすることが可能になる。

指導現場においては，「ボールをグーッと押しなさい」「ボールをバシッと叩きなさい」「腰をグッと捻りなさい」「バンッと地面を力強く蹴って，ジャンプしなさい」など，感覚的な言葉を使って，わかりやすく指導をおこなっているはずである。これは，筋の発揮する力の大きさや長さの違いを，「グーッ」「バシッ」「グッ」「バンッ」などのような言葉で表現したものと解釈できるが，このような力，パワー，エネルギーなどを明らかにするための分析手法が，キネティクス的分析となる。

図3-3は，まさにキネティクス的分析をおこなっているところであり，どのような力の発揮の仕方を指導すべきか，あるいはどのような方向に力を発揮すべきかなどを試行錯誤しているところであろう。

指導現場においては，指導者の経験則に基づいて，このようなキネティクス的分析をおこなって，指導を実践していると言える。キネティクス的分析は，動力学的分析，運動力学的分析と呼ばれることもある。

指導現場において，プレーヤーの動きや技術を数値化するなどして量的分析をおこなうことは，実質的には不可能であるが，じっくりと観察して，どんなところが良くて，どんなところに問題があるのかなどを，指導者の経験則と照らし合わせて，質的分析しながら，より良い方向へと導くためには，キネマティクス（運動学）とキネティクス（運動力学）の両方の視点から，あるいは情報に基づきながら，客観的に分析・評価していくことが重要になる。

3．バイオメカニクスからみた動きの観察手順

テニスの動きや技術の良し悪しを正しく分析・評価するためには，よく観察して，どこに問題が生じているのかを究明しなければならない。そのためには，バイオメカニクスの視点からの観察手順を理解しなければならない。

表3-2と図3-4は，基礎技術の観察手順と局面構造を示したものである。動きの局面構造は，動きの目的に応じて，準備局面，主要局面，終末局面に分けることができる。

このなかで，最も重要なのは，インパクトである。インパクトは，ボールの成否を決定し，ここでの出来・不出来がその後のプレーに大きく影響を及ぼすことになるので，まず何よりもインパクト時点に着目して，どのような問題が生じているのかを詳細に観察し，分析する必要がある。インパクト時点のフォームが崩れていた場合，なぜ，そのような状況に陥ってしまったのか，どの時点でこのような問題を引き起こしてしまったのか，最大の原因を，その前の時点のフォーム，さらにその前の時点のフォーム，さらにその前の前の時点のフォーム…というように，時系列に遡って観察をしていくことが技術改善の第一歩となる。

図3-5を見てほしい。左と右のバックハンドストローク動作の写真では，右の写真のインパクト時点において，明らかに問題が生じていることがわかる。しかし，このようなフォームになってしまった最大の原因はどこにあるのだろうか。時系列に遡って観察すれば，一般的には，インパクト前のバックスイング完了時点（もしくは，フォワードスイング開始時点），さらにその前のバックスイング開始時点において，すでにラケットスイングの開始に遅れが生じていることが容易に想

表3-2 基礎技術の局面構造

局面構造	別 名	目 的
準備局面	バックスイング	目的を円滑に遂行するための導入的役割を果たす動作。主となる動作と逆方向の動作として特徴づけられる。
主要局面	フォワードスイング	目的を達成するための動作。ボールの成否を決定する（インパクトを含む）最も重要な局面。
終末局面	フォロースルー	制動のための動作。次の準備局面への導入的な役割を果たす動作。

図3-4 基礎技術の観察手順と局面構造（道上・阿江，1998） ※S. Graf選手の実際の動きを3次元構築した線画である。

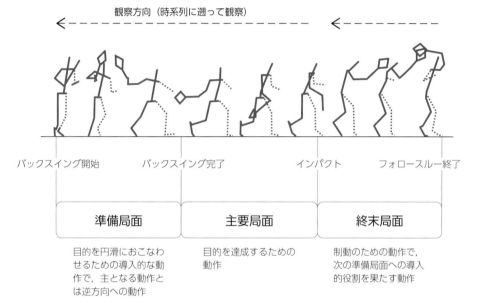

図3-5 GoodとPoor時のバックハンドストローク動作におけるインパクト時点のフォーム

インパクトが前方に位置し，ラケットの面が垂直に保たれている。余裕のあるフォームでインパクトを迎えていることがわかる。

インパクトの位置が遅れ，ラケットの面も上を向いている。非常に窮屈な打ち方になってしまっている。明らかに問題が生じているが，最大の原因はどの時点で生じて，何を改善しなければならないのか？

像できるだろう。さらに言えば、その1つ前のストローク動作あるいはサービス動作のフォロースルーの時点で、自身のショットがコートにおさまっているかを確認している最中に動きが緩慢となり、次の動作に遅れが生じて、結局のところ、ミスを犯してしまうという、「1つ前のストローク動作のフォロースルーが緩慢だった」ことが、最大の原因と捉えることができよう。この場合には、ボールを打ったあとのフォロースルー局面において、すばやく次の動作へ移行する、あるいは、すばやく構えるなどの指導をすることによって、インパクトの問題を解消することができるようになるはずである。

　インパクトで生じた問題を探るためには、時系列に遡って動きを観察すること、そして、問題を引き起こしている最大の原因を究明して、技術の改善に努めることが、より良い技術指導につながると言えるだろう。

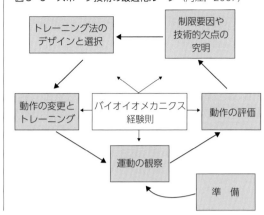

図3-6　スポーツ技術の最適化ループ（阿江, 2007）

4. 技術改善の最適化ループ

　テニスの指導現場では、オンコートでの動きや技術の指導にきわめて多くの時間を費やしていることは、周知の事実である。そして、優れた指導者ほど、プレーヤーの動きや技術を効果的に改善できる能力をもっている。図3-6は、プレーヤーの技術改善をねらいとする指導手順、あるいは技術の改善過程を示したものである。このループは、競技成績を目的とした指導現場のみならず、体育授業での児童・生徒の技術向上をねらいとした指導手順としても役立つ。

　以下のような手順に従っておこなわれる。

1——準備

　指導者は、プレーヤーの特性、身につけるべき動きや技術などに関する知識、指導法に関する知識などを準備しておく必要がある。

2——運動の観察

　動きや技術を改善する第一歩は、プレーヤーの動きや技術をよく観察することである。ここでは、指導者の「眼のつけどころ」が重要になる。その際に、①全体の動きを把握してから、部分の動きへと観察をおこなうこと、②観察手順に従って、最も重要なインパクト時点から時系列に遡って観察をおこなうこと、③プレーヤーの前方、側方、後方、頭上など、動きが捉えやすい場所から観察をおこなうことなどが重要になる。また、プレーヤーの感覚情報を得たり、VTR撮影などの客観的手段を用いて、スロー再生するなどして、より詳細に観察したりすることも大切なことになる。

3——動作の評価

　動きや技術の観察により得られたさまざまな情報に基づいて、プレーヤーの良いときのプレーやモデルとなるトッププレーヤーのプレーと比較したり、指導者のもっているイメージやバイオメカニクス的な客観的情報・知見などと照らし合わせたりして、動きや技術の比較・評価・診断が求められる。

4―欠点や問題点の究明

動作の比較・評価・診断を通じて，プレーヤーの動きや技術が適切でない原因，すなわち，どの時点に問題が生じているのか，技術の改善・向上を妨げている要因や技術的欠点は何か，などを指導者のもつ経験則や知識などを総動員して究明していくことが重要になる。図3-5では，不適切なストローク動作は，「1つ前のストローク動作のフォロースルーが緩慢だった」ことが，最大の原因であることを推察している。このやりとりは，まさにここでの作業にあてはまる。技術的な欠点については，1つだけでなく，複数生じる場合がある。その場合，何を優先的に改善していかなければならないのか，優先順位づけをするなどして，慎重に判断していく必要がある。

5―トレーニング法のデザインと選択

動きや技術の欠点，修正すべき欠点の優先順位が明らかになれば，必要な練習方法やトレーニング法を選択したり，必要に応じて考案したりして，プレーヤーに提供する。

6―動作の変更とトレーニング

選択された練習方法やトレーニング法を実施し，動きや技術の改善を試みる。動きや技術の改善は，非常にデリケートな部分であることから，プレーヤーの感覚・気づきを大切にしながら試行錯誤してトレーニングにあたらなければならない。

5 6 の段階では，図3-1に示した「コーチング学」「スポーツ運動学」「体力トレーニング学」「スポーツ生理学」などの知識が特に重要となるので，指導者は，バイオメカニクス的知識だけでなく，他の領域の知識も得ておく必要がある。そして，技術がより良い方向へ改善されるまで，1 から 6 までのループを繰り返す必要があろう。

5. 知っておきたいバイオメカニクスの原理・原則

ここでは，テニスの動きや技術の指導をするうえで，最低限知っておくべきテニスのバイオメカニクスにおける原理・原則を記載する。バイオメカニクス（Biomechanics）の前半の文字（BIOMEC）をなぞって，その原理・原則を，表3-3と図3-7に示すことにする。

1―バランス

バランスには，静的バランスと動的バランスの2つがある。これは，静止しているとき，動いているとき，どちらの場合においても，つり合いを保つ，安定を保つ姿勢維持能力のことを意味している。また，不安定な姿勢から速やかに回復させる能力も含まれている。指導現場においては，あのプレーヤーは，「バランスがよい」とか「姿勢が安定している」などと言うことがあるが，それは動きの良し悪しを表現している言葉と言えるだろう。

バランスがよい条件とは，①支持基底面（スタンス）が広い，②重心位置が低い，③質量が大き

表3-3　テニスのバイオメカニクスにおける原理・原則

1. Balance	バランス（安定した姿勢と不安定な姿勢）
2. Inertia	慣性（動きにくさと回転しにくさ）
3. Opposite force	作用・反作用の法則（ニュートンの第三法則）
4. Momentum	運動量（身体がもつ勢い）
5. Elastic Energy	弾性エネルギー（伸張－短縮サイクル）
6. Coordination	身体の最適な使い方（運動連鎖とユニット動作）

（Elliottら（2003）の内容をわかりやすくまとめるために，道上が一部改変）

い，の3つが揃っていることである。例えば，小柄な日本人選手が，スタンスを広くとって，重心位置を低くしたストローク動作をおこなうことで，欧米諸国の選手が放つパワーのあるボールに，臆することなく，安定した姿勢でボールを打ち返すことが可能になるだろう。一方で，すばやく次の動作に移行したいという場合には，重心を高くし，スタンスを狭くする，すなわちバランスがよい条件の反対の不安定な姿勢をうまく利用することが可能となろう。このように，バイオメカニクスの原理・原則の知識を知って，有効活用することが大切である。

2—慣性

慣性とは，「動きにくさ」や「回転しにくさ」といった抵抗の指標になるものである。例えば，ラケットを持つ利き手側の肘を伸ばしながらボールを打ちにいくよりも，肘を軽く曲げながらボールを打ちにいくほうが，慣性（抵抗）が小さくなるため，身体が回転しやすくなり，ラケットのスイングスピードが得られやすくなる。その一方で，ストローク動作においてラケットを打球方向へ振り出す際に，身体の開きや回転が早くに生じないように，非利き手側を大きく伸ばしておくことなどは，経験的に，慣性というものを利用していると言える。

このほかにも効率の良いフォームを考える場合には，慣性という視点からテニスの動きを捉えていくことも大切である。

3—作用・反作用の法則

作用・反作用の法則とは，「2つの物体が互いに力を及ぼし合うとき，一方に作用する力は他方に作用する力と大きさが等しく，向きは反対である」というニュートンの第三法則（ニュートンの運動の三法則については後述）のことである。プレーヤーが地面を強く蹴れば（作用），地面から同じ強さの力で押し返される（反作用）ことになり，この力によって，より高いインパクト高を獲得することができ，また，パワフルなサーブを放つことができるのである。なお，プレーヤーが地面から受ける力のことを，一般的に，「地面反力」と呼んでいる。

身体運動をバイオメカニクス的に分析するためには，「ニュートンの運動の三法則」が基礎となっているため，作用・反作用の法則とともに，以下の法則を，よく理解しておくことが重要である。

慣性の法則とは，「物体に外部から力が加えられない限り，静止している物体は静止状態を続け，運動している物体は等速直線運動を続ける」という法則のことである。加速度の法則とは，「物体に外部から力が加えられると，力の方向に加速度が生じる。この加速度は，力の大きさに比例し，物体の質量に反比例する」という法則のことで，「運動の法則」とも呼ばれている。

ニュートンの運動の三法則

①慣性の法則（ニュートンの第一法則）

②加速度の法則（ニュートンの第二法則）

③作用・反作用の法則（ニュートンの第三法則）

4—運動量

運動量とは，運動する物体の勢いのことで，「質量×速度」で表すことができる。このことを，テニスの指導現場に置き換えると，プレーヤーのプレー中の「身体やラケットがもつ勢い」のことを意味するものと言える。例えば，大柄なプレーヤーが助走をつけて，大きく踏み込んでボールを打つのと，小柄なプレーヤーがその場でボールを

図3-7 テニスのバイオメカニクスにおける原理・原則

慣性
慣性とは,「動きにくさ」や「回転しにくさ」といった抵抗の指標となるものである。サーブのフォワードスイングに入る前に,利き手側の肘を曲げて身体の近くにラケットを位置することで,身体が回転しやすくなり,その後のフォワードスイングで,ラケットのスイングスピードが得られやすくなる。

弾性エネルギー
サーブのバックスイングからフォワードスイングの移行時の胸部周辺筋群が,大きく引き伸ばされるときに弾性エネルギーが蓄えられる。そして,その後,すばやくラケットが振り出されるときに,この弾性エネルギーが再利用されて,大きな力やパワーを発揮することができる。

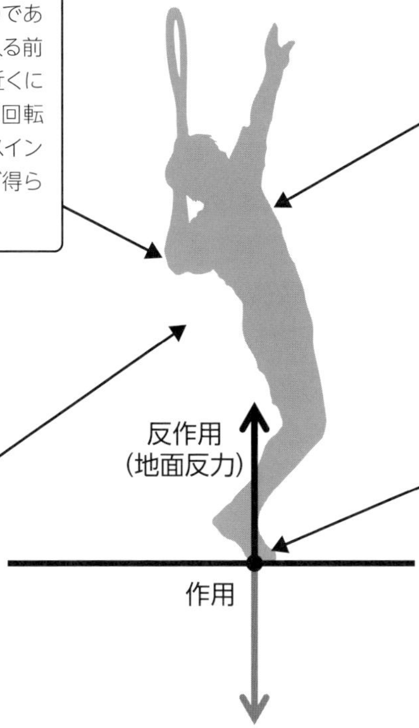

身体の最適な使い方
スピードあるボールを打つ,遠くにボールを飛ばす,打球時間にゆとりがある場合には,身体を鞭のようにしならせて運動連鎖を,一方で,正確性が求められる,打球時間に制限がある,打球距離が小さい場合には,ユニット動作を使うなど,状況に応じた,身体の使い方を選択することが大切である。

反作用（地面反力）
作用

作用・反作用の法則
プレーヤーが地面を強く蹴れば（作用），地面から同じ強さの力で押し返される（反作用）ことになり,この力によって,より高いインパクト高が獲得できたり,よりパワフルなサーブを可能にしたりする。

運動量
オープンスタンスのストローク動作では,体幹のひねりと捻り戻しを利用して,身体に回転の勢いをもたせることで,ラケットやボールのスピードを生み出している。

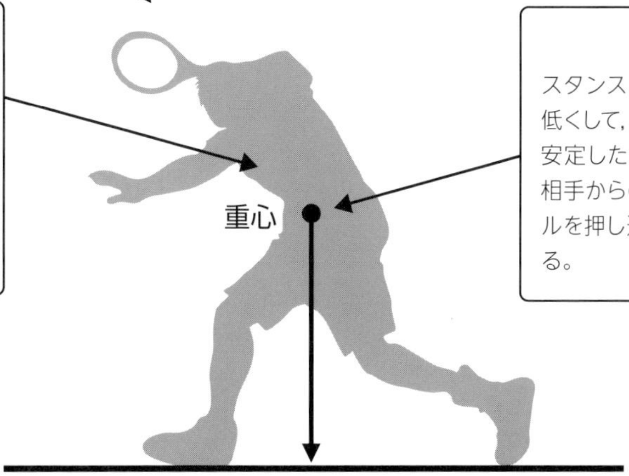

重心

バランス
スタンスを広くとり,重心を低くして,つり合いのとれた,安定した姿勢をとることで,相手からのパワーのあるボールを押し返すことが可能になる。

打つのとでは，身体のもつ勢いは前者のほうが大きいために，ボールは大きなスピードで放たれることになる。

　運動量には，並進運動と回転運動における2つの運動量がある。例えば，スクエアスタンスを使ったグラウンドストローク動作では，並進運動での運動量（単に，運動量と呼ぶ），すなわち大きく前方へステップして，身体に打球方向への勢いをもたせることでボールに大きなスピードを与えることができる。一方で，オープンスタンスを使ったグラウンドストローク動作では，回転運動での運動量（角運動量と呼ぶ），すなわち体幹部を大きく捻り，身体に回転の勢いをもたせることでボールに大きなスピードを与えることができるのである。

　このように，運動量という観点からテニスを眺めていくと，「どのポジションで構えておくべきか」「どのような打法を採用したらよいのか」「ラケットの重さはどうか」など，指導現場に多くのヒントを与えてくれるだろう。

5──弾性エネルギー

　筋肉や腱は，バネやゴムに例えることができる。筋は，大きく引き伸ばされる（伸張性収縮）と，筋や腱にエネルギーが蓄えられ，その後に続く，主動作（短縮性収縮）において，その蓄えられたエネルギーが再利用されて，爆発的な力やパワーを発揮することができる。このとき，筋や腱に蓄えられたり，再利用されたりするエネルギーを弾性エネルギーと呼ぶ。

　また，筋を大きく引き伸ばしてからすばやく縮めるような運動を，伸張−短縮サイクル（Stretch-Shortening Cycle：SSC）運動と呼ぶ。優れたプレーヤーのサーブ動作におけるバックスイングからフォワードスイングの移行時（図3-7のサーブのフォーム）の胸部，サーブのジャンプ動作や左右に大きく振られたときのフットワークでのすばやい切り返し動作時の下腿部などに，弾性エネルギーの貯蔵・再利用，伸張−短縮サイクル運動が認められる。筋や腱のもつバネやゴムの特性を有効活用するためには，技術の改善・向上に努めると同時に，反動動作やプライオメトリクスのトレーニングを遂行することも重要であろう。

6──身体の最適な使い方（運動連鎖とユニット動作）

　効率のよい身体の使い方を知るには，運動連鎖とユニット動作を理解する必要がある。図3-8の上級者のサーブ動作のモデル図を見ると，腰から肩，肘，手，そしてラケットへというように，身体各部の速度のピークが順次，タイミングよく出現しながら，徐々に増していることがわかる。このように身体の近位部から遠位部に向かって生み出された力・エネルギー・速度などがタイミングよく順次加算，あるいは伝達されて末端のエネルギーや速度を大きくできるという原則を，身体各部を連続した鎖，あるいはリンクにたとえて，運動連鎖，あるいは運動連鎖の原則と呼んでいる（阿江・藤井，2002）。優れたプレーヤーというのは，このような運動連鎖の原則に従って上手に身体各部を使い，ラケットやボールの速度を獲得しているのである。なお，運動連鎖（Kinetic chain）は，キネマティックチェーン，キネティックチェーンなどと呼ばれることもある。

　一方で，ユニット動作というのは，運動連鎖とは異なって，隣接する身体各部，例えば上腕と前腕を1つのユニットとして作用させる動きのことである。運動連鎖は，一般的には，スピードや打球距離を獲得するときの身体の適切な使い方とされているが，このユニット動作は，正確性が求め

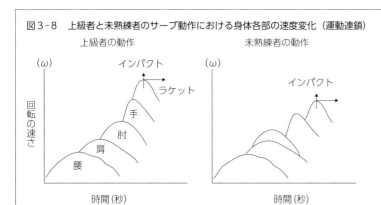

図3-8 上級者と未熟練者のサーブ動作における身体各部の速度変化（運動連鎖）

上級者は，腰から肩，肘，手，そしてラケットへ向かって順次，タイミングよく動きが出現し，身体全体が鞭のように使われていることがわかる。一方で，未熟練者は，身体各部の動きのタイミングにズレが生じており，その結果，ラケット速度が獲得できていないことがわかる。このような動作は，技術的な問題だけでなく，身体各部に負担をかけたり，けがを引き起こしたりする要因になる。

られる，打球時間に制限がある，打球距離が小さいなどの場合，例えば，ボレー動作などに使われるときの適切な身体の使い方と言える。

　状況に応じて，それぞれの身体の使い方を選択し，うまく利用することも技術の改善・向上に役立つと言える。

　テニスのバイオメカニクスにおける原理・原則は，ほかにもたくさんあるが，これらの原理・原則を知っておくこと，そして，指導者の経験則やプレーヤーの感覚・気づきなどと照らし合わせながら，これらの原理・原則やバイオメカニクス的研究から得られた情報・知見などを活用して，プレーヤーの技術の改善・向上に役立てていくことが重要なことになろう。

3-3 テニスの運動生理学

1. テニスのエネルギー供給過程

　テニスの運動特性を運動生理学の観点から知ることは指導者にとって重要である。テニスの運動でどのエネルギー供給過程が利用されるかを知ることで、プレーヤーが必要とする身体トレーニングや栄養摂取についても、より論理的に計画することができる。

　運動は筋の収縮によって引き起こされるが、その直接のエネルギー源として重要なのは、ATP（アデノシン三リン酸）である。筋収縮はこのATPが分解されるときのエネルギーを使っておこなわれている。

　しかし、筋肉内に存在するATPのみの反応によるエネルギーだけでは、数秒でなくなってしまう。運動を続けていくためには、分解したATPを絶えず再合成する必要がある。具体的には筋肉内でADP（アデノシン二リン酸）からATPを再合成するためのエネルギーが必要となる（図3-9）。

　この再合成のためのエネルギーは、3つの過程より供給される（図3-10）。

　①クレアチンリン酸の分解（ATP-CP系）
　②グリコーゲンの無酸素的分解（解糖系）
　③グリコーゲンや脂肪の有酸素的分解（酸化系）

図3-9　ATPの分解と再合成

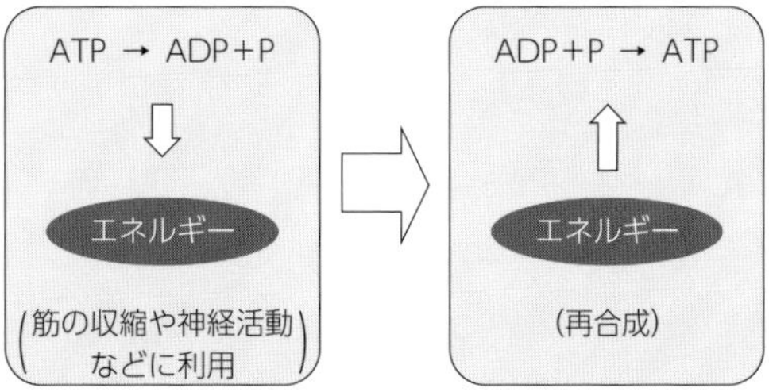

ATP → ADP+P
⇩
エネルギー
（筋の収縮や神経活動などに利用）

ADP+P → ATP
⇧
エネルギー
（再合成）

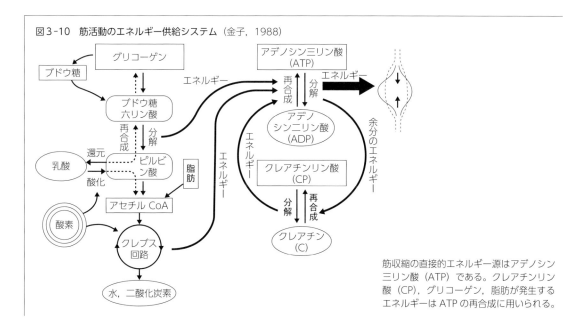

図3-10 筋活動のエネルギー供給システム（金子，1988）

筋収縮の直接的エネルギー源はアデノシン三リン酸（ATP）である。クレアチンリン酸（CP），グリコーゲン，脂肪が発生するエネルギーはATPの再合成に用いられる。

①と②の過程は酸素が介在しない状態でおこなわれるので無酸素的過程と呼ばれ，③の過程は酸素が介在した状態でおこなわれるので有酸素的過程と呼ばれている。

1 —ATP-CP系

ATP-CP系は，筋肉内に貯えられているCP（クレアチンリン酸）が，C（クレアチン）とP（リン酸）に分解するときに発生するエネルギーを利用する過程である（図3-11）。

このATP-CP系の反応は酸素を必要としない無酸素的反応であり，乳酸が生成されないので非乳酸性機構と呼ばれている。ただし，この過程を最大限に利用したとすると，筋肉内で貯えられているATPおよびCP系によるエネルギー供給時間は，約8秒ということになる。このATP-CP系の最大の特徴としては，すぐにエネルギーが利用できることであり，おもに数秒の激しい運動に利用される。また，クレアチンリン酸の再合成（C＋P→CP）にはATPが必要となるが，テニスにおいてはポイント間の休息時にも，後述する酸化系を介して一定量のクレアチンリン酸が再合成される。

テニスでは，おもに各ストローク動作やドロップショットをひろったり，サーブを打ったあとにネットポジションについたりするためのダッシュなどに，ATP-CP系のエネルギー過程が用いられている。

2 —解糖系：グリコーゲン（ブドウ糖）の無酸素的分解

これは，酸素の供給が間に合わない状態で，グ

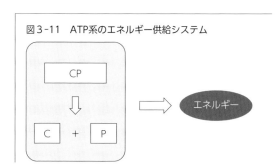

図3-11 ATP系のエネルギー供給システム

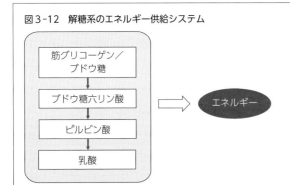
図3-12 解糖系のエネルギー供給システム

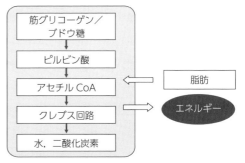
図3-13 酸化系のエネルギー供給システム

リコーゲンがピルビン酸を経て乳酸に分解され、このときに生じるエネルギーによってATPを再合成する過程である（図3-12）。この反応は酸素を必要としない無酸素的反応であり、乳酸が蓄積することから乳酸性機構と呼ばれている。この反応によるエネルギー供給の持続時間は約33秒で、先ほどのATP-CP系と合わせると、無酸素的過程によるエネルギーの供給は約41秒しか続かない計算となる。

テニスでは、ある程度ラリーが続いた場合や、休息が不十分な状態での連続的なサーブダッシュなどでよく用いられる過程となる。解糖系を利用し続けると血中の乳酸濃度が増加する。

3─酸化系：グリコーゲン（ブドウ糖）・脂肪の有酸素的分解

酸素が十分に供給される状態にあると、グリコーゲンおよび脂肪はクレブス回路を経て、水と二酸化炭素に完全に分解される。このときに多量のエネルギーが供給される（図3-13）。この反応は有酸素的反応であり、乳酸も蓄積されない。エネルギー源はブドウ糖と脂肪が中心であり、これらの物質がある限り運動が続けられるということになる。しかし、血中のブドウ糖が十分に存在し血糖値が低下していない状態でも、筋中のグリコーゲンの枯渇は筋疲労を引き起こすため、食事摂取による事前の筋グリコーゲンの蓄積は特に重要となる。

テニスでは、おもにゆっくりとしたペースでのグラウンドストロークでのラリーで酸化系が用いられるが、ポイント間の休息時におけるエネルギー供給やクレアチンリン酸の再合成にも利用される。

4─3つのエネルギー系の相互性

エネルギーの供給について3つの過程を述べたが、運動する場合、この3つの過程が単独で使われているのではなく、複合的に働いて運動に必要なATPが供給されている。

運動の強度・時間によってエネルギー過程の使われる割合が異なる。図3-14および表3-4は、運動時間およびパワー出力と3つのエネルギー系との関係を表している。3つのどの過程をおもに使うかによって、4つの領域に分かれ、それぞれのスポーツの特徴が大きく現れていることがわかる。スポーツ生理学者のフォックス（Fox）は、テニスの試合における活動強度の時間分析から、次のような割合でエネルギー供給過程を使っていると述べている。

　ATP-CP系と解糖系　　　70％

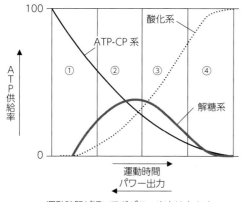

図3-14 運動時間，パワー出力に対して3つのエネルギー系との関係 (Foxら，1969)

運動時間が短いほどパワー出力は大きく，エネルギー（ATP）要求も急速である。

表3-4 エネルギー系の4つの領域

(Fox・Mathews, 1974)

領域	運動時間	主たるエネルギー系	運動種目の例
①	30秒以内	ATP-PC系	砲丸投げ，100m走，盗塁，ゴルフとテニスのスイング，フットボールのバックスのランニングプレー
②	30秒〜1分30秒	ATP-PC系と解糖系	200〜400m走，スピードスケート，100m競泳
③	1分30秒〜3分	解糖系と酸化系	800mダッシュ，体操種目，ボクシング（3分間のラウンド），レスリング（2分間のピリオド）
④	3分以上	酸化系	サッカー，ラクロス（ゴールキーパーを除く），クロスカントリースキー，マラソン，ジョギング

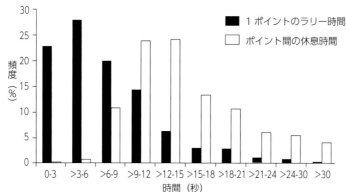

図3-15 クレーコートでの試合中におけるプレー時間と休息時間 (Fernendez-fernendezら，2008を改変)

対象：上級者女子プレーヤー

| 解糖系と酸化系 | 20% |
| 酸化系 | 10% |

これから判断すると，テニスは，無酸素過程を70〜90%使用していることになり，図3-14では，①②③の領域で90%近くが使われていることになる。

5──テニスの試合時における運動量と運動強度

テニスの試合では連続した短い（4〜10秒）高強度の運動とポイント間のリカバリー（10〜20秒）が繰り返され，さらに長い休息がコートチェンジ時とセット間（90〜120秒）に与えられる。平均的には4〜10秒の運動と10〜20秒の休息が繰り返されるため，運動：休息の比率は1：2から1：5となる（図3-15）。テニスの試合時間は通常1時間以上で，時には5時間を超える。しかしオンコートでの実際の運動時間は，クレーコートでは試合時間全体の約20〜30%，サーフェスのより速いコートでは10〜15%となる。この間，プレーヤーはショットを打つ際に平均して約3m移動し，

1ポイントにつき合計8～12mを疾走する。その結果，プレーヤーの競技レベルやコートサーフェスにも影響を受けるが，平均すると1時間につき約1300～3600mの距離をコート上で移動することとなる。

テニスの試合全体を通した平均的な運動強度については，最大酸素摂取量（体内に取り込み利用できる最大の酸素量で全身持久力の指標）の約60～70％，あるいは最大心拍数の60～80％であり，比較的中強度の運動であることが報告されている。しかし，20～30歳の男女のテニスプレーヤーのシングルスとダブルスの試合中の心拍数の変動を検討した研究を総括すると，シングルスとダブルスでの心拍数は94～164拍／分であり，長いラリーや速いラリーが続くポイントにおいては190～200拍／分まで上昇することが報告されている。

また，試合中の平均的な血中乳酸濃度は比較的低い（1.8～2.8mmol／ℓ）が，長時間のポイントや速いラリーが続くポイント後では8mmol／ℓ程度まで上昇することも報告されており，テニスが高強度間欠的運動（短時間の激しい運動と休息の繰り返し運動）であることがわかる。

以上のように，テニスは平均ポイント時間が6秒前後で，ATP-CP系を主とする無酸素的過程を多く利用しているが，ポイント時間や試合時間が長くなることにより，解糖系のエネルギーも必要になると考えられる。したがって，できるだけ疲れないようにするためには，耐乳酸性能力（無酸素性の持久力）を向上させたり，無酸素性作業閾値（乳酸が出現するレベル）を引き上げたり，あるいは全身持久力（呼吸循環機能）を向上させたりすることが重要となる。試合のレベル，年齢，性別，戦術などによってもポイント時間は違ってくるので，十分にその特性を考慮する必要があると考えられる。

また，テニスはそれらの生理学的な運動強度のなかで，テニス特有の動きを伴う。すなわち，サイドや前後へのすばやい動き→ストップ→スイング→戻りのステップ，またネット際での小刻みな動きや反応などには，敏捷性やスピードが必要性とされる。これらの動きも考慮しながらテニスの特徴を十分に把握し，練習やトレーニングを考えなければならない。

2. エネルギーの現れ方

ATPが分解されたときに出るエネルギー（化学的エネルギー）は，その一部は機械的エネルギーに変わり，筋力やパワーとして外部に現れる。このことによって，テニスのいろいろな動きやストロークがおこなわれるのだが，実際に筋肉の仕組みがどのようになっているのか，また，ストロークのときにどのような筋肉がおもに使われているのかを理解しておくことは大切なことである。

■1 鍛えるべき筋肉とは

筋肉の名称については，図3-16を参照していただきたい。実際に動作をおこなっているのは，骨格筋と呼ばれている随意筋（自分の意思で収縮させる筋肉）である。少なくとも1つ以上の関節を介しており，筋肉を収縮させることによりこの関節を動かし，動作がおこなわれることになる。しかし，テニスの動きは，1つの関節を介しての単関節動作だけでおこなわれているのではなく，複数の関節を介しての多関節動作によっておこなわれている（図3-17）。また，多くの場合，1つの関節には，拮抗的に働く筋肉があり，一方の筋肉が緊張すると他方の筋肉は弛緩するといったことが同時におこなわれている。筋肉の緊張と弛

図3-16 筋肉の名称（トム・ディラー）

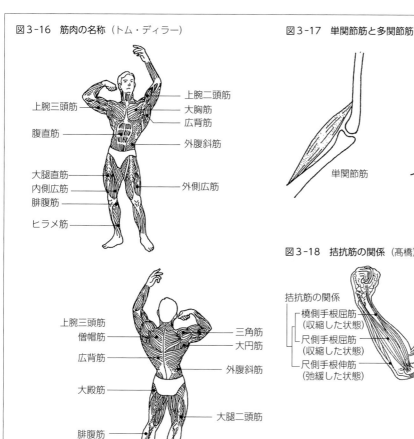

図3-17 単関節筋と多関節筋

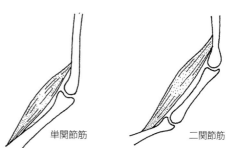

図3-18 拮抗筋の関係（髙橋）

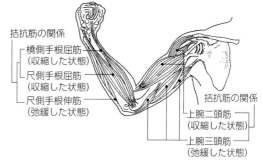

緩の繰り返しが，さまざまな動きとなって現れている（図3-18）。したがって，各ストロークにおいてどの関節と筋肉が使われているのかを理解しておくことは，指導するうえでも重要である。

1―フォアハンドストロークでの筋肉活動

最近は，オープンスタンスで打つ方法が多く見られる。この場合，軸足である右足（右利きの場合）のパワーと腰の回転（捻転）の戻りでボールをとらえ，そして最後は左足への体重移動でボールにパワーを伝えている。軸足の動きについては大腿四頭筋がおもに働き，また身体の捻転動作（ひねり動作）については，腹直筋，外腹斜筋，そして脊柱起立筋や広背筋が，またインパクト動作にかけては，大胸筋，三角筋，上腕二頭筋，上腕三頭筋，前腕屈筋群と前腕伸筋群が働いている。これらの一連の動作は多関節運動であり，それぞれの動きがスムーズに伝わっていく（運動連鎖）。すなわち，下肢，体幹，肩，上肢（肘，手首）そしてラケットへと伝わっていき，最終的に，ボールにパワーが伝えられ，有効なボールが飛んでいくことになる。よって各筋肉はもちろん，身体全体のバランスも大切である。

2―サーブでの筋肉活動

サーブの動作とボールを投げる動作とはよく似

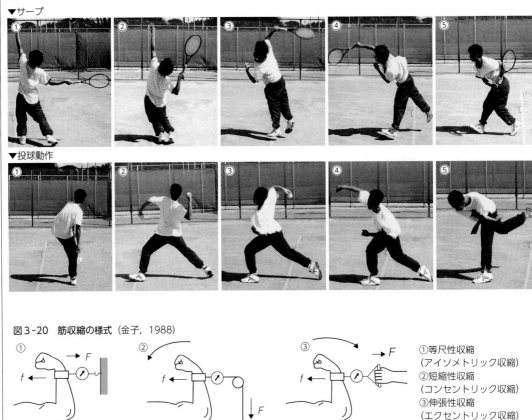

図3-19 サーブと投球動作の比較
▼サーブ
▼投球動作

図3-20 筋収縮の様式（金子，1988）
①等尺性収縮（アイソメトリック収縮）
②短縮性収縮（コンセントリック収縮）
③伸張性収縮（エクセントリック収縮）

ている（図3-19）。フォアハンドストロークと同じように，下肢のパワーが体幹，肩，上肢（肘，手首），そしてラケットへと伝えられ（運動連鎖），最終的に投げ上げたボールにパワーが伝わる。これらの動きが連動しスムーズであるほど，完成されたサーブのフォームとなり，技術レベルが上がるにつれてこの傾向が顕著に現れてくる。特にサーブの場合，肩や上肢の動きが重要となり，大胸筋，広背筋，三角筋，上腕二頭筋，上腕三頭筋，そして前腕の伸筋・屈筋群がおもに使われている。これらの筋肉の連携をはかりながら収縮のスピードを上昇させていくことが，サーブのパフォーマンス向上に貢献すると考えられる。

2—筋収縮の様式

筋収縮の様式には，等尺性収縮，短縮性収縮，伸張性収縮の3つがある（図3-20）。等尺性収縮（アイソメトリック収縮）は，筋の長さを変えないで収縮し力を発揮するものであり，握力などを測定するときがこの収縮になる。短縮性収縮（コンセントリック収縮）は，筋の長さが短くなりながら力を発揮するものであり，ダンベルなど

のおもりを持って腕を曲げるときの，上腕二頭筋（力こぶ）の収縮がこれにあたる。また伸張性収縮（エクセントリック収縮）は，筋が引き伸ばされながら力を発揮するものであり，いったん持ち上げたダンベルを腕を伸ばしながら降ろすときの上腕二頭筋の収縮がこれにあたる。

例えば，サーブの場合，バックスイングにおける上腕二頭筋は短縮性収縮，上腕三頭筋は伸張性収縮を，また，フォワードスイングにおける上腕三頭筋は短縮性収縮，上腕二頭筋は伸張性収縮をしており，さらにこの２つの筋肉は拮抗的な関係にある。これらの収縮を理解しておくことは，テニスの技術指導や身体トレーニングの立案にも役立つ。

❸─筋線維の組成とスポーツ

筋線維には大きく分けて，速筋線維（FT線維，TypeⅡ）と遅筋線維（ST線維，TypeⅠ）の２種類がある。さらに速筋線維には，比較的遅筋線維に近い性質をもった中間型の線維（TypeⅡa）がある。

速筋線維は白筋とも呼ばれ，収縮速度が速く，大きな力を発揮するが，収縮時間は短く，すぐに疲労してしまうという特性をもっている。短距離走，サッカー，バレーボールなどのパワフルな動きをするときに重要な働きをする線維である。遅筋線維は赤筋とも呼ばれている。これは酸素を運搬するミオグロビンというタンパク質（赤色）の含有量が多いためである。収縮速度は遅く，発揮する力も小さいが，持続力があるという特性をもっている。マラソン，長距離走，クロスカントリーなど，長時間での持久的な運動に主として働く。中間型の線維はその２つの中間の特性をもっている。

それではテニスにおいてはどのような筋組成が望ましいのであろうか。これについては一概には特定できないが，勝田らは，トッププレーヤーの筋線維組成についてNMR法を用いて非侵襲的に測定した結果，中庸速筋型（やや速筋型）のプレーヤーがよいと推測している。

テニスのような種目では持久力と瞬発力の両方が必要であり，それらの特性を十分理解したうえで指導に臨むべきであろう。

❹─運動をコントロールする神経系

筋肉は神経を介して刺激を受けることによって収縮する。したがって，動きは神経系の働きによってコントロールされている。

神経系の働きは情報の伝達および情報の統合であり，前者の役割を末梢神経，後者を中枢神経が担っている。中枢神経のなかでも大脳は，情報を分析して判断し，命令をくだすという運動のコントロールに重要な役割を果たしている。

神経・筋のしくみを概略的に示すと図3-21のようになる。運動する，すなわち筋肉を収縮させるためには２つの方法がある。１つは自分の意志によるもので（随意運動），神経衝撃が大脳の運動領野から脊髄の運動神経細胞（α運動ニューロ

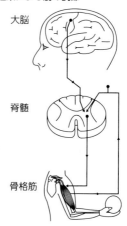

図3-21　神経系による筋の調節

ン）を経由して伝わり，目的の筋が収縮する。もう1つは自分の意志によらないもので（不随意運動），外界の変化によって知覚神経が刺激され，その神経衝撃が脊髄のα運動ニューロンに伝えられ，反射的に筋が収縮する。膝蓋腱を叩くと大腿四頭筋が収縮する膝蓋腱反射はその典型である。

テニスでは，相手のボールや動きに対応して行動を起こす。すなわち，ほとんどの動きは随意的におこなわれる。しかし，練習を繰り返しおこなうことによって，その運動を無意識的にしかも正確におこなえるようになってくる。これは運動学習が進むことによって，大脳よりも下位レベルの脳幹，小脳，脊髄などで運動プログラムが形成され，運動が自動化することによるものである。したがって，最初は正しいフォームでゆっくりと正確に，そして段階的に練習させることが大切である。その後，速さやいろいろな状況に対応でき，さらに自動化が促されるような練習メニューを工夫していくことが上達の近道だと言える。

3. テニスを通じた健康増進

日常的な身体活動やスポーツへの参加が健康増進に寄与し，糖尿病や心疾患などの慢性疾患の発症リスクを低下することは広く知られている。厚生労働省は，これからの少子・高齢社会を健康で活力のあるものにするために，「健康日本21」を策定し，生活習慣病の予防，壮年期死亡の減少，健康寿命の延伸などを目標に掲げるなかで，運動習慣の改善を国民に呼びかけている。習慣的な運動（特に有酸素性運動）は血中の脂質値（中性脂肪やコレステロール），体重，血圧を低下させ，心肺機能を改善することが多くの研究によって報告されている。さらに，運動やスポーツへの参加を長期的に継続することで，骨代謝の改善（骨粗鬆症の予防）にもつながることが明らかとなっている。

テニスは健康増進への効果が認められるスポーツの1つである。テニスには幅広い年齢層と体力レベルの参加者が存在するが，それぞれの世代や体力レベルに対して特定の身体効果を得ることが可能である。この項では，健康増進に向けた運動プログラムの具体的な内容と，テニス参加による健康増進への効果に関する科学的根拠を紹介する。

■1─健康増進に向けた運動実施のガイドライン

アメリカスポーツ医学会が健康増進に向けて推奨する運動実施のガイドライン2011（以下「エクササイズ・ガイド」）のなかで，有酸素性運動，レジスタンス運動（筋力トレーニング），柔軟運動の3つの運動が推奨されている。有酸素性運動に関しては，その運動強度と運動時間が健康増進への作用に強く影響する。エクササイズ・ガイドのなかで，中強度での運動を合計30分間，週5日実施するべきであると示されている。また，高強度で有酸素性運動を実施する場合は，同様の効果を得るために必要な運動時間は中強度運動と比較すると短縮される（表3-5）。

また，運動時間に関しては，エクササイズ・ガイドで推奨されている毎日の運動時間を一度にまとめて実施する必要はない。例えば，30分間の中強度運動を継続して一気におこなっても，あるいは10分ずつ細切れに休息を挟みながら運動を実施

表3-5　米国スポーツ医学会が推奨する健常な成人に対する運動プログラム（有酸素性運動）のガイドライン

	運動時間	運動頻度	総運動量
中強度運動	30〜60分／日	週5日	150分／週
高強度運動	20〜60分／日	週3日	75分／週

しても，健康増進への同じ効果が獲得できる。ガイドラインに沿った運動を継続することで，一般成人の有酸素能力が向上するだけでなく，肥満や糖尿病，心疾患，脳卒中など多くの慢性疾患の予防につながることが報告されている。またガイドラインに沿った運動の実施は，高齢者の骨量を増加させ，転倒のリスクを減少させることも示されている。

テニスはジョギングや水泳などと同様に，有酸素性運動に分類されるスポーツである。以下にテニスをプレーした際の運動強度と，テニス参加による身体への影響について述べる。

2 ─ テニスの運動強度と心肺機能への影響

Pluimら（2007）は，これまで実施されたテニスに関する17の過去の研究報告を調査した結果，シングルス時の平均心拍数は平均して140～180拍／分に到達していることを報告した。このシングルスの運動強度は，最大心拍数の70～90%，あるいは最大酸素摂取量に換算すると最大値の50～80%に相当する（表3-6）。つまり，シングルスをプレーする際の運動強度は高強度として位置づけられることを示しており，前述のアメリカスポーツ医学会が推奨するエクササイズ・ガイドの運動強度を十分に満たしていることがわかる（表3-5，表3-6）。よってシングルスであれば，テニスを習慣的に（週2～3回）プレーすることにより，前述した健康増進への効果が期待できる。

ダブルスはシングルスと比較して運動強度は低くなる。シングルスの運動強度は8METS（中～高強度のランニングか水泳と同様）であるのに対して，ダブルスの運動強度は5METS（6.4km/時の早歩きと同様）であることが示されており，ダブルスは中強度運動に分類される。つまりダブルスであっても，運動時間とプレー頻度を増やすことで，シングルスと同様の健康増進の効果が獲得できる。さらにTENNIS P&Sで推奨される小さなコートで速度の緩やかなボールを用いてプレーする際にも，中高齢の初心者の心拍は中強度以上を示しており，TENNIS P&Sプログラムは大人の初心者にとっても健康的であることがわかる（表3-7，図3-22）。

上記で述べたテニスの運動強度に関する効果を

表3-6 有酸素性運動時の運動強度

	心拍数 (%HRmax)	最大酸素摂取量 (%VO$_2$max)	METS
中強度運動	64～76	46～63	3.0～5.9
高強度運動	77～95	64～90	6.0～8.7

表3-7 レッスン中の最大心拍数に対する心拍数の平均および最大値

コートサイズ	ボール	平均値 (% of HRmax)	最大値 (% of HRmax)
スモールコート (11.0m×5.5m)	レッド	71.3±1.5	96.4±2.1
ミドルコート (18.0m×6.5m)	オレンジ	71.6±1.5	93.7±2.5
フルコート (23.8m 11.0m)	グリーン	71.9±1.4	94.0±2.3

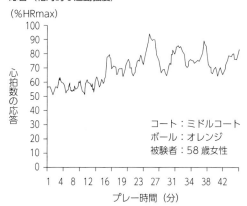

図3-22 高齢者がレッドコートでプレーした際の心拍数の応答（相対的な運動強度）

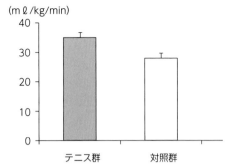

図3-23 テニスプレーヤーと活動的な高齢者の最大酸素摂取量の比較

支持する研究結果として、テニスを長期間にわたって習慣的にプレーしている中高年以上のプレーヤーを対象とした研究報告がSwankら(1997)によってなされている。その研究報告のなかで、テニスプレーヤーは年齢や性別にかかわらず、活動的な対象者らと比較して有酸素能力が有意に高いことが示されている（図3-23）。心肺機能の改善は心血管疾患の発症リスクを低下することから、テニスへの参加はその実施形態（シングルスやダブルスなど）にかかわらず、有酸素能力を改善し、健康増進に有効であると言える。

3―テニスの生活習慣病予防への効果

肥満は糖尿病、高血圧、脂質異常症などの生活習慣病の危険因子であり、有酸素性運動はその予防に効果的であることがこれまで多くの研究によって報告されている。Swankら(1997)は中高年（40～59歳）および高齢のテニスプレーヤーは、同年代の活動的な対照群と比較して体脂肪量が有意に低いことを報告している。同様に、過去10年間において平均週2回のテニスを実施している若年層および高齢層のプレーヤーが、同年代の対照群と比較して、体脂肪量が少なく、筋量が有意に高いことも示されており、テニスが体脂肪量を減少させ、生活習慣病予防に貢献するだけでなく、要介護予防にも効果的な生涯スポーツとして利用可能であることを示唆している。

血中の脂質濃度の増加も生活習慣病の発症に関わる危険因子であり、心筋梗塞を含む心血管疾患を引き起こす原因でもある。Vodakらは50名の中高年のテニスプレーヤー（テニス歴約9年）を対象に、同年代の特に日常的な運動習慣を有していない対照群と比較をおこなった。その結果、血中のHDLコレステロール（善玉コレステロール）はテニスプレーヤーで有意に高く、中性脂肪および悪玉コレステロールの一種であるVLDL-Cはテニスプレーヤーにおいて有意に低いことが示されている。以上のことから長期のテニス参加は脂質の代謝を亢進し、血中の脂質濃度を低下させることで生活習慣病のリスクを低減する効果が期待される。

4―テニスの骨の健康への効果

アメリカスポーツ医学会は運動と骨の健康に関する声明（2004）のなかで、骨の健康の改善に適切なスポーツの1つとしてテニスをあげている。ランニングなど骨格に対する運動負荷は、幼少期から青年期における骨代謝を促進し、骨密度を増加するのに重要である。さらに、中高年以上の年齢においては、骨格に対する運動の物理的な負荷が、加齢に伴う骨密度の低下を抑制する効果が示されている。テニスプレーヤーの骨代謝に関わる22の研究を調査した結果、テニスプレーヤーの利き腕は非利き腕と比較して骨密度が高いこと、臀部と脊椎の骨密度および骨量の値は、ともにテニスプレーヤーの値が対照群と比較すると有意に高いことが示されている。よってテニスが骨の健康にとっても効果的なスポーツであることがわかる。さらに骨量と骨密度はテニスのプレー歴に依存し

て増加することから，できるだけ幼少期から運動を始めて，骨密度がピークを迎える30代前半までにできるだけ増加させておくことが望ましい。

　スポーツとしてのテニスへの長期的な参加は，プレーヤーの健康にプラスの効果を与えることはこれまでの研究で明らかである。特に体脂肪の減少，血中脂質の低下，有酸素能力の増加は生活習慣病の予防や心疾患の発症リスク低下に貢献していると言える。

　また，多くの研究はテニスによる骨代謝の改善が長年プレーしてきたプレーヤーのみならず，中高年になってからテニスを始めたプレーヤーにも効果的であることを示しており，テニスが生涯スポーツとしても適しているとする科学的根拠であると言える。

　国際テニス連盟（ITF）もTENNIS P&Sキャンペーンを通じて，テニスが簡単で楽しく，健康的なスポーツであることを世界的に発信し推奨している。テニス指導者においては，テニスの健康に及ぼす効果を理解することで，子どもから高齢者までが健康的に楽しめるスポーツとしてテニスを推奨すべきである。

3-4 テニスの栄養学

1. テニスプレーヤーと栄養

　日常生活における栄養摂取は，練習や試合中のパフォーマンスを維持するだけでなく，フィジカルトレーニングによる身体適応の効果を最大限に高めるためにも重要である。トッププレーヤーが長期間のトレーニングを通じて体力と技術を身につけるのと同様に，栄養摂取もプレーヤーの健康と体力の維持・向上に必須の要素であり，日頃からトレーニングしなければならない。また成長期のジュニアプレーヤーにおいては，トレーニングで消費したエネルギーを補うだけでなく，適正な成長を促す栄養摂取に気をつける必要がある。

　本項ではまず各栄養素の役割を説明し，そのうえで，健康状態を最大限に高めながらスポーツに参加するにあたって必要な栄養摂取について解説する。本項の内容はITFのAdvanced Coaches Manualを参考にし，最新の栄養に関する情報を追加している。

2. 基本の栄養素

❶─糖質（炭水化物）

　糖質は，運動時のおもなエネルギー源であり，主食として食されるご飯，パン，めん類，いも類などにでんぷんとして含まれ，砂糖などに糖質として含まれている。食物繊維と合わせて炭水化物と呼ばれる。糖質には，単糖類，少糖類，多糖類があり，単糖類にまで消化されて小腸で吸収される。体内では血液中にブドウ糖（血糖）として，肝臓や筋内にグリコーゲン（ブドウ糖の重合体）として存在し，筋収縮のエネルギー源の1つであ

るばかりでなく，脳や神経の主要なエネルギー源としての働きもある。

テニス競技を含む中・高強度の有酸素運動は，筋内に蓄積されたグリコーゲンをエネルギーとして頼るが，筋グリコーゲンの枯渇は筋疲労を引き起こし，パフォーマンスを低下させる。よって，いかにして事前の食事摂取で筋内にグリコーゲンを蓄積し，運動中の筋グリコーゲンを維持するかが勝敗の分かれめになると言える。

図3-24は運動開始前の筋に蓄えられているグリコーゲン量と，高強度（最大酸素摂取量の75%強度）での運動を実施した際の疲労困憊に至るまでの運動時間との関係を示したものである。低炭水化物食を摂取した場合は，筋に蓄えられたグリコーゲン量が少なく，運動を続けることができない。しかし高炭水化物食を摂取した場合は，筋に蓄えられているグリコーゲン量が多く，運動の継続時間も長くなる。よって，摂取する炭水化物の量に伴って筋に蓄えられるグリコーゲン量が変化し，それが直接パフォーマンスに影響を及ぼす。

以上のことから，トレーニングや試合後は早急に炭水化物を摂取し，グリコーゲンを速やかに蓄積させ，次のトレーニングや試合に備えることが重要である。

単糖類や少糖類（**表3-8**）は急速に吸収することができ即効性があるものの，多量に摂取すると急激な血糖上昇が起こる。それに伴いインスリンが分泌され，結果的に急激な血糖値の低下を招くことになる。だが試合の直前などは，消化吸収に時間がかかる主食類ではなく，糖質入りのスポーツドリンクなどが適している。運動中の血糖値を維持することで筋グリコーゲンの消費を最小限に抑えるためにも，運動中に糖質を補給することが必要とされる。

図3-24 運動開始時のグリコーゲン量と疲労困憊に至るまでの運動時間 (JA Hawley et al., 1997)

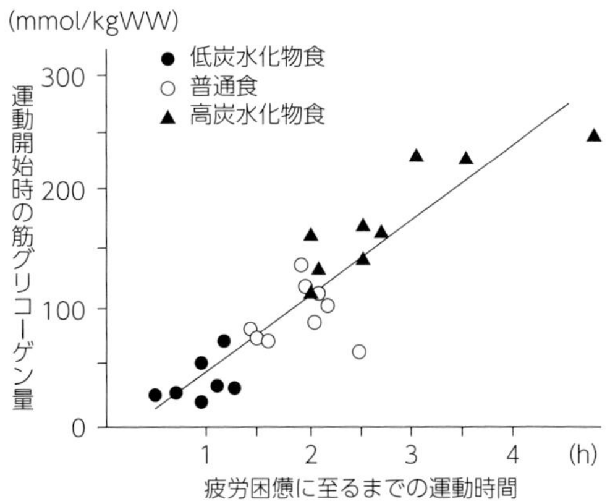

表3-8 糖質の分類

分類	成分	含有食品
単糖類	ブドウ糖 果糖　など	ブドウ糖 果物
少糖類	しょ糖（ブドウ糖＋果糖） 麦芽糖（ブドウ糖＋ブドウ糖）　など	砂糖 麦芽（水あめ）
多糖類	でんぷん（ブドウ糖数千個結合） グリコーゲン（ブドウ糖約5万個結合）	穀類　いも類　など 動物性食品

2 ― 脂質（脂肪・油脂）

脂質は，油類，バター，マヨネーズや肉，卵，乳製品などに含まれる。体内では脂肪組織に中性脂肪として蓄えられ，細胞構成成分やホルモンの材料にもなる。脂質には2種類あり，比較的動物性食品に多く含まれ飽和脂肪酸を多く含む通常固体の脂肪と，比較的植物性食品に多く含まれ不飽和脂肪酸を多く含む通常液体の油がある。体内では合成しきれない理由から，必ず摂取すべきである必須脂肪酸は液体である油に多く含まれる。

脂質は1gあたり9kcalのエネルギーを発生させるが，炭水化物1gあたり4kcal，たんぱく質1gあたり4kcalであり，脂質は高エネルギーで

効率のよい栄養素であると言える。そのため，長時間の試合などではエネルギー源として利用されるが，摂取過剰の脂質は体脂肪として蓄積され，体重増加を引き起こしパフォーマンスを低下させてしまう。欧米食と比較して日本食では低脂肪食のメニューが多いが，現在は食事の欧米化が進み，脂質の摂取が増加傾向である。

脂質の摂取を減らす方法として，
①脂質と炭水化物が主要栄養素で他の栄養素の少ないスナック菓子，インスタント食品などの摂取は控える。
②パンに塗るマーガリンやバターは薄く塗る。
③揚げ物などは摂取回数を抑え，グリルしたものや炒め物に置き換える。
④乳製品は低脂肪乳のものを摂取する。
⑤肉類は，目に見える脂肪や皮は取り除く。
などが推奨される。

3 ─ たんぱく質・アミノ酸

たんぱく質は，肉，魚，卵，乳製品，豆腐や納豆などの大豆製品に豊富に含まれる。たんぱく質は消化されアミノ酸として小腸から吸収される。たんぱく質は身体を構成する主要成分であり，生体内反応として機能しているホルモンや酵素の成分としても必須な栄養素である。

体内ではたんぱく質の分解と合成が絶えず繰り返されている。激しいトレーニングや試合などでは筋グリコーゲンや体脂肪がエネルギーとして消費されるだけでなく，筋たんぱく質が分解されエネルギーとなって消費される。またトレーニングにより筋組織が損傷を受けた際にも，修復時の体たんぱく質合成において，たんぱく質・アミノ酸の摂取は非常に重要である。

たんぱく質は消化器官でアミノ酸に分解され吸収されるが，体内では一部のアミノ酸を合成でき

表3-9 たんぱく質の食事摂取基準値（日本人の食事摂取基準2015年版）

年齢（歳）	男性 推奨量（g/日）	女性 推奨量（g/日）
1～2	20	20
3～5	25	25
6～7	35	30
8～9	40	40
10～11	50	50
12～14	60	55
15～17	65	55
18～29	60	50
30～49	60	50
50～69	60	50
70以上	60	50

ないので，それらを食物から摂取しなければならない。体内で必要量を生成することができないアミノ酸を「必須アミノ酸」と言うが，そのなかでも分岐鎖アミノ酸（BCAA, branched-chain amino acids）であるバリン，ロイシン，イソロイシンは，筋たんぱく質の合成を促し，分解を抑制する特徴的なアミノ酸であり，特に動物性たんぱく質に多く含まれる。

推奨されるたんぱく質の摂取量は，一般人の推奨量として日本人の食事摂取基準に示されている（表3-9）。男性18～29歳では推奨量が60g/日であり，体重が60kgの人であれば，体重1kgあたり1g/日である。しかし，スポーツ選手においては，体たんぱく質の合成と分解が同時に増加するため，一般人以上の摂取量が求められる。米国スポーツ医学会（ACSM）がアスリートの栄養摂取に関して発表した声明によると，テニス競技のような高強度の持久性スポーツ選手の必要量は，体重あたり1.2～1.7g/日と示されている。

4 ─ ミネラル（無機質）

人体を構成する元素のうち，酸素，炭素，水素，

窒素を除いた残りの元素がミネラル（無機質）と呼ばれる。おもなミネラルを表3-10に示したが，体内にはほかにも多くのミネラルがあり，身体の構成成分や生理作用を調節する機能をもつ。

カルシウムは，体内で最も多く含まれるミネラルで，成人で約1kg存在する。骨を形成するだけでなく，筋の収縮・弛緩，神経情報伝達，血液凝固など生命に関わる働きがある。トレーニングによる汗からの損失，胃腸の吸収力の低下などもあり，アスリートにとって食生活での摂取を意識するべきミネラルである（表3-11）。

また発育発達途中であるジュニア期においては，スポーツ競技選手でなくともカルシウム摂取の増加が指示されており，カルシウム含有量の多い食品である乳製品（コップ1杯の牛乳200mlには200mgのカルシウムが含まれている）などの摂取を常に心がけたい。

テニス競技は短時間の全力疾走と停止，短い休息を繰り返すスポーツであり，骨形成に優れたスポーツでもある。そのため食生活においてはカルシウムの摂取を心がけ，ビタミンDも同時に摂取することで骨の形成が促進され，骨の健康に有益であると考えられる（WM Kohrt et al., 2004）。

マグネシウムは，たんぱく質の合成，酵素反応，筋の収縮・弛緩，神経情報伝達などに作用する重要なミネラルである。カルシウムと同様に，トレーニングによる汗からの損失があるため，血中マグネシウム濃度が低いスポーツ選手が存在することが報告されている（FH Nielsen et al., 2006）。しかし摂取の増加をサプリメントでおこなうと，過剰な摂取状態になりやすく下痢を引き起こすことがある。そのため，過剰摂取が起こりにくい食事からの摂取を推奨する。

ナトリウムやカリウムは細胞内外の浸透圧を調節し，ナトリウムは神経伝達や筋の収縮などに関

表3-10 ミネラルの働きと含有食品

種類	働き	含有食品
カルシウム	骨や歯の構成　筋の収縮・弛緩　神経情報伝達	乳製品　小魚
マグネシウム	筋の収縮・弛緩　神経情報伝達	海藻　葉野菜　納豆
カリウム	細胞内の浸透圧の維持	野菜　いも　果物
ナトリウム	筋の収縮・弛緩　細胞内の浸透圧の維持	食塩　みそ　しょうゆ
鉄	赤血球の構成　酸素運搬	赤身の魚や肉　レバー　あさり

表3-11 カルシウムの食事摂取基準値（日本人の食事摂取基準2015年版）

年齢（歳）	男性 推奨量（mg/日）	女性 推奨量（mg/日）
1～2	450	400
3～5	600	550
6～7	600	550
8～9	650	750
10～11	700	750
12～14	1000	800
15～17	800	650
18～29	800	650
30～49	650	650
50～69	700	650
70以上	700	650

与する。多量に発汗するとナトリウムやカリウムは損失し，競技パフォーマンスに影響を及ぼす。そのため，競技中の水分補給はナトリウムやカリウムを含むスポーツドリンクを摂取し，ミネラルの損失を予防することがテニスプレーヤーには求められる。

鉄は，赤血球のヘモグロビン，筋内のミオグロビンの構成成分である。ヘモグロビンは，呼吸で取り込んだ酸素を各組織へ運ぶ重要な働きをする。赤血球数およびヘモグロビン量の減少を貧血と言い，貧血は競技パフォーマンスに影響を及ぼすため避けなければならない。貧血は鉄の摂取だけでなく，ヘモグロビンを構成するたんぱく質も同時

表3-12 ビタミンの働きと含有食品

	種類	働き	含有食品
脂溶性	ビタミンA（βカロテン）	視覚 皮膚・粘膜の保持と保護	レバー うなぎ 緑黄色野菜
	ビタミンD	カルシウム吸収促進	魚介類 干し椎茸
	ビタミンE	抗酸化作用 生体膜安定化	植物油脂 肉・魚類
	ビタミンK	血液凝固因子 骨形成に関与	納豆
水溶性	ビタミンB₁	糖質・たんぱく質代謝の補酵素	豚肉 胚芽
	ビタミンB₂	糖質・脂質・たんぱく質代謝の補酵素	レバー うなぎ 牛乳
	ビタミンB₁₂	アミノ酸代謝 たんぱく質の生合成に必要（菜食主義者は注意）	あさり しじみ さんま 牛レバー
	ビタミンC	コラーゲンの生成と保持 抗酸化作用	緑黄色野菜 果物

に摂取しなければ改善しない。

5 ― ビタミン

ビタミンは，油に溶ける脂溶性と，水に溶ける水溶性に分けられる（**表3-12**）。どちらも重要であるが，特にエネルギー供給に関係するのがビタミンB群である。糖質・脂質・たんぱく質をエネルギーに変換する補酵素として働き，ビタミンB群が不足するとエネルギーの供給がおこなえず，疲労感につながると考えられている。水溶性のビタミンは，体内に蓄積できないビタミンであるため毎日摂取することが望ましい。

3．食生活における栄養バランス

1 ― エネルギー摂取量

各個人においてエネルギー摂取量が適正であるかの判断は，体重の増減を指標とする。成人では，エネルギー摂取量がエネルギー消費量に等しければ体重は変化しない。トレーニングをおこなうことで消費エネルギー量が多くなるテニスプレーヤーは，体重を維持できるエネルギー摂取量をバランスよく摂取すべきである。一方，ジュニアプレーヤーなどの成長期においては，体重は増加するものなので，体重ではなく体組成の変化を指標とする。筋などの除脂肪体重の増加により体重が増加するのはエネルギー摂取量が適切であるが，体脂肪量の増加により体重の増加がみられた場合は，エネルギー摂取量が多すぎると考えられる。

適正な体重や体組成には個人差があり，自身の体調や競技成績とともに，無理なく維持できる体重が適正であると考えられる。

2 ― 食事内容とバランス

1日に「何を」「どれだけ」食べたらよいのか，バランスのとれた食事を考えるには食事バランスガイド（厚生労働省，農林水産省より引用）の活用が有効である（**図3-25，図3-26**）。コマの形と料理のイラストで表現されており，5つの料理区分ごとに分けられている。上から主食（ご飯など），副菜（野菜），主菜（肉や魚），牛乳・乳製品，果物となっており，上にある料理区分のものほどしっかり摂取する必要があることがひと目でわかるようになっている。料理区分ごとに1日に摂取する量の目安「つ（SV）」が示されており，料理例を参考に1つ，2つ（SV）と数える。1日の必要量は，年齢・性別・身体活動量によって（SV）の数が決まる。しかし，身体活動量が「低い」「ふつう以上」の2種類しかなく，身体活動量の多いテニスプレーヤーにおいては，示されている（SV）と実際に消費しているエネルギー量が見合っていない場合がみられる。体重が減少し

図3-25 食事バランスガイド① （農林水産省http://www.maff.go.jp/j/syokuiku/pdf/bg1.pdf）

「食事バランスガイド」の料理グループ

「どれだけ」食べるかは「つ（SV）」で数えます。

料理グループ		料理例と「つ（SV）」の数え方
主食 	ごはん，パン，麺・パスタなどを主材料とする料理（主に炭水化物の供給源）	おにぎり1個，ごはん小盛り1杯，食パン1枚が「1つ」。ごはん中盛り1杯は「1.5つ」。麺類・パスタ類1人前は「2つ」くらい。 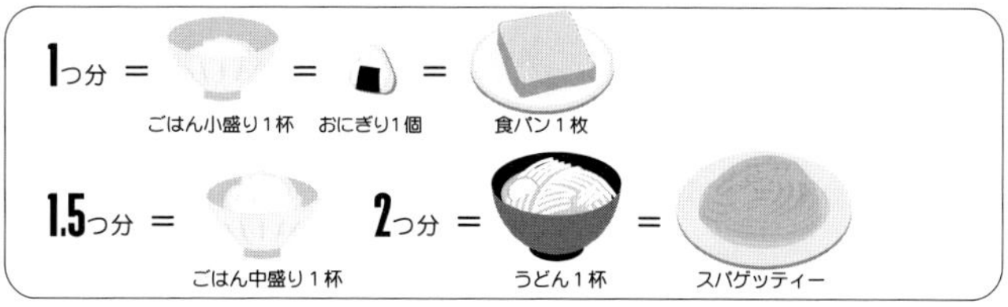 1つ分 ＝ ごはん小盛り1杯 ＝ おにぎり1個 ＝ 食パン1枚 1.5つ分 ＝ ごはん中盛り1杯　　2つ分 ＝ うどん1杯 ＝ スパゲッティー
副菜 	野菜，いも，豆類（大豆を除く），きのこ，海藻などを主材料とする料理（主にビタミン，ミネラル，食物繊維の供給源）	小皿や小鉢に入った野菜料理1皿分が「1つ」くらい。中皿や中鉢に入ったものは「2つ」くらい（サラダはこの量で「1つ」）。 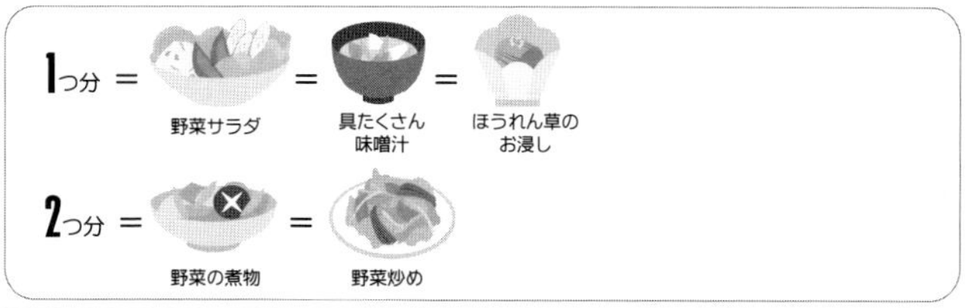 1つ分 ＝ 野菜サラダ ＝ 具たくさん味噌汁 ＝ ほうれん草のお浸し 2つ分 ＝ 野菜の煮物 ＝ 野菜炒め
主菜 	肉，魚，卵，大豆及び大豆製品などを主材料とする料理（主にたんぱく質の供給源）	卵1個の料理が「1つ」くらい。魚料理1人前は「2つ」くらい。肉料理1人前は「3つ」くらい。 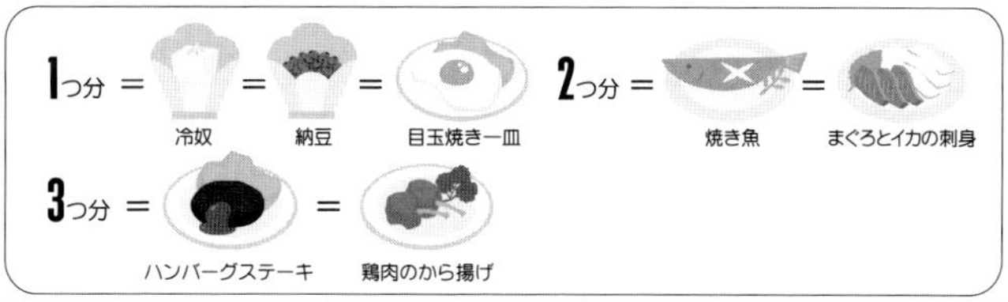 1つ分 ＝ 冷奴 ＝ 納豆 ＝ 目玉焼き一皿　　2つ分 ＝ 焼き魚 ＝ まぐろとイカの刺身 3つ分 ＝ ハンバーグステーキ ＝ 鶏肉のから揚げ
牛乳・乳製品 	牛乳，ヨーグルト，チーズなど（主にカルシウムの供給源）	プロセスチーズ1枚，ヨーグルト1パックが「1つ」くらい。牛乳1本は「2つ」くらい。 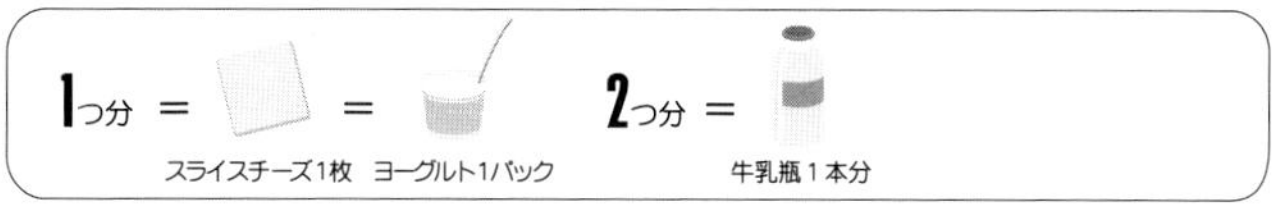 1つ分 ＝ スライスチーズ1枚 ＝ ヨーグルト1パック　　2つ分 ＝ 牛乳瓶1本分
果物 	りんご，みかん，すいか，いちごなど（主にビタミンC，カリウムの供給源）	みかん，バナナなど小さい果物1個が「1つ」。りんごなど大きい果物1個が「2つ」くらい。  1つ分 ＝ みかん1個 ＝ りんご半分 ＝ ぶどう半房

図3-26 食事バランスガイド②

使ってみましょう！「食事バランスガイド」

1日にとる目安の数（SV）をチェック

- 食事の適量（どれだけ食べたらよいか）は，性別，年齢，活動量によって異なります。
- コマのイラストは2200±200kcal（基本形）の場合の目安です。
- 自分の適量を確認し，毎日の食事をチェックしてみましょう。

1日に必要なエネルギーと「摂取の目安」

男性		エネルギー(kcal)	主食	副菜	主菜	牛乳・乳製品	果物	女性
6〜9歳 70歳以上	低い ふつう以上	1400〜2000	4〜5	5〜6	3〜4	2	2	6〜9歳 70歳以上 10〜11歳
10〜11歳 12〜17歳 18〜69歳	低い ふつう以上	2200±200 基本形	5〜7	5〜6	3〜5	2	2	低い ふつう以上 12〜17歳 18〜69歳
		2400〜3000	6〜8	6〜7	4〜6	2〜3	2〜3	

単位：つ（SV）
SVとはサービング（食事の提供量）の略

身体活動量
「低い」……………1日のうち座っていることがほとんど
「ふつう以上」………「低い」にあてはまらない人

・強いスポーツ等をおこなっている場合は，さらに多くのエネルギーを必要とするので，身体活動の程度に応じて適宜調整しましょう。

ていく場合は，各料理区分の数（SV）が6〜8（SV）であるならば8（SV），またはそれ以上を摂取することをお勧めする。特にグリコーゲンの蓄積のためにも，主食区分は8（SV）以上を摂取することを勧める。また，牛乳・乳製品区分では（SV）が2，2〜3（SV）だが，成長期では必要なカルシウム量が大幅に増加するため，十分にカルシウムが摂取できるように少し幅をもたせた2〜4（SV）を目安にすることが適当だと示されている。

カレーライスのように，ご飯も野菜も肉も入っている料理の場合は料理区分に分けて考える。「主食」「副菜」「主菜」に分けてそれぞれがどのくらい入っているかにより（SV）を数える。ご飯が大盛り1杯分であれば主食2（SV），具の野菜が小鉢1杯分であれば副菜1（SV），肉が普通の肉料理の3分の1ぐらいであれば主菜1（SV）と数える。このような複合料理の詳しい数え方は厚生労働省，農林水産省ホームページを参照していただきたいが，まずはおおよそでよいので数えてもらいたい。毎日毎食ちょうどよい量だけ食べるのは難しいので，3日間〜1週間でバランスをみながら食事を摂るようにする。

食事バランスガイドに示されている（SV）を満たし，コマの軸となる水分も摂取するとコマは安定して回転するというイメージを示している。テニスプレーヤーだからといって特別な料理を食べるのではなく，まずは毎日の食事をバランスよく食べることが大切で，この「食事バランスガイド」を目安にしていただきたい。毎日の食事バランスを整えることが，毎日の練習をやり遂げる身体をつくることにつながる。競技大会前だけ特別な料理を食べることは避け，毎日の食事を整えることが競技力向上への近道である。特に成長期は

発育発達の途中であるので（SV）をしっかり満たし，適切な身体の成長を促し，競技力の向上をめざしていただきたい。

3 ─ジュニアプレーヤーの栄養摂取

ジュニア期は成長過程であるため，栄養摂取を成人と同じように考えてはいけない。しかし，何かの栄養素だけ過剰に摂取しなければならないというわけではない。体格は小さいが，発育発達の途中であり，新陳代謝が活発におこなわれるため，エネルギー必要量は成人とほとんど差がないということが特徴である。よって，十分な食事量を確保しないと，健全な発育発達に悪影響を及ぼしかねない。ただ，発育発達の途中であるため，成人のように一度に摂取できる量が少ない場合がある。その場合は食事の回数を増やすなど工夫が必要である。

4．トレーニング時の栄養

1 ─トレーニング前の栄養

トレーニング開始の3時間前までに食べ終えるようにする。空腹状態や未消化状態の物が胃の中にあると，トレーニングに支障をきたすためである。また，脂肪摂取が多いと消化に時間がかかり，食物繊維が多いと胃腸の不快感が起きることがあるため，脂肪や食物繊維の摂取は控えめにする。グリコーゲン貯蔵量を増加する目的で，糖質（炭水化物）を多く摂取する。そして，水分補給を十分にしておく。

2 ─トレーニング中の栄養

トレーニング前後における体重減少量は発汗によるものなので，減少量に見合った水分の補給をしなければならない。汗は水分だけでなく電解質（ミネラル）を含むので，補給する水分にはミネラルが含まれたもの，そして運動中の血糖値を維持し，筋グリコーゲンの枯渇を予防するためにも，糖質が含まれているものが求められる。

3 ─トレーニング後の栄養

トレーニングにより消費したグリコーゲン回復のために糖質（炭水化物）を摂取する。また，筋の修復・合成のためにたんぱく質を摂取しなければならない。どちらもトレーニング後，早急に摂取することが効果的であると考えられている。トレーニング後は食事を早めに摂ることが望ましいが，速やかに食事が摂れない場合は，食事までのつなぎとして，糖質とたんぱく質が含まれるもの（例，ゆで卵とおにぎり，カステラなど）を摂取することをお勧めする。鶏のから揚げなどは脂肪を含む割合が多いのでお勧めできない。

4 ─試合時の栄養

試合前・中・後の栄養摂取のポイントは，トレーニング前・中・後とおよそ同じと考えられる。試合だからといってふだんと異なる特別な食品を摂取するのではなく，食べ慣れている食品を摂取することをお勧めする。そのため摂取する食品の種類や量，タイミングなどはふだんのトレーニング時に試しておく必要がある。

基本的には体重の増減をみながら，各栄養素がバランスよく摂取できるような食事を摂ることがポイントとなる。三度の食事のみでは摂取できない場合は，回数を増やすなど，日々のトレーニングとともに栄養摂取のトレーニングもおこなっていただきたい。

3-5 テニスの心理学

　運動技術が個人によって習得された状態を運動技能（motor skill）と言う。この運動技能は，状況判断や予測，意思決定，記憶などの心理的過程が重要で，筋力や持久力をつけるトレーニングのみでは獲得できない（日本体育学会，2006）。そのため，その能力を向上させるには，より効果的な技術練習が必要となる。その技術練習は，基本的なとらえ方として，技術を習得し完成へと導いていく長期のプロセスとみなされ，運動学習の法則に従っておこなわれる。

　したがって，指導者は，個々の技術や一般的な運動の法則に関する知識を習得し，なおかつプレーヤーの個人的特性を考慮しつつ，これらを技術練習のなかで効果的に適用していく能力が求められるのである。

1．動機づけ（モチベーション）

■1―動機づけの意味と重要性

　なぜ，私たちは好んでテニスをするのであろうか。それは何らかの原動力が働いているからである。その原動力は，もちろん人によってさまざまである。例えば，「人よりもうまくなりたい」とか「試合に勝ってコーチに褒められたい」，あるいはただ単に「楽しい」とかであったりする。このように，ある動機によって行動が生起し，適切な目標へと方向づけ，持続的に推進する一連の過程を動機づけと呼んでいる（松田・杉原，1987）。

　この動機づけは，人間が学習し行動していくための意欲を喚起するばかりでなく，意欲を維持し，さらには意欲を強化する。具体的には，①運動参加に対する意欲，②学習効率の良し悪し，③身につけた運動技能や能力の発揮度（試合での成績）

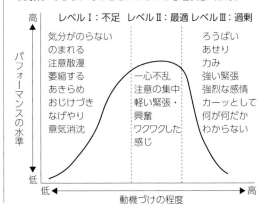

図3-27 動機づけの程度とパフォーマンスの水準の一般的な関係，ならびにそのときにみられる心理状態（杉原）

の3つに大きく関係する。つまり，適切な強度の動機づけは学習効率やパフォーマンスを高めることから，テニスを上達させるための最も重要な心理的課題と言える。しかし，一定水準以上に動機づけが強くなると，学習効率やパフォーマンスが低下し，かえって逆効果となることが知られていることから，学習の程度に応じた適切な強度の動機づけを継続させていくことがポイントと言える（図3-27）。

2―内発的動機づけと外発的動機づけ

動機づけには，2つの考え方がある。1つは，テニスが本当に好きで，興味・関心がテニスそのものにあるというように，活動それ自体に価値がおかれて行動が生起する場合で，これを内発的動機と言う。もう1つは，試合に勝つとコーチに褒められたり，賞金や賞品が貰えたりするというように，何らかの目的（承認や報酬）を得るための手段として行動が生起する場合で，これを外発的動機づけと言う（杉原ほか，2000）。

一般に，外発的動機づけよりも内発的動機づけによって行動が生起する場合のほうが，学習効果が高く，運動の継続性も高い。また，報酬などの外発的動機づけによって内発的動機づけが弱められてしまうこともあるが，親の影響でテニスを始め，コーチに認められたい（外発的動機づけ）一心で練習を続けていたところ，本人はいつの間にか本当にテニスが好きになっていたというケースのように，時として外発的動機づけから内発的動機づけに移行する過程も事実存在する。子どもは，日常生活で何ごとにおいても外発的に動機づけられる習慣がある。特に幼少の子どもは，たとえ環境的な誘因があったとしても，外発的動機づけを利用しなければ行動（テニス）が開始されても持続せず，一時的なものに終わってしまうだろう。このように，多様な動機づけが存在していることから，動機づけの連続性や，上達や発達に応じた動機づけの変化にも積極的に注意を向けることが指導者に求められる。

したがって，指導者は，実際的には外発的動機づけの「アメとムチ」を慎重に使い分けながら，プレーヤーの本質的な内発的動機づけを導き，そのプロセスや個人差（パーソナリティーなど）を考慮した指導ができるよう努力しなければならない。

3―動機づけの方法

1―達成可能な目標や課題を与える

目標を設定し，その目標に沿って一定の方向づけをするように指導するとよい。そのとき，技能レベルやテニスの目的など，個人差に応じて適切な目標を設定しなければならない。目標が高すぎたり，課題が難しかったり，また，逆にやさしすぎても達成意欲を低下させることになるので注意したい。目標は，例えば「ラリー20回」「的当て」のように，具体的なほど効果的である。

このような現実目標とともに，最終目標（理想目標）やそれに到達する過程での中間目標を設け，

長期的な見通しを与えることも大切である。最終目標は，可能性のある範囲で決めるようにし，その目標に到達することにどのような意味や価値があるのかを明確にする必要がある。つまり，明確な目標を与え，その重要性を示し，自覚させることが大切と言える。

②―結果の知識を与える

どこがどう悪いのか，自分自身ではわからないことが多い。そのために，どうしたらよいかを発見できずに不振状態に陥り，ひいては動機が消失することがある。そこで，常に成績や動作に関する結果の知識を与える（フィードバックする）ことが大切となる。このとき「ナイスショット」のように単なる結果だけでなく，同時に「こういうところ」が「こうであった」とか，だから「このようにするとよい」のように，具体的なアドバイスが加わると，フィードバックの効果は倍増する。

例えば，「バックスイングが遅い」という指摘だけではなく，その目安として「ボールがネットを越えてバウンドした時点ではバックスイングを完了させる」のように，「どうすればよいか」という対策を具体的にアドバイスすることにより，次の動作を修正したり，改善したりすることが可能になる。ビデオなどで視覚的に情報をフィードバックさせながら，アドバイスする方法も非常に有効である。このような結果の知識は，初心者や子どもには簡潔に，上級者ほど詳しい内容にするのがよい。また，与える時期としては動作終了直後が望ましい。

③―成功経験を与える

試合で負け続け，意気消沈し，自信とともに意欲がなくなってしまった経験は多くの人がもっていることであろう。また，ある時には失敗が成功のもととなることもあろう。ところで，ある結果を成功とみなすか失敗とみなすかは，個人的な目標や期待の高さ，つまり要求水準が達成されたかどうかによって決まる。一般的に，成功は要求水準をさらに高め，より難しい課題へ向かわせる動機をもたらすとともに，自信を高める傾向があるとされている。一方，失敗は成功とは反対に作用する傾向があるとされている。

指導にあたっては，高い水準のパフォーマンスを要求して，失敗を多く経験させないように，成功と失敗のバランスをうまくとることが肝要である。特に，失敗に対する不安やおそれは，動機づけを消失させることになることから，子どもや初心者には練習の初期の段階で，できる限り多くの成功経験をもたせることが必要である。

④―褒める

「ナイスショット」「ナイスゲーム」，失敗した場合でも「ドンマイ」「グッドトライ」のように声をかけることは，動機づけの有効的な方法である。動物の調教で，一芸ごとにエサを与える様子を見たことがあるだろう。これは，外発的動機づけによって，その芸を続けるようにさらに強化する手続きにほかならない。「褒める」ことはこれと同じで，その動作・行動を促進する効果をもたらす。

一方，「こらー」「なにやってんだ」「馬鹿もの」式の叱責は，いけないことを指摘しているだけで，何をどうすればよいかを教えてはいない。そのうえ，不要な不安や緊張を与えることになる。怒られたくないという心理は，不安傾向や失敗に対するおそれを増長し，前述のように動機づけを低下させることになる。失敗の原因を指摘することは大事だが，その際にくどくどと怒らないようにすべきである。また，叱る場合でも感情的に叱らないように注意したい。

⑤―競争や協同を活用する

仲間同士やライバルを決めて競争心をあおり，

競争効果を利用する方法である。ただし，強調しすぎると，排他的意識を助長したり，勝利志向が強められて敗者に劣等感をもたらしたりというような逆効果になるので注意を要する。「適度」であることが必要条件である。また，チーム戦などを取り入れて，ふだんのライバルと協同して試合に臨むことにも挑戦させるとよい。

6──教え過ぎない

「何から何までの一切を指導する」ことは，指導者としての情熱の現れのように評価されがちであるが，意欲の根源である自主性や自立性を奪うことにもなるので注意しなければならない。彼らが自ら進んで課題や手がかりを発見し，独創的な方法で取り組もうとする前に，「すべきこと」を教えられると，しだいに指導者に依存し，その指導を待つようになってしまう。いわゆるオーバーコーチングの弊害である。指導者として，彼らの自主的・創造的な取り組みを"待って"，必要に応じて方向づけをする姿勢が望まれる。

7──練習にバリエーションをつける

テニスの練習はとかく長時間で画一的な練習になりがちである。そこで，新鮮な気持ちで練習課題に挑戦する意欲を引き出すための工夫が必要となる。そのために，常に練習の意義や，現在おこなっている技術・課題の重要性を示し，意欲の水準を高める必要があるが，練習が単調にならないように，練習内容や練習方法に適度な変化をもたせるようにしたい。特に子どもは注意や興味の持続力がないので，飽きさせないように，短時間でバリエーションに富んだ練習内容にする工夫をしなければならない。

また，長時間，不必要な基本練習をおこなうのもよくない。マンネリ化の原因になる。1つの技術がある程度できるようになったら，その技術を用いる状況をしだいに発展させ，実戦での応用力を培うようにすべきである。

8──楽しい雰囲気をつくる

「楽しさ」のないスポーツは，もはやスポーツの意味をもたない。テニスに対する要求のレベルや目的は，各人各様である。したがって，まずプレーヤーの興味・関心を把握したうえで，無理なくその要求を充足してやれるような指導が求められる。例えば，技能の向上や勝利を強調しすぎると，テニス本来の楽しさを奪ってしまうことになる。要するに指導者中心のテニスであってはならないのである。こういった意味で双方のコミュニケーションが不可欠となる。

テニスは個人競技であるが，多くはチーム活動，集団指導の形態でおこなわれる。居心地のよい雰囲気づくりは，知的好奇心を刺激し，活動成果をも左右する要素となる。このような活動の基礎的条件づくりは，指導者の重要な役割の1つと言えよう。

2．運動技能の学習段階

運動技能の学習段階は，体力，精神力，運動経験などにより個人差はあるが，一般的に次のような3段階に分けて考えられている（図3-28）。

1──初級（運動の認知段階）

これから学習しようとする新しい運動技術はどのようなものなのか，また何をなすべきなのかを理解する段階である。言語による教示，デモンストレーション，VTRなどによって与えられた情報から技術の実体や基本構造などを理解したり，過去の経験に基づく動きの手がかりや動きそのものに対して注意したりすることが必要とされる。この段階では，動作はぎこちなく，不正確であり，

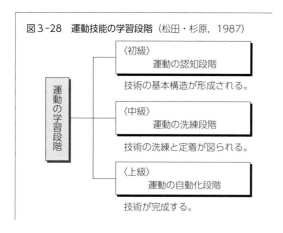

図3-28 運動技能の学習段階（松田・杉原，1987）

運動の学習段階
- 〈初級〉運動の認知段階：技術の基本構造が形成される。
- 〈中級〉運動の洗練段階：技術の洗練と定着が図られる。
- 〈上級〉運動の自動化段階：技術が完成する。

技術の大ざっぱな協調がなされ，試行錯誤を繰り返す。

［技術練習］

この段階においては，まずデモンストレーションや説明を通して，目標とする技術に意識を向けさせることが大切である。最初から動作の完全な遂行は不可能なので，サーブと投球動作の類似など，基礎となる運動経験をもとに大ざっぱな運動をおこなわせることが目標となる。グラウンドストロークにおけるバックスイング，インパクト，フォロースルーなどの，基本的な動作経過の習得などがおもな練習の内容となる。サーブなどのように，両手の協調が必要な複雑な動作や，アプローチショットからボレーなどの連携動作の習得には，最初は遂行条件をやさしくして，少しずつ複雑な動作に発展させる段階的運動学習が効果的である。

❷―中級（運動の洗練段階）

運動の認知段階で得た運動（技術）のイメージをどのように遂行するのか，実際に身体を動かし，試行錯誤を繰り返しながら洗練し，定着させる段階である。この段階では，認知的要素の果たす役割が相対的に減り，ボールなどの環境に対する予測能力の発達に伴い，動作は安定し，運動のタイミングやスピードの向上と省エネルギー化が進む。

［技術練習］

運動の洗練段階での技術練習の目標は，無駄な動きや過剰な緊張を取り除くなど，省エネルギー化のもと，運動動作を洗練し，精密化することである。また，試合のなかで学習した運動を試みることも目標の1つである。不確定要素である相手の動き，さまざまな妨害に対しても，安定して技術が発揮できるようにすることも求められる。運動初期の段階のやさしい課題から，より精密なボールコントロール，スピードコントロール，すばやいフットワーク，連携動作を要求するなど，徐々に条件を難しくする。そして何度も反復させることにより，多種多様な条件のときでも課題を遂行できるようにすることが大切である。この段階における安定化は単純なものでなく，動揺と安定が交互に繰り返されるなかで漸進的に進行する。

❸―上級（運動の自動化段階）

運動と感覚的な分析が自動的におこなわれるようになる段階である。注意の対象が動作から離れることでゆとりが生じ，状況把握などの戦術的側面に注意を向けることが可能となる。いわゆる動きそのものが自動化し，「からだでおぼえた」状態となる。

［技術練習］

運動の自動化段階の技術練習では，よりいっそう動作の安定と自動化を図ること，技術を自分で修正できる能力を身につけること，明らかなストレス状況下で技術を定着させること，刻々と変化する状況に適応できるようにすること，新しい技術や新しい応用技術を開発し，個性を十分に生かすことなどが目標となる。

そのためには，練習の強度を高めること，心理

的・体力的・技術的などのさまざまなストレス状況を設定し，そのなかで精密に自動化された技術の発揮を促すこと，技術の細部に注意を向けさせ，状況に適応した修正を可能にすることなどを期待した指導や練習の内容が必要である。

また，技術練習と体力トレーニングの関連性をもたせることも大切である。例えば，ボールのスピードを高めるためには，より速いスイングスピードが必要であり，筋パワーの向上をめざした処方でのトレーニングが必要となる。また，テンポの速いテニスのためのフットワークの獲得には，全身持久性（有酸素的作業能力）をもととした足の筋持久力の向上と瞬発力（無酸素的作業能力）の向上という，両面の強化を欠かすことはできない。技術を試合のなかで試したり，試合日程に合わせてピーキング（心身のコンディションを最高の状態に整えること）できるようにする指導も大切である。

各学習段階に応じた技術練習の目標とおもな練習法については，表3-13を参照してもらいたい。

3．技術練習の基本的前提条件

■1─運動表象の形成

技術練習にきわめて重要な役割を果たすのが，運動表象の形成である。運動表象（movement conception）とは，さまざまな感覚（視覚，聴覚，運動覚など）から成り立つ"運動に関する像"のことで，プレーヤー自身の運動経験も含めて，運動経過（対象となる技術）に関するあらゆる情報が要約されている。目標とする運動をおこなおうとする場合，運動表象に基づいて運動がプログラム化され，実行に移される。実行された運動は目標と比較され，そのフィードバック情報によって

表3-13 各学習段階における技術練習の目標とおもな練習方法

学習段階	技術練習の目標	指導や練習の主要な方法
初級	・目標とする技術に目を向ける。 ・大ざっぱな運動表象をつくり出す。 ・基礎となる運動経験をする。 ・基本経過を習得する（運動の粗協調）。	・デモンストレーション，説明。 ・技術を習得させるために遂行条件をやさしくして練習させる。
中級	・運動表象を精密化する。 ・むだな動きや過剰な筋緊張を除去する。 ・妨害されても安定してできるということが初めて要求される。 ・試合のなかで初めて試みられる。	・観察課題を課し，協力して運動分析をおこなわせる。 ・やさしくした遂行条件を徐々に難しくして，運動を何度も反復させる。 ・普通の条件下で練習させる。初めて難しい条件が加えられる。
上級	・自分で修正する能力を身につける。 ・いっそうの安定化と自動化を図る。 ・極端なストレス状況のなかで技術を定着させることによって，さまざまな条件の変化に適応できるようにする。 ・新しい技術や新しいバリエーションを開発する。 ・試合日程に合わせてトップコンディションにもっていく。 ・技術練習と体力トレーニングを結びつける。 ・個性を十分に生かす。	・運動知覚と運動の観察の訓練を強化する。 ・練習の強度を高める。 ・遂行条件を変化させる。 ・細部に注意を向けさせる。 ・妨害因子を増やしていく。 ・ストレス状況や極限状況をつくり出す。 ・技術を試合のなかで試させる。 ・技術と関連した体力を養成するためのスペシャルメニューをおこなわせる。

運動表象が洗練化される。この繰り返しによって，適切な運動表象を形成させることが，技術練習の本質なのである。

2 — レディネス

練習が成立するためには，まず，その技術をおこない得る準備状況（レディネス）や動機づけなど学習者の諸条件が整っていることが前提となる。

レディネスとは，学習が可能な発達的素地を中心に，何らかの課題を遂行することに必要な諸条件が整った準備段階にあることを言う。遂行すべき課題の違いによってレディネスの成立する時期もその内容も異なり，課題それぞれに最もふさわしい遂行の時期，あるいは学習の時期があると考えられている。レディネスの規定要因としては，情緒的側面や社会的側面等も考慮に入れた発達水準，過去の学習経験の内容，指導の方法や材料などがあげられ，これらは密接に関連し合っている。

3 — 練習開始時の能力レベルの考慮

誰でもまったく運動経験がない状態でテニスの技術練習が始まるわけではない。スポーツを初めて経験する者でさえ，日常生活での運動経験があるはずで，このうえに技術練習は構築される。そして運動学習は，常に現在備わっている体力や調整力のうえに構築される。よって，運動経験や体力，そして調整力などの要素が，将来的に学習効果をあげるのに大きな影響を及ぼすことになる。したがって，指導者は，練習開始時にはプレーヤーが有している能力レベルを正しく判断し，その能力レベルに合った適切な練習をおこなわせる必要がある。

ところで，上述のことは，幼少のころからの運動経験が，その後の技術の習得に大きな影響を及ぼすことを示唆している。つまり，小学校の低学年では，走る・跳ぶ・投げる・打つなどの基本運動を習得させ，運動を練磨するとともに，高学年ではいろいろなスポーツや動きをおこない，運動経験を積むことがよい。

4 — フィードバック

技術練習は，その課題を達成するまでは，試行と失敗の繰り返しであり，そのたびに自分の動作などの結果を確認し，修正をおこなうことが大切である。この結果の確認のことをフィードバック（feedback）と呼んでいる。

これにはいくつかの分類の仕方があるが，フィードバックを受容する感覚様式からみると，外的フィードバック（視覚や聴覚などの外受容器へ入るフィードバック）と内的フィードバック（筋運動感覚や平衡感覚など内受容器へ入るフィードバック）に分類される。つまり，相手やボールの動きなど環境の変化に応じて運動を変えなければならない場合，外的フィードバックが決定的に重要となるのに対し，素振りなど比較的安定した環境で実行する運動があらかじめ決められている場合，主として身体の位置感覚や力量，抵抗の感覚，運動の方向やスピードの感覚などの内的フィードバックを手がかりとして運動を調節することになる。

また，フィードバックの源がどこにあるかによって，内在的フィードバック（運動遂行中や遂行後の感覚刺激から生じたフィードバック）と付加的フィードバック（コーチの言語情報やVTR映像，写真など学習の目的に応じて特別に付加された情報）に分類される。打球フォームをつくるといった運動プログラムを形成させることが主要な目的となる学習段階では，腕・上体・腰・膝の状況など身体的なフィードバック情報をプレーヤーに与えることは，運動技能の獲得に非常に効

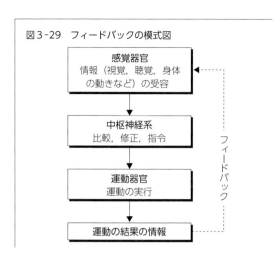

図3-29 フィードバックの模式図

果的である。このような，動作のフィードバック情報は，通常指導者によって言語でおこなわれることが一般的である。指導者は練習課題を正確に把握し，プレーヤーの動作との差異を的確に指摘できることはもちろん，プレーヤーにとって適切な言葉で表現し理解させることが大切で，運動後早く伝えるほど効果的である。

特に，練習の初期段階では，動作に関するフィードバック効果はとても大きく，練習が進むにしたがって，その動作に関するフィードバックは漸減する。また，打球の成功・不成功に関する情報（結果の知識）のフィードバックも運動技能の進歩にとって大切な要因となる。昨今，容易に携帯できるビデオカメラやデータ端末装置を利用した視聴覚機材の普及に伴い，その場で自分の動作に関するフィードバック情報を得られるようになり，技術練習にとって非常に効果的な方法となっている（図3-29）。

4．技術練習の原則・方法

ただやみくもに練習するだけでは，運動技能を効果的にレベルアップすることは期待できない。運動技能のしくみをよく理解し，工夫して練習していかなければならないのである。そのため指導者は，技術練習の原則を守り，効果的な練習方法を計画することが求められる。

❶―反復練習

1つの神経－筋の運動回路（技術）を形成するには，習得しようとする技術の運動を何度も繰り返しおこなう必要がある。経験を積んだプレーヤーほど上手であるように，一般的に，練習量は多ければ多いほど技術習得には効果的である。動機づけなど課題の教示をおこなったあとは，できるだけプレーヤーを動かすことに留意すべきである。

反復回数を増やすことは，効果的に運動プログラムの形成を促す。特に練習の初期段階には，練習をたくさんこなし，反復回数を増やすことが大切である。また，技術練習はどうしても同じパターンの運動を反復することが多くなり，練習の動機づけの維持が難しいので，ときどき，ゲームや実技試験をおこなうなど，達成度をチェックすることも効果的である。また，前述したフィードバックの情報をうまく利用することも大切である。

❷―全習法と分習法

例えば，ラリーからアプローチショットを打ってネットプレーにつなげるといった，いくつかの技術が連なって全体の運動が成り立っている場合や，サーブのように運動が複雑で比較的遂行時間が長く，なおかつ難易度が高い一連の技術練習の場合などでは，初めから運動全体を練習する（全習法）よりも，一連の運動技術をそれぞれの技術に分割して部分ごとに練習する（分習法）と，より早く運動技術全体を習得することができる。し

かし，分習法によって異なった動作を学習してしまう危険も指摘されることから，分習法で獲得できる技術が全体の動きのなかでどの程度重要なのか，常に運動技術全体を考慮して指導することが大切である．

3―集中練習と分散練習

同じ技術を一度に集中的におこなう練習を集中練習，休憩を挟んで何回かに分けておこなう練習を分散練習と言う．練習中のパフォーマンスは，分散練習の場合，回数に応じて目に見えて向上していくが，集中練習の場合はある程度で向上はみられなくなり（高原状態：プラトー），分散練習ほどパフォーマンスは向上しない．

しかし，集中練習では，練習後休息を挟んで疲労を取り，パフォーマンステストを実施してみると，分散練習と同等のパフォーマンスまで向上するという，技術練習特有のレミニッセンス（reminiscence）効果があることが知られている．

集中練習は，練習時間の節約にはなるが，練習中に練習効果がみられないために飽きやすく，動機づけの維持が難しい，疲労や傷害を招きやすいなどの側面がある．分散練習は，練習中の学習効果が目に見え，動機づけが維持しやすい，休息を多くとるので疲労が少なく傷害にもなりにくいという特徴がある．指導者には，これらの練習法の長所・短所を理解し練習計画を立てることが求められる．

4―ブロック練習，ランダム練習，シリアル練習

テニスのサーブ，グラウンドストローク，ボレー，オーバーヘッドスマッシュなどの複数の技術を練習する場合，練習順序からみると大きく分けて3つの方法がある．1つ目は，1つの技術を連続して繰り返し練習し，その技術練習が終了してから次の練習課題に移るブロック練習である．2つ目は，いろいろな技術練習をランダム（無作為）に配列し，次々に別の課題を練習していくランダム練習である．3つ目は，一定の順序で複数の技術を繰り返し練習するシリアル練習である．

一般に，学習導入段階は，ブロック練習が効果的であるが，その後はすぐにランダム練習やシリアル練習に切り替えたほうが学習効果の保持（retention）や転移の効果が促進される．ランダム練習やシリアル練習は課題が次々変わり，そのたびに初めから学習を繰り返すことになるので，記憶が強固になり消失しにくいと考えられているため，練習中の各技術課題の達成度は低くても（複数の技術を混在させて練習するため，練習中の失敗はブロック練習に比べて増加する），最終的にはブロック練習よりも学習効果は高くなる．

最初にブロック練習をおこない，動作の再現性など，ある程度の運動プログラムの形成がみられるようになったら，なるべく早くランダム練習やシリアル練習に切り替えるべきである．その際，失敗の増加によって動機づけのレベルが低下しないように注意しなければならない．

5―過剰学習（オーバーラーニング）

技術習得には反復練習が不可欠である．習得しようとする技術課題が一度できたら，そこで休止せず，さらに続けて練習を繰り返すと学習効果の保持がよいことが知られている．これらを過剰学習（オーバーラーニング）と言い，これが技術の固定化・自動化を確かなものにする．

一度成功したからといってそこで練習を打ち切るのではなく，その後，できる・できないにかかわらず，さらに反復練習をしておくことが大切である．練習でなんとかできるようになった程度の技術では，実際の試合でうまくいかないことが多

いが，これは過剰学習の不足による技術の未定着が原因として考えられるのである。

6—転移

すでに習得した運動パターンや他の種目経験で獲得した技術などが，これから練習し身につけようとする技術に類似している場合などは，それら既習の運動経験が技術習得に有効に働く場合がある。これを転移と言う。特にこのように新しいものを習得する際に，それを促進する場合を正の転移と言い，逆に抑制する場合を負の転移と言う。また，ラケットを左右の手で持ち替えてテニスをするプレーヤーがいるように，個人内における技術の転移もあり，人の体軸を境にした左右間の転移現象を両側性転移と呼んでいる（上田ほか，2000）。

技術練習の初期段階では，転移を利用して技術指導を進めていくことは，新しい技術を習う際に非常に有効な手がかりになる。投球，テニスのサーブ，バレーボールのスパイクなどのいわゆるオーバーハンド動作など，走・跳・投の基礎的運動パターンは簡単に転移しやすく，技術指導の導入として利用しやすい。

指導者は，技術を学習させる際，学習者の運動経験などを参考に，類似的な運動を指摘することにより転移を利用し，練習内容を工夫すると効率的に技術を獲得させることができる。また，年少時にさまざまな動作を習得していると，あとからのスポーツ技術の習得に役立つことが多い。

しかしながら，転移はあくまで類似の運動経験を導入として使うものであり，習得しようとする技術とは最終的には別物で，導入期を過ぎると効果は小さくなる。また，負の転移は一般的ではなく，運動学習の初期にさえ気をつければ，技術が習得され，完成された段階では問題にならない。

7—メンタルプラクティスとイメージトレーニング

教示やデモンストレーションなどにより技術練習の内容の全体像をプレーヤーに伝えたら，実際に身体的な練習をおこなうとともに，練習の合間，待ち時間，休息時間に，あるいは特別に時間をとって，課題を心のなかで繰り返し覚えさせる精神的活動を並行しておこなうと，身体的学習効果をさらに強化させることができる。この精神的活動をメンタルプラクティス（mental practice），メンタルリハーサル（mental rehearsal），あるいはイメージトレーニング（image training）などと呼ぶ（日本スポーツ心理学会，1979）。身体的トレーニングとメンタルプラクティスを併用することにより，プレーヤーは効率的に練習することが可能になる。

プレーヤーには，コートの色やボールの音などの環境に関する感覚情報をも含めて，運動課題を実際におこなっている場面をできるだけ鮮明に思い浮かばせるように指示し，また，失敗のイメージは避け，課題を成功させた自分自身の姿を想起させるように指導することが大切である。さらに技術練習のみならず，試合中のストレスや不安などを解消するなど，精神面の強化にも応用されることから，技能の獲得を目的とした場合にはメンタルプラクティス，またすでに獲得した技能を最大限に発揮することを目的とした場合にはイメージトレーニングという用語を区別して用いることがある。

8—プラトー（高原状態），スランプ（低迷状態）

一般に，練習効果は練習の初期段階ほど著しい向上がみられ，熟練していくにつれて向上は漸減していく。また，練習効果の向上には，効果の横

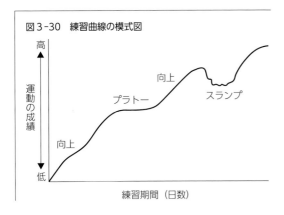

図3-30 練習曲線の模式図

ばい期がみられることが多い。これを学習の高原状態（プラトー）と呼ぶ。高原状態に至ったプレーヤーには，技術練習では誰もが経験する一過程で熟達段階への移行期であることを理解させる。また，効果は目に見えなくても，身体のなかでは学習しており，飛躍の前には必要な一段階であることも強調し，焦ることなく継続的に練習を続けさせることが大切である。これは練習の過程で練習曲線を描くことによって，確かめることができる（図3-30）。

プラトーの原因としては，学習が壁にぶちあたっている，練習方法が適切でない，練習意欲が低下している，良くない動きが癖になっているなどがあげられる。よってこの原因を取り除くことを考える必要がある。

スランプは，技術的欠陥，慢性疲労，けが，競技意欲の喪失，焦り，プレーヤーの競技環境の変化，自己の能力の過大評価などさまざまな要因が考えられるので，原因を探り，的確に対処しなければならない。多くの場合，心・技・体のバランスの長期的崩れに原因があるので，長期間にわたってコンディショニングを実施する必要がある。競技人生は長いことを理解させ，焦らず，時には休養を交えながら，体力強化や技能向上などに努めさせ，競技への意欲と自信を取り戻させることが大切である。

[スランプの原因と対策]（日本スポーツ心理学会，1998）
①なぜスランプになるのか
▶誤った動作が習慣化するため。
▶部分的な動作にこだわり，運動全体がまとまらなくなるため。
▶慢性的な疲労や栄養障害によって，体力が低下するため。
▶精神的な悩みで意欲が低下するため。
②どう対処するか
▶誤った動作を修正する。
▶運動全体のまとまりに焦点を絞って練習する。
▶練習方法や時間などを変えてみる。
▶練習・栄養・休養のバランスを考え，改善する。
▶気分転換などで，精神面のリフレッシュを図る。

[第3章文献]
- American Dietetic Association Dietitians of Canada (2009), Nutrition and athletic performance. Med Sci Sports Exerc. 41：pp.709-731.
- Crespo M, Miley D. (2007) ITF Advance Coaches Manual. International Tennis Federation.
- Hawley JA, Schabort EJ, Noakes TD, Dennis SC. (1997) Carbohydrate-loading and exercise performance. Sports Med. 24：pp.73-81.
- 香川芳子［監修］(2014), 食品成分表2014, 女子栄養大学出版部：pp.66-69.
- Kohrt WM, Bloomfield SA, Little KD, Nelson ME, Yingling VR. (2004) Physical activity and bone health, Med Sci Sports Exerc, 36：pp.1985-1996.
- 厚生労働省, 日本人の食事摂取基準2015年版. http://www.mhlw.go.jp/file/04-Houdouhappyou-10904750-Kenkoukyoku-Gantaisakukenkouzoushinka/0000041955.pdf（2014/5/1閲覧）
- 松田岩男, 杉原隆［編］(1987) 新版運動心理学入門, 大修館書店.
- Nielsen FH, Lukaski HC. (2006) Update on the relationship between magnesium and exercise. Magnes

Res，19：pp.180-189.
- 日本スポーツ心理学会［編］（1979）スポーツ心理学概論，不昧堂出版.
- 日本スポーツ心理学会［編］（1998）コーチングの心理Q＆A，不昧堂出版.
- 農林水産省，食事バランスガイド．hppt://www.maff.go.jp/j/barance_guide/（2014/5/1閲覧）
- 社団法人日本体育学会［監修］（2006）最新スポーツ科学事典，平凡社.
- 杉原隆ほか（2000）スポーツ心理学の世界，福村出版
- 上田雅夫ほか（2000）スポーツ心理学ハンドブック，実務教育出版.

TENNIS
COACHING THEORY

4章

テニスの
ルールと審判員

4-1 テニスのルール・試合方法・マナー

1. テニス規則

1923年，パリで開催された国際ローンテニス連盟（現国際テニス連盟：ITF）の年次総会において，世界で初めて公式テニスルールが制定された。2013年現在，210か国と6地域が加盟するITFでは，時代の変化とともにテニス規則に検討を加えてきた。毎年発行される15種類のルールブックおよびハンドブックは，インターネットで閲覧することができる（http://www.itftennis.com）。

公益財団法人日本テニス協会では，テニスルール・ハンドブック「JTAテニスルールブック」を毎年3月に発行している。

その構成は，以下の7部からなっている。

> 第1部　テニスルール
> 第2部　JTA公式トーナメント管理規程
> 第3部　JTA公式トーナメント競技規則
> 第4部　JTA公式トーナメント コード オブ コンダクト
> 第5部　ランキング規程
> 第6部　コートオフィシャルの手引き
> 第7部　登録規程

テニス規則は「チェアアンパイア（→p.123），ラインアンパイア（→p.126），ボールパーソン（→p.127）がいて試合がおこなわれている」という状況を前提にしてつくられている。ここでは，セルフジャッジの試合のなかで必要と思われる規則も関連づけながら解説することにする。

■1─コートの準備

1─シングルスのコート

ダブルスコートを使ってシングルスの試合をす

る場合，シングルサイドラインの外側から91.4cmの位置にシングルスティックの中央がくるように立てる。シングルスティックを2本立てた後にネット中央のストラップの高さ91.4cmを測る。

2 ─ ダブルスのコート

ダブルスの試合の場合，両端のポストまでネットをしっかりと引っ張って空間のないように縛り，その後，ネット中央のストラップの高さ91.4cmを測る。

2 ─ トス

試合のウォーミングアップを始める前にトスをし，トスに勝ったプレーヤーは次の3つのうちから1つを先に選ぶことができる。

▶サーバーになるかレシーバーになるか。
▶どちら側のコート（エンド）でプレーを始めるか。
▶トスの敗者に上記のどちらかを先に選ばせる。

トスに負けたプレーヤーは相手プレーヤーのあとで選択する。チェアアンパイアはコインを投げて（100円玉の場合，100か花かで）決めるが，チェアアンパイアがいない試合では，プレーヤーがラケットを回して決めてよい。

3 ─ 遅刻

相手プレーヤーが15分以上遅れて来た場合は試合に出場できない（国際大会では遅刻に関してトーナメントにより異なったルールでおこなわれている）。

不戦勝を判断するのはレフェリー（→p.122）であるので，チェアアンパイアがいない試合ではコート付近にいるローピングアンパイア（→p.127）を通してレフェリーに確認をとってもらう（ローピングアンパイアとは数面の試合コートを巡回する審判であり，必要に応じてレフェリーへの連絡も担う）。

4 ─ サーバーとレシーバーの義務

サーバーはレシーバーが構えたのを確かめてからサーブを打つ。レシーバーはサーバーの理にかなったペースに合わせて構えなければならない。目にごみが入ったりして用意ができないときは，サーブが打たれる前に手を上げて「ノットレディ」をサーバーに伝える。打とうとしているサーバーを待たせ，理由なく構えないレシーバーは，チェアアンパイアからペナルティ（タイムバイオレーション）を与えられる場合がある。チェアアンパイアがいない試合でこのような状況が起きる場合は，ローピングアンパイアを呼んで試合状況をチェックしてもらうことができる。

5 ─ まぎらわしいフォールト

サーブのフォールトには以下のようなまぎらわしいフォールトがある。

▶打とうとして空振りをしたとき。
▶ダブルスでサーブのボールが自分のパートナーに直接当たったとき（図4-1）。
▶フットフォールトをしたとき。

サーブを打とうと構えたときからラケットでボールを打つまでの間に一度でも規則で定められた地面をはみ出したりラインを踏んだりすると，フットフォールトになる（図4-2）。

チェアアンパイアがいないセルフジャッジの試合では，プレーヤーがフットフォールトをコールすることはできない。もし相手プレーヤーがフットフォールトをしているように見えたら，ローピングアンパイアを呼んでコート内でチェックをしてもらうことができる。この場合ローピングアンパイアは両方のプレーヤーのフットフォールトを

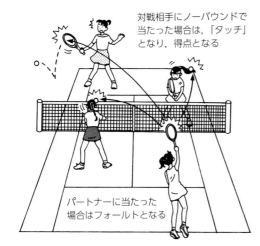

図4-1 ダブルスでサーブがプレーヤーに当たった場合
対戦相手にノーバウンドで当たった場合は,「タッチ」となり,得点となる
パートナーに当たった場合はフォールトとなる

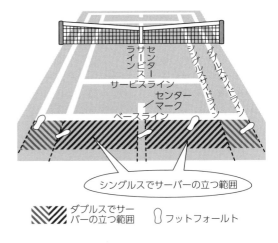

図4-2 フットフォールトとなる位置

チェックする。

6—まぎらわしい失点

以下のようなまぎらわしい失点となるプレーには注意を要する。
▶コートの外に立ってボールをノーバウンドでボレーしたが,相手コートに返球できなかったとき。
▶故意に二度打ち(2ストローク)したとき。
▶ボールがネットを越える前に打ったとき。
▶ネットやポスト,相手のコートに,プレー中に身体,ラケット,靴,身につけている物が触れたとき(シングルスの場合はシングルスティックとその内側のネットに触れたとき)。
▶ダブルスでボールが2人のラケットに同時に触れたとき(ラケットがぶつかっても1つのラケットだけにボールが当たったときは失点しない)。
▶ボールが,プレーヤーの身体や身につけている物に触れたとき。
▶ラケットを投げてボールを打ったとき。
▶ダブルスコートにシングルスティックを立てて試合をする場合,シングルスティックを立て

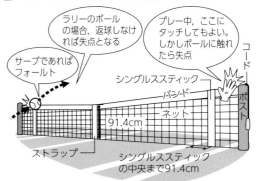

図4-3 シングルススティックの扱い

た外側にはみ出しているネットとポストにボールが当たったとき。

ただし,その不要な部分にプレーヤーがタッチしても失点にはならない。ベンチやフェンスに当たった場合と同じ扱いになる。しかし,サーブのボールがシングルススティックに当たった場合はフォールトとなり,サーブ以外のラリー中のボールが当たった場合は有効返球としてプレーを続けなければならない(図4-3)。

＊ここで言うネットは図4-3で示したバンド,ストラップ,コードを含む。

7 ─ 相手プレーヤーへの妨害

1 ─ 気を散らしてミスさせようとする行為

プレー中に相手プレーヤーが打とうとしているとき、ラケットを振りまわしたり、大声を出したり、バタバタと足音をたてるなどの行為は相手への妨害で失点する。チェアアンパイアが「ヒンダランス」とコールして相手プレーヤーに1ポイントを与える。ただし、自分が打つときに「はっ！」「えい！」などの声を出すのは妨害とはみなされず失点にはならない。妨害行為かどうかはチェアアンパイアが判断するが、チェアアンパイアがいない試合で相手の言動によってプレーに集中できないような場合は、ロービングアンパイアを通してレフェリーを呼んでもらい、事情を話して妨害かどうかを判断してもらう。

2 ─ 目障りになる落し物をする行為

かぶっていた帽子を落としたり、ポケットに入っていたボールを落としてしまったりしたときは、チェアアンパイアが「レット」とコールしてプレーを止め、そのポイントをファーストサーブからやり直す。それは、身につけているものを落とすと相手プレーヤーには目障りで、プレーの妨害となるからである。

意識的に妨害しようとした行為ではないので1回目は注意を受け、そのポイントをやり直す。しかし、2回目からは、相手のプレーを妨害したものとして落とすたびに1ポイントを失う。

例外として、ラケットを落とした場合と靴が脱げた場合がある。相手の気が散るのは確かだが、それより落としたプレーヤーのほうが明らかに不利な状況であるから「レット」にはならず、プレーを続ける。

チェアアンパイアのいない試合では、プレーヤーが「レット」をコールすることができる。プレー中に物を落したことに両プレーヤーがまったく気がつかず、プレーを続けポイントを決めた後に落し物に気がついた場合は、プレーになんら支障がなかったので妨害にならない。

8 ─ 不可抗力の妨害

飛んできた鳥にボールが当たったり、風でビニール袋が飛んできたり、隣のコートからボールが転がってきたり、ネットのストラップが外れたりしたら、チェアアンパイアが「レット」とコールしてプレーを中断し、そのポイントをやり直すことができる。チェアアンパイアがいない試合では、プレーヤーが「レット」をコールすることができる。

プレーヤーには妨害のない正しいコート状況でプレーをする権利がある。しかし例外として、観客のたてる音や声は妨害として考慮されない。観客の「アウト」の声をプレーヤーがラインアンパイアの声と勘違いしてプレーを止めてしまったような場合も、失点となる。

9 ─ プレーヤーが守る倫理規定（コード）

プレーヤーには、大会関係者や審判員に節度ある態度をとり、観客がプレーを楽しめるようにスポーツマンらしい態度で正々堂々と戦う責任がある。プレーヤーが倫理規定を守ることにより、大会に関わる人びとが気持ちよく過ごすことができるように、欠場の届出、遅刻、服装、スポーツマンらしい態度、コーチングなどについて詳細に決められている。

試合中は違反するとチェアアンパイアから1回目は「コードバイオレーション（倫理規定違反）」の警告を受ける。2回目は1ポイントを失い、3回目以降はそのたびに1ゲームを失う。悪質なケースではレフェリーによって失格を与えられる

こともある．違反事項別にサスペンションポイント（出場停止ポイント）が決められていて，累計が5ポイントになると出場停止の処分を受ける．

①―ダブルエントリー

同じ週のJTAランキング対象大会申し込みはいくつしても構わないが，ドロー作成の前日にはどの大会に出場するかを決めて，出場しない大会へ出場辞退届を必ずFAXする．これを怠るとその大会とプレーヤーに迷惑をかけることになり，サスペンションポイントを受ける．

②―出場取り消し

大会へ申し込みをした後に都合が悪くなり出場できなくなったときは，至急レフェリーに書面で連絡をする．補欠プレーヤーやラッキールーザーが繰り上がることになり，試合のスケジュールにも影響が出るので，できるだけ早く連絡をする必要がある．病気，けが，家族の不幸の場合はサスペンションポイントの対象にはならない．

③―試合中の見苦しい言動

相手プレーヤーやチェアアンパイア，観客に対して侮辱する言葉を発する，怒り狂ってラケットを投げる，ボールを怒って場外へ打ち出す，ふてくされてベストを尽くさない，調子が悪くイライラして聞くに堪えない言葉を叫ぶなど，スポーツマンシップに反する行為などに対しては，チェアアンパイアが判断し，コードバイオレーションを与える．チェアアンパイアがいない試合では，ロービングアンパイアを通じてレフェリーを呼んでもらい，状況を伝えて対処してもらうことができる．

④―服装

服装については，ウォームアップスーツを含めてロゴ（大きさと数）などが決められている．違反しているウエアは着替えないとプレーは許されない．しかし，違反したテニスウエアしか持っておらず，借りることもできない場合にはレフェリーが判断する．服装について疑問がある場合は，試合前にレフェリーにウエアを見せて確認をとるのが望ましい．

※詳細は「JTAテニスルールブック」参照．

⑤―コーチング

フェンスの外から，「がんばれー」「ナイスショット」と応援するのは構わないが，「前へ出ろ」「つなげ」などとプレーヤーにアドバイスをするとコーチング規定違反になり，1回目はプレーヤーがチェアアンパイアから警告を与えられ，2回目以降はそのたびに1ポイントを失う．団体戦のベンチコーチは試合中のプレーヤーにアドバイスすることができるが，それはエンドチェンジのときに限られる（タイブレーク中のエンドチェンジではアドバイスできない）．

⑥―団体戦の悪質な応援

団体戦では観客が相手プレーヤーのプレーを妨げたり，侮辱する言葉を使った悪質な応援をしたりすると，1回目は「パルチザンクラウドルール」に従ってチェアアンパイアから警告を与えられ，2回目以降は，妨害するたびに相手チームに1ポイントが与えられる．

団体戦のベンチコーチはプレーヤーと同じ倫理規定を守らなくてはならない．ベンチで違反行為をするとチェアアンパイアから1回目と2回目は警告を受け，3回目には退場を命じられる．

❿―休憩および中断が許される時間

①―ポイント間，エンドチェンジ，セットブレイク

ポイントが決まってから次のサーブを打つまでの間の25秒，エンドチェンジの90秒，セットブレイク（各セット終了後）の120秒をチェアアンパイアが計る（エンドチェンジあるいはセットブレ

イクでプレーヤーがベンチへ戻り，残り時間が30秒になったとき，チェアアンパイアは「タイム（時間ですよ）」とアナウンスして知らせる）。この時間をオーバーするとタイムバイオレーション（時間の規則違反）を与えられ，1回目は警告，2回目以降は違反をするたびに1ポイントを失う。チェアアンパイア，ボールパーソンがいない試合では，ボールを拾いに行く時間を考慮して時間を少しオーバーしても構わないが，あまりにもスローペースの場合はロービングアンパイアから注意を受ける。

②—メディカルタイムアウト（けがの手当て）

試合中にけがをした場合はトレーナーに診断を頼み，3分間の手当てを受けることができる。チェアアンパイアを通してレフェリーに連絡をして，トレーナーをコートへ呼んでもらう。

※詳細は「JTAテニスルールブック」参照。

③—トイレットブレイク

試合中にトイレに行きたくなったら，セットブレイクのときに理にかなった時間内でのトイレットブレイクをとることができる。回数は表4-1のように決められている。緊急時はセットブレイク以外でもトイレに行くことができる。ダブルスの試合でペアの2人が同時にトイレへ行くときは1回と数える。

表4-1 トイレットブレイクが認められる回数

3セットマッチ	男子シングルス	1回
	男子ダブルス	チームで2回
	女子シングルス	2回
	女子ダブルス	チームで2回
8ゲームプロセットまたは1セットマッチ	緊急時に限り，シングルス	1回
	ダブルス	チームで1回

⓫—セルフジャッジの試合におけるプレーヤーの役割

チェアアンパイアのいないセルフジャッジの試合では，プレーヤー自身がラインジャッジをする。相手プレーヤーのジャッジを信頼して受け入れ，自分のジャッジは公明正大におこなう。試合はこの信頼関係のうえに成り立っている。スコアがわからなくなったり，けがをしたり，飲み物の補充を頼みたいときなどは，ロービングアンパイアを呼んで対処してもらうことができる。

〈セルフジャッジの方法〉

▶ネットから自分側コートの判定について，相手に聞こえる声とハンドシグナルを使って「アウト」「フォールト」をコールする。ボールがラインにタッチしたとき，またはボールを見失ってしまったときはグッドとする。ボールとラインの間にはっきりと空間が見えたときはアウト・フォールトとする。はっきり空間が見えないときはグッドとする。

▶サーバーはサーブを打つ前にレシーバーに聞こえる声でスコアをアナウンスする。そのアナウンスによってその時点のスコアをお互いに確認する。

▶サーブがネットに触れたときはレシーバーが「（ネット）レット」をコールする。

▶インプレー中，他コートからボール，プレーヤー，ラケットが入ってくるなどの妨害が起こった場合は，レットをコールしてプレーを停止しそのポイントをやり直す。ネットから自分側のコートでなくても妨害を受けたプレーヤーがレットをコールできる。

▶インプレー中，身につけている持ち物（ポケットの中のボール，帽子，リボンなど）を落とした場合，相手プレーヤーへの妨害となり相手プレーヤーがレットをコールできる。その試合で1回目

の場合は警告を受けそのポイントをやり直す。2回目は失点する。ラケットと靴を落とした場合は例外としてプレーを続ける。

▶スコアがわからなくなったときは，両プレーヤーが合意できないポイントを取り消し，合意できるポイントを合算したスコアで再開する。

▶クレーコートでは相手プレーヤーにボールマークの確認を要求できる。ネットを越えて相手コートへ行って確認してもよい。両者の判定が食い違った場合はレフェリーが最終判定をする。ボールマークの位置が食い違うあるいはマークが薄くはっきりしない場合は，最初のコールが成立する。

2．試合方法

1—ゲームのスコア

0ポイントは「ラブ」，1ポイントは15「フィフティーン」，2ポイントは30「サーティ」，3ポイントは40「フォーティ」と言う。2ポイント以上の差をつけて4ポイントを取ると1ゲームとなる。両プレーヤーが3ポイントずつ取ると「デュース」となり，次のポイントを取ったプレーヤーは「アドバンテージ」，同じプレーヤーが次のポイントも取ると1ゲーム獲得となる。「アドバンテージ」のあとのポイントを落とすと，ふたたび「デュース」に戻る。

ノーアドバンテージ方式ではデュースの後，1ポイントでそのゲームの勝敗を決める。レシーバーはサーブを受けるとき，フォアサイドで受けるかバックサイドで受けるかを選ぶことができる。ミックスダブルスでは，サーバーが男子の場合は男子がレシーバーとなり，女子がサーバーの場合は女子がレシーバーとなる。

2—セットのスコア

5セットマッチは3セットを先取したら勝ち，3セットマッチは2セットを先取したら勝ち，8ゲームプロセットは2ゲーム以上の差をつけて8ゲームを取ったら勝ちである（7ゲームオールになった場合は2ゲーム連取し9－7になったら勝ちである）。

通常1セットは2ゲーム以上の差をつけて6ゲームを取るとそのセットの勝ちであるが，ショートセットでは4ゲーム取るとそのセットの勝ちとなる。5ゲームオール（ショートセットは3ゲームオール）になった場合は，2ゲーム差をつけて7－5（ショートセットは5－3）となったらそのセットの勝ちとなる。

各セットで6ゲームオール（4ゲームオール，8ゲームオール）になったときは，その後2ゲーム差をつけたら勝ちとなる。

3—タイブレークスコア方式

6ゲームオール（4ゲームオール，8ゲームオール）になったときにタイブレークを採用する試合では，通常ゲームと違って数字でスコアを数える（0ポイントはゼロ，1ポイントはワン，2ポイントはツウ）。

2ポイント以上の差をつけて7ポイント先取したらそのセットの勝ちである。タイブレークでは最初のサーバーだけが1ポイントをフォアサイドからプレーし，これに続くサーバーはバックサイド→フォアサイドの順に2ポイントプレーして交替する。また，合計6ポイントごとにエンドを交替（コートチェンジ）する。

4—マッチタイブレーク方式

5セットマッチ（3セットマッチ）の試合で，

2セットオール（1セットオール）になってファイナルセットに入るとき，通常のゲームをプレーしないで，第1ポイントからタイブレークゲームをプレーしてファイナルセットの代わりにする試合方法である。マッチタイブレーク（10ポイント）は，相手より2ポイント以上の差をつけて10ポイント先取したほうが勝者となる。

3．テニスのマナー

トーナメント会場および試合コートでプレーヤーはスポーツマンシップに則って，行動や言葉遣いに責任をもつことが求められる。長い歴史のなかで引き継がれてきたテニスのマナー・エチケットは自分以外のプレーヤーへの心遣いとして，お互いが気持ちよくプレーができるよう守られてきた。しかし近年の商業化によって勝利することのみが重要視され，マナーを無視するプレーヤーが現れたことにより，プレーヤーに対するコード（守るべき言動）がITFにより制定された。JTAもこのコードを採用している。

1 ― コード オブ コンダクト

コードはJTAルールブック第4部コード オブ コンダクトとして掲載されている。コード違反をすると，大会やスポンサーへ多大な迷惑をかけ，またエントリーをしているその他のプレーヤーに大きな影響を及ぼす場合がある。プレーヤーはコードを順守するよう心がけていただきたい。

1 ― エントリーとウィズドロー（申し込みと取り消し）

トーナメントへのエントリーとウィズドローは期限を守る。トーナメントの広報，プログラム内容，予選や本戦への繰り上がりなどへ関係するので気をつける。

2 ― トーナメント会場でのコード（一部抜粋）

▶試合に勝つためにベストを尽くす。
▶試合コート上でボールやラケットを乱暴に扱ってはいけない。
▶試合コート上で，相手プレーヤーやアンパイア，観客に対して，中傷や侮辱する言葉を使ってはいけない。放送禁止用語や聞き苦しい言葉を使ってはいけない。
▶コーチングを受けてはいけない。また指導者は会場内で相手プレーヤー，アンパイア，観客，トーナメント役員などに対して，言葉やジェスチャーを使って侮辱したり暴力を振るったりしてはいけない。
▶トーナメント会場内では試合中も含めて，自分以外のプレーヤー，アンパイア，観客，トーナメント役員に対してスポーツマンシップや礼儀をわきまえ，プレーヤーの品格，トーナメントの品位を損なわないよう言動に責任をもつ。

2 ― スポーツマンシップについて

スポーツマンとは運動をする人という意味のほかに，良い仲間，自立した信頼できる人という意味をもつ。ではスポーツマンシップとは何か。

スポーツの試合は，①ルール，②競い合う相手プレーヤー，③審判の3つの条件を必要とする。ルールがなければ遊びとなる。勝利を得るには相手が必要である。そして審判がいなければ勝敗を決定できない。つまりこれら3つの条件の意味を理解し，その価値を認め，尊重すること，それがスポーツマンシップである。審判のいないセルフジャッジ方式をとるテニスの試合では，プレーヤーは真のスポーツマンシップが問われる。

4-2 審判員

1．審判員の種類

　審判員にはレフェリー，チーフアンパイア，チェアアンパイア，ラインアンパイアがいる。補助員としてボールパーソンが試合をサポートする。日本テニス協会では審判員の資格制度（**図4-4**）を実施しており，審判資格認定会を全国各地で開催している。JTAのホームページ（http://www.jta-tennis.or.jp）で講習会・認定会の開催情報などを案内しているので，審判に興味のある人はご覧いただきたい。
＊国際審判員はITFの審判員制度によって認定される。
＊チェアアンパイア，ラインアンパイア，ボールパーソンの指導をする場合には，「JTAテニスルールブック　第6部　コートオフィシャルの手引き」で最新の審判の手順，アナウンスなどを確認することをお勧めする。審判に関する問い合わせは，審判委員会まで。

2．審判員の役割

❶—レフェリー

　レフェリーは競技会の責任者としてスムーズな運営をするために，トーナメントディレクター，プレーヤー，トーナメントスタッフ，チェアアンパイア，ラインアンパイア，補助員とコミュニケーションをとることが大切である。コート，ボール，飲み物などの物品および審判員，補助員，スタッフなどの人員が規則通りに用意されているか確認する。
　また，チェアアンパイアが対処できないトラブ

図4-4 審判員の資格制度

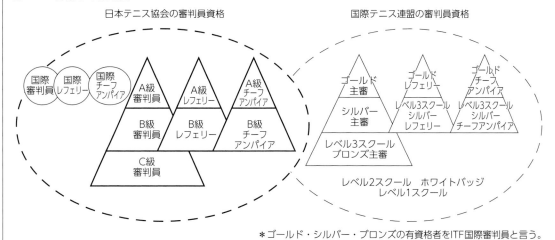

＊ゴールド・シルバー・ブロンズの有資格者をITF国際審判員と言う。

※C級認定会は誰でも受験することができる。
※B級レフェリー認定会はB級審判員の有資格者が受験することができる。
※ITF・ATP・WTAの国際審判員を，JTA国際審判員，JTA国際レフェリー，JTA国際チーフアンパイアとする。

ルを解決するため，テニス規則の解釈に関して最終判断をする（「インかアウトか」などコート上で起こった事実については，チェアアンパイアが最終判断をする）。
▶出場するプレーヤーリストを大会ディレクターより受け取り，最終確認をする。JPIN（JTAオンラインシステム）の開始に伴い，JTT，J1，J2大会ではトーナメントプランナー（TP）を使ってエントリーしたプレーヤーリストをダウンロードする。
▶ドローを作成し，JTAプレーヤーゾーンへ公開する。
▶毎日のオーダーオブプレー（試合のスケジュール）を作成する。
▶トラブルを解決するため，コート上のチェアアンパイアと両プレーヤーから事情を聞き，状況を判断し解決する。
▶雨天，日没などに伴う試合の中止・延期を決定する。

▶試合の結果を保存し，JTAプレーヤーゾーンへ公開する。
▶トーナメント終了後，必要な報告書を作成し，JTAへ提出する。

2 ― チーフアンパイア

レフェリーとコミュニケーションをとり，審判員をコントロールする。
▶大会に必要なチェアアンパイア，ラインアンパイア，ボールパーソンを招集し，トレーニングをする。
▶各試合コートに滞りなく審判チームを送り込む。
▶レフェリーの手助けをする。

3 ― チェアアンパイア

チェアアンパイアは，プレーヤーがプレーに集中できるような環境をつくり，試合の進行に必要なアナウンスをし，スコアカードを記入し，時間を計る。また，プレーが規則に則っておこなわれ

ていることを確認し，必要ならばプレーヤーとコミュニケーションをとり，試合をスムーズに進行させる。

[試合前にすること]
▶持ち物のチェック：試合ボール，ネームボード，スコアカード，タオル，飲み物など。
▶コートのチェック：ネットの高さ，シングルススティックの位置，ラインアンパイアの椅子，マイク，練習ボールの排除。
▶プレーヤーの服装・持ち物のロゴなどのチェック：タオル，帽子，リストバンド，飲み物のボトルなど（ロゴ違反は着替えてもらう。判断に迷ったらレフェリーに連絡をする）。
▶プレマッチミーティング：プレーヤー名を確認し，試合方法，ボールチェンジなど必要な情報を伝え，トスをする。

[ウォーミングアップ（5分）中にすること]
▶スコアカードに必要事項を記入する。
▶ボールに目を慣らす。
▶残り30秒になったらプレーヤーを紹介する。

[試合をコントロールするチェアアンパイアのテクニック]
▶サーバーがサーブを打つ前にレシーバーが構えているかどうか必ずチェックする。
▶ポイントが決まったとき，ポイントを失ったプレーヤーを見て不満がないか確認した後，プレーヤーと観客に聞こえるようにスコアをアナウンスし，最後にスコアカードに記入する。スコアカードに気を取られてうつむいてアナウンスをしないように気をつける。
▶ラインアンパイア（セルフジャッジのときはプレーヤー）が明らかなミスジャッジをしたときは，速やかにオーバールール（正しい判定に訂正）する。
▶両プレーヤーの様子をよく観察し，必要ならば

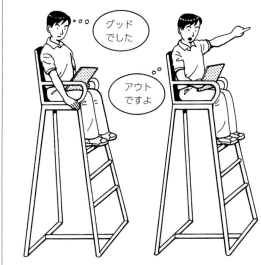

図4-5　チェアアンパイアのハンドシグナルとアイコンタクト

ボールがラインぎりぎりに入ってポイントが決まったとき，失点した選手と目を合わせ，ハンドシグナルを使って判定を伝えることがとても大切である。

言葉だけでなくアイコンタクト（視線を合わせる）やハンドシグナルを使ってコミュニケーションを十分にとる（図4-5）。
▶プレーヤーの質問には丁寧な態度で答える。無視したり黙りこんだりすると，プレーヤーに不信感を与えてしまう。
▶試合中に困ったことが起こったらすぐにレフェリーに連絡し，コートに来て様子を見てもらう（例：プレーヤーがけがをする，プレーヤーがジャッジに不満を訴える，プレーヤーが具合悪そうにトイレに行く，タイムバイオレーションをとる，コードバイオレーションをとる，観客がうるさくて試合の妨げになっているなど）。

[試合終了後にすること]
▶プレーヤーと握手をしたら，ただちにコートを離れる。
▶できるだけ早く本部に戻り，スコアカードを完

表4-2　チェアアンパイアのアナウンスとコール

試合の開始	「ザベストオブ3タイブレークセッツ，プレーヤー名　トゥサーブ，プレー」
第1ゲームの終了	「ゲーム，プレーヤー名，ファーストゲーム」
第2セットの終了	「ゲームアンドセカンドセット，プレーヤー名，6-1，ワンセットオール」
試合の終了	「ゲームセットアンドマッチ，プレーヤー名，2セッツトゥラブ，6-2，6-3」
タイブレークに入るとき	「6ゲームズオール，タイブレーク」
タイブレーク中のスコア	「ワンゼロ，プレーヤー名」「スリーオール」「フォースリー，プレーヤー名」 ＊大きい数，小さい数，リードしているプレーヤー名の順にアナウンスする。
アドバンテージのとき	「アドバンテージ　プレーヤー名」
ノーアドバンテージのとき	「デュース，ディサイディングポイント，レシーバーズチョイス」

フォールト	サーブが正しいコートに入らなかったとき。 ＊セカンドサーブをフォールトしても「ダブルフォールト」のコールはしない。
アウト	サーブ以外のボールがネットを越えコートの外へ落ちたとき，またはコート外の何かにノーバウンドで当たったとき。
ネット	サーブされたボールがネットに触れてからネットを越えたとき。
スルー	ボールがネットの穴を通り抜けたとき。
フットフォールト	サーバーがフットフォールトをしたとき。 ＊サーブが打たれた瞬間にコールする。
レット	アンパイアがプレーをやり直すと判断したとき。 ＊「レット，リプレイザポイント」とコールしてプレーを止め，そのポイントをやり直す。 「ノットレディ」や「ネット」でそのサーブをもう一度やり直すとき。 ＊「レット，ファーストサービス」「レット，セカンドサービス」と該当するサーブとともにコールする。
ノットアップ	2バウンドする前に返球できなかったとき。
ファウルショット	2度打ち（2ストローク）したとき。 ダブルスでペアが続けて打ったとき。 ボールがネットを越えてくる前に打ったとき。
タッチ	身体，ラケット，身につけている物がネットにタッチしたとき。 （ラケット以外の）身につけている物や身体がボールにタッチしたとき。 ラケットのフレームにボールがかすったとき。
ヒンダランス	プレーヤーが妨害しようという意識をもって相手のプレーを妨害したとき。
ウエイトプリーズ	ノットレディや隣からボールが入って来たなどでサーブするのを待ってもらうとき。
コレクション	アウト・フォールトのミスジャッジを正しく訂正するとき。 ＊「コレクション，ボールワズグッド」とコールする。 ＊ラインアンパイアがミスジャッジをしたときは，審判による妨害でそのポイントをやり直す。 ＊プレーヤーがセルフジャッジをする試合で「アウト」「フォールト」のコールをチェアアンパイアにオーバールールされた場合は，そのプレーヤーが失点する。
タイムバイオレーション	汗を拭く，靴ひもを結ぶなどしていて20秒，90秒，120秒をオーバーしたとき。 サーバーが打とうとしているのに待たせて，レシーバーが構えないとき。 ＊1回目「タイムバイオレーション，ウォーニング，プレーヤー名」，2回目以降「タイムバイオレーション，ポイントペナルティ，プレーヤー名，スコア」とコールする。
コードバイオレーション	コードの違反があったとき。 ＊1回目「コードバイオレーション，違反事項，ウォーニング，プレーヤー名」。2回目「コードバイオレーション，違反事項，ポイントペナルティ，プレーヤー名，新スコア」。3回目以降「コードバイオレーション，違反事項，ゲームペナルティ，プレーヤー名，新スコア」とコールする。

成させて提出し，勝者とスコアを報告する。
[チェアアンパイアのアナウンスとコール]
表4-2参照。

4 ─ラインアンパイア

ラインアンパイアは担当するラインのイン・アウトを判定する。「アウト」「フォールト」「フットフォールト」「コレクション」を大きくきっぱりとコールすることでプレーをストップさせる役割を果たす。続いてハンドシグナルを出す。たとえ観客の拍手でコールの声がかき消されても判定が確認できるように，腕をしっかり伸ばしたままの姿勢を2～3秒保つ。最後にチェアアンパイアを見て判定が受け入れられたかどうか確認をし，ハンドシグナルを元に戻す。

[姿勢とボールの見方]
▶サービスライン：サーバーの様子を見てトスアップのモーションを始めたらラインに視線を移す。
▶ベースライン：椅子をコートの内側に少し向けて座り，プレーの様子を見てボールが深く飛んでくると思ったとき，ボールより先に視線をラインに移す。
▶サイドライン：レシーバーの背後に立つときは，サーバー，担当ライン，レシーバーの3つが視野に入る場所に移動して構える。

表4-3　ラインアンパイアのコール

アウト・フォールト	ボールがラインに触れずに外れたとき。 ＊担当するラインの外側に注目してコールする。
コレクション	間違った判定のコールをしてしまったことに自分で気がついたとき。
フットフォールト	サーバーがフットフォールトしたとき。 ＊サーブを打った瞬間にコールする。
ネット	ネットに触れたボールがネットを越えたとき。

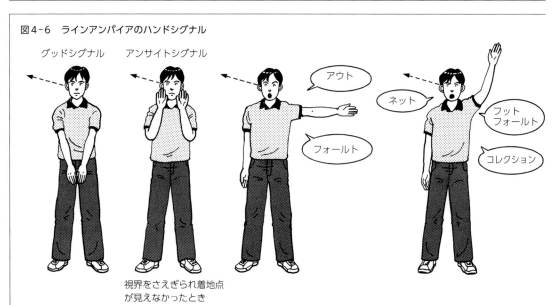

図4-6　ラインアンパイアのハンドシグナル

判定→コール（声を出す）→ハンドシグナル（手で示す）→アイコンタクト（チェアアンパイアを見る）

▶センターサービスライン：サーバーの様子を見てトスアップのモーションを始めたらラインに視線を移す。サーバーの側にいるときはフットフォールトを見る。

[チェアアンパイアを助けるチームワーク]

　プレーヤーがトイレに行くときにはチェアアンパイアの指示でプレーヤーについていき，途中で休憩をしたり，指導者からアドバイスを受けたりしないようにチェックをする。

　クレーコートの試合では，チェアアンパイアからリクエストされた場合，ボールマークの地点まで行き，ボールマークに触れないように指し示す（チェアアンパイアが判定をする）。

[コール]

　表4-3参照。

[ハンドシグナル]

　図4-6参照。

5─ロービングアンパイア

　ロービングアンパイアはチェアアンパイアがつかない試合コート2〜4面に1人，コートの周りを巡回して試合がスムーズにフェアにおこなわれるようにプレーヤーを助ける。レフェリーとチェアアンパイアの仕事の一部をレフェリーの指示に従っておこなう。プレーヤーは試合中に何かあった場合には，ロービングアンパイアに相談するとよい。

▶試合コートの準備をする（ネットの高さの計測，シングルスティック設置など）。スコアボードがある場合はその設置をする。

▶試合コートでプレーヤーの到着と名前を確認する。

▶服装をチェックし，プレーヤーに必要な情報を伝え，トスをおこなう。

▶ウォーミングアップの時間5分を計り，試合を開始させる。

▶セルフジャッジのルールを守って試合がおこなわれていることを確認する

＊JTAルールブック「第1部　4．チェアアンパイアがつかない試合方法　1）セルフジャッジの方法」を参照。

▶必要に応じてプレーヤーからのリクエストに応える（トイレ，着替え，けがの手当て，飲み物の補充，ラケットのストリング張替えなど）。

▶試合中のトラブルを解決する。解決できない場合はレフェリーへ連絡する。

▶試合結果をレフェリーへ報告する。

3．補助員の役割

1─ボールパーソン

　ボールパーソンはプレーヤーのプレーに合わせてタイミングよくボールを受け渡し，コート上の邪魔なボールを拾い，プレーヤーがプレーに集中できるよう助ける。ボールパーソンの立つ位置は，ネットポストの近くとバックフェンスの両端である。プレーや審判の邪魔にならないように，スコアボードを隠さないように気をつける。

[ウォーミングアップ中]

　5分間で十分なウォーミングアップができるように，プレーヤーの様子を見ながら途切れることなく両プレーヤーにボールを渡す。危険な場所のボールは無理をして拾わないで待つ。

[ファーストサーブがフォールトしたら]

　邪魔にならない場所でも，必ず拾う。すばやく拾ったら正しい位置まで急いで戻る。ファーストサーブとセカンドサーブの間ではボールを投げてはいけない。

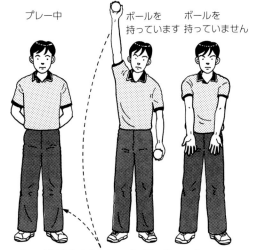

図4-7 ボールパーソンの動作
プレー中　　ボールを持っています　　ボールを持っていません

プレーが途切れたら，サーバー側のボールパーソンは，持っているボールを見せて，サーバーと目が合ったらワンバウンドで投げる。

[インプレー中]

　インプレー中は両腕を後ろにまわしてボールがプレーヤーに見えないようにして立つ（図4-7）。

[アウトオブプレーになったら]

　サーバー側のボールパーソンは，持っているボールをプレーヤーに見せ，プレーヤーと目が合ったら投げられるように姿勢をとる（図4-7）。サーバーにボールを渡した後，足元に来ているボールを拾う。

　レシーバー側とネットのボールパーソンはサーバー側へボールをどんどんまわす。ネットにいるボールパーソンはコート全体を見渡して，ボールの受け渡しがスムーズにいくように気配りをする必要がある。

[ボールチェンジになったら]

　チェアアンパイアの「ニューボール」のアナウンスを聞いたら，使用中のすべてのボールを審判台まで持って行って片づけ，新しいボールをサーバー側のボールパーソンが持って戻る。

[ボールがフェンスの外に出たとき]

　ボールが出た位置を覚えておいて，ポイントが終わったとき，あるいはゲームが終わったときに探しに行く。もしボールが見つからない場合はチェアアンパイアに報告する。見つかったときも，試合ボールかどうかはっきりしないときはチェアアンパイアに見せて確認をする。

[エンドチェンジのとき]

　ネットのボールパーソンはプレーヤーに顔を向けて立つ。プレーヤーに飲み物やタオルをリクエストされたり，チェアアンパイアにラインアンパイアやレフェリーへ伝言を頼まれたりすることがある。

[第4章文献]
- 公益財団法人日本テニス協会（2015）JTAテニスルールブック2015.

TENNIS
COACHING THEORY

5章

テニスの戦術

5-1 戦術の基本的な考え方

1．戦略と戦術

　最新スポーツ科学事典（日本体育学会監修，2006）には，戦略と戦術について以下のように定義されている。「戦略（Strategy）」と「戦術（Tactics）」とは，元は古代ギリシャの兵学に由来する概念である。スポーツにおける戦略とは，競技活動の指揮に関わるあらゆる計画と処置とみなされ，①国家のスポーツ戦略，②学校・クラブのスポーツ戦略，③シーズン・トーナメントの戦略，④ゲームの戦略に分けられる。一方，スポーツにおける戦術とは，ある特定の試合中の行動を意味する。

　テニスの現場で考えれば，戦略とは所属するチームのシーズン全体の計画やトーナメントへの参加計画，プレーヤーがめざす自分のプレースタイルなどを指す。また戦術とは，個々の試合でプレーヤーが実際におこなうプレーや，試合のスコアなど状況により選択するプレーのことを指す。

　テニスの現場における種々の戦略については，対象とするプレーヤーの発育発達段階および到達目標をもとに計画を立案・実行し，その結果を受けて随時その計画を修正していく，いわゆるPDCAサイクル（図5-1）を循環させることが必要である。なお以降の本章では，具体的なテニスの戦術について詳述する。

2．テニスの戦術の原則的な考え方

　テニスはネットを挟んで相手と対峙し，交互にボールを打球し合うことでポイントを競うネット・壁型の競技である。そのため，試合のなかでプレーヤー自身がボールに対して何らかの行為を

図5-1 プレーヤーのPDCAサイクルの例

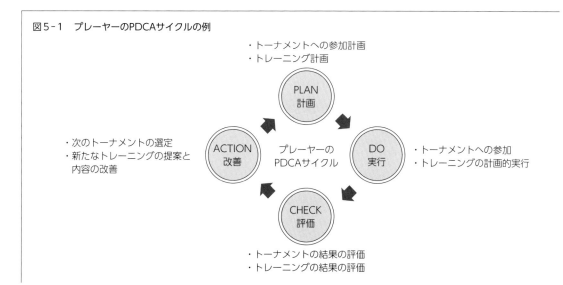

表5-1 テニスの戦術の原則的考え方の関係

	局面	能力	内容
ラリーの中で	自分のコートにボールがある局面	ボールコントロール	ねらったエリアへ，適切な速度・回転・高さで打球する。
	相手のコートにボールがある局面	ポジショニング	守備的：合理的待機位置をとる。 攻撃的：時間的オープンコートを利用する。
試合を通して	重要なポイント 重要なゲーム	ポイントを取る能力 ゲームを取る能力	適切なボールコントロールとポジショニングを利用する。

遂行できる局面は限られており，自分のコートにボールがある局面しかない。この局面で必要な戦術能力は，ねらった場所へ適切なスピードでボールをコントロールする，ボールコントロールの能力である。

また相手のコートにボールがある局面は，次に自分が打球するために準備する局面であり，そこで必要な戦術能力は，合理的な場所で相手のボールを待つ，ポジショニングの能力である。

さらにテニスは前述の通りネット型の球技であることに加え，独特のスコアリングシステムを採用しており，ポイントを積み重ねてゲームを，ゲームを積み重ねてセットを取得するという流れになっている。同じネット型の球技であるバレーボールやバドミントン，卓球などはポイントを積み重ねることでセット（またはゲーム）を取得でき，試合運びの点でそれらの競技とは明らかに異なる場面が出現することになる。つまりテニスにおいてはポイントを積み重ねることに加えて，ゲームを取るために重要なポイントやセットを取るために重要なゲームをいかに取得するか，という点が試合の勝敗に影響すると言える。そのため，試合の流れを見極めて戦術を用いることが必要である（表5-1）。

3. 戦術を支える要素

およそ競技スポーツにおいて，効果的に戦術を遂行するために必要な要素は，「心技体」と言われている（表5-2）。ここでは「心技体」の各側面から，戦術を遂行するために必要な要素について論じる。

1—心理的要素

レーヤーの著作（レーヤー，1987）から考えるに，効果的な戦術の遂行に必要な「心」の要素は，第一に「精神的に落ち着いている」ことである。平均的に，テニスは1セットでおよそ50〜60ポイントプレーする。つまり何度もプレーが繰り返されるということである。そのなかでファインショットによりエースを奪うこともあれば，チャンスボールで，いわゆる凡ミスであるアンフォーストエラーを犯すこともある。いずれの場合でも次のポイントは同じようにサーブ（またはリターン）から始まることから，それらの結果に一喜一憂することは，その後のポイントでのプレーにおいて安定感を欠くことにつながる。1つの試合で数多くのポイントをプレーするテニスの特性上，試合を通じて精神的に落ち着いていることは戦術の遂行に重要な要素である。

第二には「自然なプレー」をすることである。テニスは一球一球で状況が変わるラリーのなかで，常にその状況を的確に判断することが求められる。その判断をもとにポジショニングをし，ボールをコントロールする。ラリーのなかで状況を判断し，ボールをコントロール（打球）するまでにはおよそ1.3秒しかないため，瞬時の判断が求められる。その時間のなかでポジショニングに躊躇したり，ボールコントロールに迷いが生じたりすることが，ミスヒットやコントロールのミスにつながる。

時間的余裕のない状況でラリーを繰り返すテニスでは，精神的に落ち着いた状態で状況を判断し，その判断に基づき「自然にプレー」をすることが求められると言える。

2—技術的要素

効果的な戦術の遂行に必要な「技」の要素は，まさに「ボールコントロール」である。コート上のさまざまな場所からねらったエリアへ，適切な高さ・速度・回転で打球することが求められる。特に戦術的観点からは，最適な打球ポジションで打球できるときだけでなく，不完全な体勢や守備的なポジションを強いられたときに，いかにして攻撃と守備の中間であるニュートラルな状態に戻すようなボールコントロールができるかが重要と言える。そのためにはさまざまな体勢での打球方法や，速度と回転のバリエーションを身につけておくことが必要である。

さらに後述する体力的要素であげている，適切な場所に適切な時間までに移動するスピードを高めるためには，移動のための「フットワーク」を身につけることが求められる。フットワークは体力的要素と考えることもできるが，自分自身の体を自由自在に動かすことのできる技術と考えることもできる。特に方向転換や相手の返球の様子を観察しながらポジションをとるためのサイドステップやクロスステップなどのフットワークは，

表5-2 戦術を支える要素

心理的要素	精神的に落ち着いている。 「自然なプレー」をしている。
技術的要素	ボールコントロール （正しい動きとしての）フットワーク
体力的要素	（ポジショニングのための）スピードと持久力 （ボールコントロールのための）筋力とバランス

正しい動きを身につけるよう，技術として習得する必要がある．

3 ─体力的要素

効果的な戦術の遂行に必要な「体」の要素は，ポジショニングに関わるものとボールコントロールに関わるものとがある．ポジショニングに関わるものとしては，適切な場所に適切な時間までに移動する「スピード」と，そのスピードを試合を通して維持する「持久力」である．ここで必要となるスピードとは，いわゆる陸上競技の短距離走のような直線的に走る際のスピードだけでなく，自由自在に方向を変え，目的の場所にできるだけ早く到達する方向転換に関わるスピードであり，上記のフットワークをさまざまなバリエーションで習得しておくことが必要である．さらにそれらの走スピードを間欠的に発揮しつつ，長時間にわたる試合の終盤においてもそのスピードを維持できるだけの持久力，特に心肺機能の能力が必要と言える．

ボールコントロールに関わるものとしては，最適な打球ポジションから可能な限り強い打球ができる「筋力」と，コート上のさまざまな場所から，さまざまな体勢で打球する際に正確にコントロールできる「バランス」が必要である．強い打球をするための筋力としては，身体のなかでも大きな筋肉をもつ大腿部，臀部，腹部，胸部の筋力を高めることが求められる．またバランスを保つためには，上記の各部の筋力をダイナミックな動きのなかでも発揮できるような能力を高めることが必要である．

4．ボールコントロール能力

プレーヤーは自分のコートにボールがある局面においてのみ，ボールを扱うことができる．その局面で相手コートのねらったエリアへ，適切な速度・回転・高さで打球できる能力がボールコントロール能力である．シングルスを想定して考えれば，相手コートは縦が11.885m，横は8.23mの大きさの限られた範囲である．その前にはネットという障害物があり，その高さはストラップの場所で0.914m，ポストの場所で1.07mである．相手コート内にボールを収めるためには，速度と回転をもとに，ネットを越える高さにコントロールすることが必要である．速度と回転はおよそ反比例の関係にあり，速度を速めようとすれば回転は少なくなり，回転を多くすれば速度は遅くなる（図5-2）．

またある特定の場所をねらおうとするとき，速度と高さ（軌道）も反比例の関係になる．ある場所にボールをコントロールする場合，速い速度で

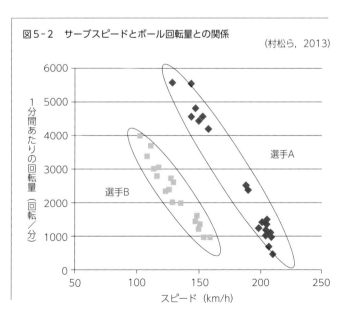

図5-2　サーブスピードとボール回転量との関係
（村松ら，2013）

ねらおうと思えばボールの高さは低くなり，遅い速度でねらおうと思えばボールの高さは高くなる。さらに回転をコントロールすることにより，打球範囲は広がる。ネットを越えて相手コートに収めるため，打球には一定の高さが必要である。トップスピンを例にとると，回転の少ない打球はネットを越えたあとのボールの落下が緩やかであり，地面に落下するまでに一定の距離が必要である。それに対して回転の多い打球はネットを越えたあとのボールの落下が急激になる。同じ深さの場所にボールを到達させるとき，回転の多い打球はより高い軌道をとれることになり，ネットミスの確率を低くすることにつながる（図5-3）。同じ高さを通ったときにコートに収まる範囲が広がる。またスライスを例にとると，トップスピンに比べて同じ高さを通ったときにボールの落下する場所が遠くなる。つまりより長い距離を飛ばせることになり，コート後方からのコントロールも可能となる。

これ以外にもサイドスピンでコントロールする方法もあり，回転を自在にコントロールする能力は必須となってきている。このように速度と回転・高さを適切にコントロールし，ねらったエリアへ打球できることがボールコントロール能力と言える。

なお実際の試合においては，ボールコントロールは，サーブを除いて相手の返球に対応して遂行されることから，プレーヤーは自身の打球時の相手のポジション・体勢，また相手の返球の速度・回転・高さなどさまざまな状況を判断したうえでねらうエリアを選択し，ボールをコントロールしなければならない。

5．オープンコート

ボールコントロールの最終目的は，相手コートに，返球が不可能なエリアであるオープンコートをつくることである。相手がボールに届かないという空間的要因だけでオープンコートをつくるの

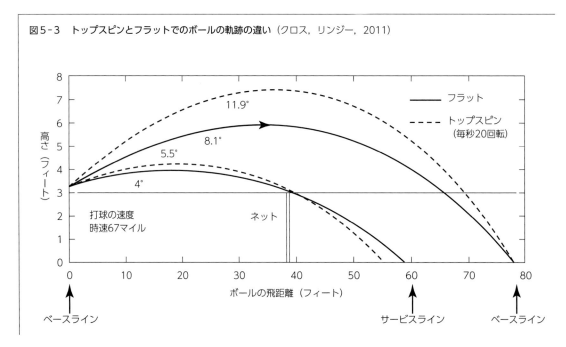

図5-3　トップスピンとフラットでのボールの軌跡の違い（クロス，リンジー，2011）

ではなく,さまざまな要因によりオープンコートがつくられるということを理解しておくことが必要である。

オープンコートをつくるために利用する要因として,自身のボールコントロール能力や相手の技術的欠点を衝く,といった技術的要因,コートサーフェスの特徴や太陽・風を利用する,といった環境的要因,相手のスピードの不足や試合終盤の体力低下を利用する,といった体力的要因,突発的なアクシデントを利用する,といった偶発的要因などがあげられる。これらの要因をもとにしてつくるオープンコートには,「空間的オープンコート」「時間的オープンコート」「心理的オープンコート」の3種類があげられる。

1—空間的オープンコート

空間的オープンコートとは,プレーヤーが相手のボールを待つための合理的な場所,つまり「合理的待機位置」に戻れないときに生ずるエリアを示す。例えばグラウンドストロークのラリーの場面では,ショートクロスにコントロールして相手をコートの外に追い出すことにより生ずるエリア(図5-4①),深く弾む打球で相手をコートの後方に追いやることにより生ずるエリア(図5-4②)などが考えられる。サーブの場合は,スライスサーブなどで相手をコートの外に追い出すことにより生ずるエリアなどが考えられる(図5-4③)。

2—時間的オープンコート

時間的オープンコートとは,相手のポジショニングが正確で空間的には空いていないエリアであっても,早いタイミングで打球することで相手のポジショニングの時間を奪い,相手が返球できないようなウィナーをねらう,または相手のエラーを誘うという考え方である(図5-5)。基本的に,ベースライン上からベースラインの内側で打球できる場面は,時間的オープンコートを利用できる絶好の機会である。相手からの浅い返球やボールを地面に落とさずノーバウンドで返球する

図5-4 空間的オープンコート

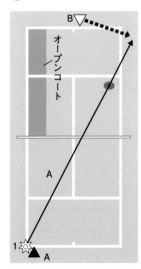
①

②

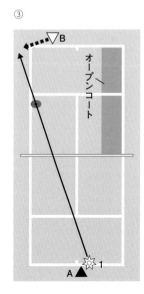
③

図5-5 時間的オープンコート（JTA，2005より改変）

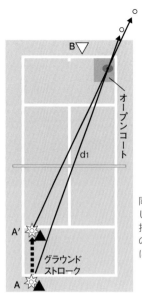

同じエリアに打球するとしても，Aの位置からの打球よりもA'の位置からの打球のほうが，時間的に早く到達する。

図5-6 心理的オープンコート

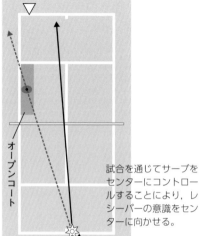

大事なポイントでワイドへのサーブを打つことで，レシーバーの心理的オープンコートを衝く。

試合を通じてサーブをセンターにコントロールすることにより，レシーバーの意識をセンターに向かせる。

ドライブボレーができるような場面では，積極的に早いタイミングで打球し，時間的オープンコートをつくるような攻撃をおこなうべきである。時間的オープンコートを効果的に利用するためには，プレーヤーの攻撃的なポジショニング能力が必須であるが，これは後述する。

3 — 心理的オープンコート

心理的オープンコートとは，相手の予測に反したエリアへの打球や，テニスのセオリーとは異なる配球をすることにより，いわゆる「逆を衝く」と言われる状況をつくり出すことである。

また試合を進めるなかで相手の返球の特徴や癖を察知し，それに応じて自身の配球を考え，重要なポイントでこれまでと異なる配球を用いるなど，相手の状況を的確に把握する能力も必要である（図5-6）。

6．ポジショニング能力

ポジショニング能力とは，相手のコートにボールがある局面で，次に自分が打球するために合理的な場所で相手のボールを待つ能力のことである。ポジショニング能力には守備的な観点と攻撃的な観点がある。守備的観点は，自分のコートにオープンコート（おもに空間的オープンコート）をつくらないよう，合理的待機位置にポジションをとる能力である。攻撃的観点は，相手が返球する際に時間的余裕を奪うように，つまり時間的オープンコートをつくるための打球ポジションをとる能力である。

的確なポジショニングをおこなうためには，自分の空間的オープンコートの把握，相手の返球時のポジションや体勢の把握，相手の返球に関する特徴や癖の把握，テニスの配球に関するセオリーの把握など，さまざまな状況把握能力と，上記の

図5-7 合理的待機位置

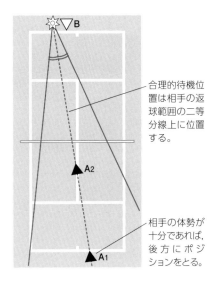
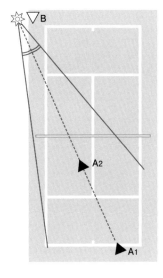

合理的待機位置は相手の返球範囲の二等分線上に位置する。

相手の体勢が十分であれば，後方にポジションをとる。

自身の打球によって，相手の体勢を崩し，時間的オープンコートを活用することができる。

状況把握から判断した打球ポジションにできるだけ早く移動するためのフットワークならびにスピードが必須である。

1—守備的ポジショニング

相手のコートのどこにボールがあるか，相手がどのような体勢で返球してくるかなど，さまざまな状況を判断して合理的待機位置をとることが，守備的ポジショニングの基本である。合理的待機位置は，原則的に図5-7のように相手の返球範囲の二等分線上に存在する。この返球範囲は，相手の技術レベルによって広まったり狭まったりと変化することから，相手のレベルに応じて合理的待機位置を調整する必要がある。

また，相手の返球ポジションに加えて返球時の相手の体勢は，二等分線上の前後方向の位置を調整する際の判断材料となる。特に守備的な観点からは，相手の体勢が十分であれば後方にポジションをとることも必要である。

2—攻撃的ポジショニング

相手の返球時の状況を把握することで，ポジショニングを攻撃的に利用することができる。自身の打球によって相手の返球ポジションをベースラインの後方にしたり，相手を左右に走らせて返球時の体勢を崩したりすることによって，前述の時間的オープンコートを活用することができる。そういった状況では，相手の体勢を十分に観察しながら，相手が返球する前に自身のポジションを前方にとっていくことが必要である。このポジショニングには，的確な状況把握能力が不可欠である。

7．試合における戦術様相

これまでの議論を踏まえて，実際の試合におけるポイントの流れを想定して，その戦術の様相を

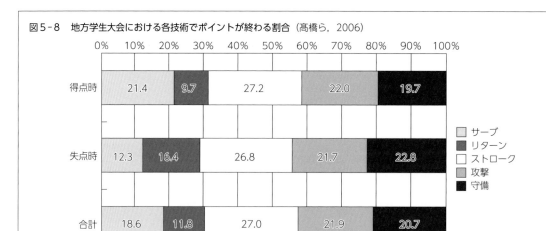

図5-8 地方学生大会における各技術でポイントが終わる割合（髙橋ら，2006）

整理する。

　テニスの試合において，1つのポイントは常にサーバーによるサーブから始まり，レシーバーは相手のサーブを受けてリターンで返球する。その後，相手の返球に応じてさまざまな技術を用いて返球し，どちらかが返球できない状態になるまで続く。つまり，テニスの試合においてポイントは常にサーブから始まることから，サーブは最も重要な技術とも言われている。さらにサーブを受けて返球するリターンは，二番目に重要な技術とも言われている（Kriese, C., 1997）。

　さまざまなレベルの試合の分析結果からは，サーブとリターンでポイントが終わる割合は，全体の約30%とも言われている（図5-8）。特にサーブは相手の返球に対応する技術ではなく，自分自身のリズムで，十分にねらいを定めて打球できることから，サーブでのボールコントロール能力は戦術的に必須の能力である。基本的に試合において，サーバーは常に相手よりも先に打球することができることから，ラリーの主導権を握る展開をつくることができる。これがサーバーの優位性につながっているとも言える。

　一方でリターンは，相手が十分にねらいを定めて打球するサーブを受ける技術であることから，受け身の技術と言える。さらにサーブは通常のラリー場面とは異なる回転で打球されることが多く，返球が容易でないため，確実に返球することが求められる場面でもある。逆に考えれば，基本的に優位性をもっているサーバーのサーブを高い確率で返球することができれば，サーバーの優位性を崩すことにつながると言える。リターンが二番目に重要な技術と言われる点はそこにある。レシーバーは相手のサーブを返球するためのポジショニング・状況把握・予測などの能力が求められる。特にスコアの流れや相手の特徴を把握し，大まかなサーブのコースを予測できることにより，リターンからの攻撃も可能となる。また相手のセカンドサーブは攻撃のチャンスであるという思考をもち，時にはベースラインの内側にポジションをとるというような工夫も必要である（図5-9）。

　リターンが返球されたあとのラリーが続いた場合，プレーヤーは相手に返球されないことをめざ

図5-9 リターンのポジショニング

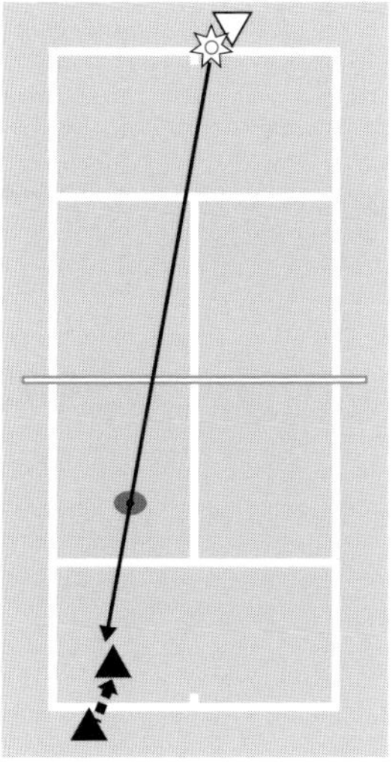

相手のセカンドサーブでは，ベースラインの内側にポジションをとるような工夫も必要である。

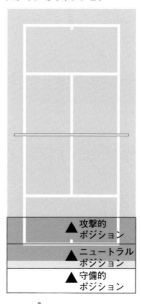

図5-10 ベースラインでのポジション

▲ 攻撃的ポジション
▲ ニュートラルポジション
▲ 守備的ポジション

し，さまざまな技術を駆使する。ラリーの場面においては，自身の打球により相手の返球範囲や返球のスピード，コースなどがある程度予測できることから，それに応じたポジショニング能力が重要となる。ラリーの状況はおよそ攻撃的，守備的，ニュートラルと3種類に分けることができ，その状況に応じて自身のポジションをベースライン上からベースラインの内側，ベースライン後方，ベースライン付近とに使い分けて（図5-10），相手の返球に対応することが求められる。

このように最適なポジションをとることにより，自身の打球をコントロールすることが容易になる。最適なポジショニングは，相手の返球に対応して打球ポジションに移動する時間を短縮させ，最適な打球ポジションに移動する確率を高めることになる。不完全な体勢や打球ポジションのズレは，ボールコントロールを困難にする要因となる。つまりボールコントロール能力はポジショニング能力に依存し，ポジショニングは自身の打球の結果に影響されるものであることを理解しておく必要がある。

そういったラリーのなかでポイントを取得するためには，いかにラリーの主導権を握るか，が重要となる。原則的にはサーバーが常に最初に打球することから，ラリーの主導権は常にサーバーにある。そのためサーバーは，サーブから始まる一連のラリーを通じてその主導権を保ち，攻撃する機会を常にうかがっていなければならない。一方レシーバーは，相手の返球に応じて，ラリーの主導権を奪い返す機会を判断しなければならない。サーバー，レシーバーのいずれにおいても，ラリーの主導権を握る機会を得るには，自身のポジションをベースライン上からベースラインの内側にとれる機会を効果的に判断できるかどうかに関わっており，ここでもポジショニング能力が求められると言える。

5-2 シングルスの戦術

　シングルスは1名のプレーヤーで縦11.885m, 横8.23mの大きさのコートを守ることになる。また自分のコートと相手のコートの間にはネットがあり, その高さはストラップの場所で0.914m, ポスト（シングルススティック）の場所で1.07mである（図5-11）。シングルスの戦術を考えるにあたっては, このようなテニスコートの特性を理解しておくことが必要である。

　このようなコートでおこなわれるシングルスの戦術について, ボールコントロール（おもに配球）とポジショニングから基本的原則となる「セオリー」について考える。ここで述べるセオリーは, プレーヤーの特性やプレースタイルにかかわらず, シングルスにおける基本的考え方として捉えるべきものである。

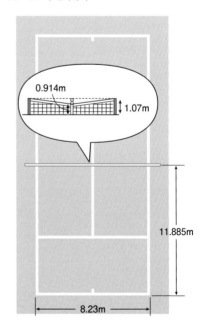

図5-11　コート＆ネット

1．「始まりの局面」でのセオリー

　まずテニスの試合においては，始まりの局面，つまりサーブとリターンの局面でポイントが決まる割合が全ポイントの約30%である，ということを理解することが必要である。また30%のポイントのほとんどはリターンミスであることから，1つのポイントは常にサーバーに優位性があると言える。それに加え，他の技術と異なり自身のリズムで，自身のねらったエリアへ，自身のねらい通りに打球できることから，サーブのボールコントロールをトレーニングすることは必須であると言える。

　サーブのセオリーは相手のリターンミスを引き出すことであり，そのためには相手の苦手なコースへの配球，速度と回転のバリエーションにより相手のリズムを崩す，センター，ワイド，ボディーの3つのコースへの配球を基本に，相手の打球体勢を崩すといった効果をねらうことが求められる。さらにサーブ後の次の打球，つまりラリー3球目の打球で攻撃をしかけられるような，3球目からラリーの主導権を握ることができるような展開につなげることがサーブには必要である。

　それに対してリターンの局面では，リターンミスでポイントが決まる割合が高いということを理解し，まずは安定して返球するということが第一のセオリーである。守備の局面での配球と同じく，クロス方向またはセンターへの配球を基本とし，相手のサーブの傾向や癖を把握しながら，最適なポジションで待機することが必要である。レシーバーとしては，上述のサーバーとは逆に，ラリー3球目で攻撃をさせない，サーバーにラリーの主導権を握らせないようなリターンが求められる。

2．「ベースラインの局面」でのセオリー

1 ─ クロスコートラリー

　サーブ，リターンのあとに続くグラウンドストロークのラリーの局面においては，クロスコートでラリーを展開することが基本となる。クロス方向にボールを配球することは，ネットの中央の低いところを通過するのでネットしにくいこと，距離が長くアウトしにくいこと，さらに合理的待機位置に近くポジショニングがしやすい（図5-12）などの理由から，ミスを犯す確率が低く，安全にラリーを展開できる。

　また相手のショットによってコートの外に追い出されてしまい，とりあえず返球するというような場面では，クロス方向への配球がセオリーとなる。次の合理的待機位置にポジションをとる時間を確保するために，できれば深く，フライト時間の長い打球が必要となる。

2 ─ センターセオリー

　ラリーの局面で最もミスを犯しにくい配球は，センターへの配球であると言える（堀内，2012）。前述の通りネット中央はネットが最も低く，ネットミスの危険性は低い。センターをねらうことによりサイドアウトの危険性も低くなる。また次の合理的待機位置はコート中央になることから，ポジショニングもしやすい。一方，相手にとっては，センターへ打球されたボールは次の返球で角度をつけにくくなり，展開がしにくい状況となる。相手のショットによってコートの外に追い出されてしまった場合について，前項ではクロス方向への配球をセオリーとしたが，上記の理由からセンターへの配球も選択肢として考えることができる。

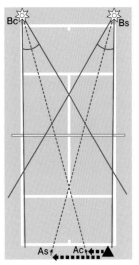

図5-12 クロスコートラリーでのポジショニング（JTA, 2005）

Aがクロスコート方向へ打ったボールをBが返球してくる場合（Bc）のAの合理的待機位置はAc，Aがダウン・ザ・ライン方向へ打ったボールをBが返球してくる場合（Bs）はAsとなる。クロスコートへ打った場合の合理的待機位置（Ac）のほうが近く，戻るのに時間がかからない。

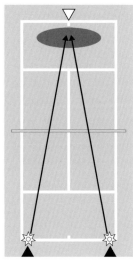

図5-13 シングルスでのセンターセオリー

左右に振られてもコートのセンターのエリアへ返球する。

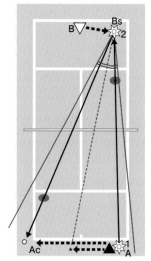

図5-14 安易なダウン・ザ・ラインへの配球（JTA, 2005）

Aから安易にダウン・ザ・ライン方向にショットを打ち，相手に十分な体勢でBsからクロス方向へ打たれると，Acまでの長い距離を追いつかなければならなくなり，窮地に追い込まれる。しかも，相手の返球はクロスコートのショットなので，アウトもネットもしにくい条件が整っている。

一般的にダブルスにおいて，2人の間をねらう配球を「センターセオリー」と呼んでいるが，シングルスにおいても意図的にセンターへの配球を使う「センターセオリー」が存在すると言える（図5-13）。

3──ダウン・ザ・ラインへの配球

クロスコートラリーの展開から，ラリーの主導権を握っている状況でダウン・ザ・ラインへと配球することが，シングルスにおける基本的なセオリーの1つである。ダウン・ザ・ラインへの配球には，相手の返球のための移動距離が長いクロスコートに比べて打球距離が短く，時間的に早く相手コートに到達する，などの特徴から，相手の甘い返球を期待できるというメリットがある。

一方で，ダウン・ザ・ラインへ打球する際には，クロスコートへの打球と比べてネットの高い所を通過させる必要がある。前述の通り，ネットのストラップの場所とポスト（シングルススティック）の場所では15.6cmの高さの違いある。テニスボールの直径はおよそ7cm（TYPE2ボールの直径）であることから，ネット中央に比べ，ネットポスト付近はおよそボール2個分高くなっていることになる。さらにクロスコートはコーナーからコーナーまでの距離がおよそ25.15mであることから，ダウン・ザ・ラインはおよそ1.38

m短い。これらのことを考慮し，適切なボールコントロール（速度・回転・高さ）のもとにダウン・ザ・ラインへの配球をおこなうことが必要である。

なお，ラリーの局面で安易にダウン・ザ・ラインへ配球することは，次の合理的待機位置への距離が遠いためポジショニングが遅れることになる。それにより，空間的オープンコートをつくり出すことになるため，十分注意する必要がある（図5-14）。

3．「攻撃の局面」と「守備の局面」でのセオリー

1つのポイントのなかで，お互いのプレーヤーは攻撃と守備を展開するが，必ず交互にボールを打ち合うという競技の性質上，一球の成否により攻守は逆転する。そのため，プレーヤーは常に攻撃の局面がつくり出せるよう，ボールコントロールをしなければならない。そのボールコントロールのためには，的確な打球ポジションをとることが必須である。

攻撃の局面をつくり出すためには，自身の打球により相手の返球体勢を崩す，相手のポジションをコート後方に追いやる，相手をコートの外に追い出すなどの前段階が必要となる。そのために，これまで述べた速度・回転・高さのボールコントロールおよび上記の配球を駆使する。自身の打球により攻撃の局面が生まれたと判断できたら，ベースライン上からベースライン内側へとポジションをとり，高い打点からのストロークやボールがバウンドしたあとの上がりっぱなで打球するライジング，ドライブボレーなどの技術を駆使して，できるだけ早いタイミングで時間的オープンコートをねらう，という展開が攻撃の局面でのセオリーである。

一方で自身の打球が甘くなったり，打球体勢が崩れたりして相手に攻撃の機会を与えてしまった場合は，できるだけベースライン後方の合理的待機位置にポジションをとり，相手の攻撃に対処することが必要である。ベースライン後方にポジションをとる理由は，相手からの強打に対応できる，相手からのボールに対して自身も前方に移動しながら打球ポジションに入ることができる，相手との距離をとることで時間的余裕を得る，などがあげられる。また守備の局面での配球は，次の合理的待機位置をとりやすくするために，クロス方向もしくはセンターを用い，相手から連続的に攻撃をされないようなボールコントロール（特に回転と高さ）をすることが求められる。

5-3 ダブルスの戦術

ダブルスは2名のプレーヤーでプレーをおこなうことから，2人でのポジショニングが重要となる。2人でのポジショニングは，それぞれのパートナーの打球（ボールコントロール）や相手の打球位置に基づいて決定される。ここではその原則となる「セオリー」を解説する。なお説明の便宜上，4名のプレーヤーをサーバー，レシーバー，およびそれぞれのパートナーとして表記する。

1．ボールコントロールとポジショニングのセオリー

ダブルスでは2人でコート全体をカバーするため，2人のプレーヤーがそれぞれどの範囲を守るのかを理解しておく必要がある。ポイントの始まり，サーブを打球する局面を考えると，通常は図5-15のようにポジションがとられる。ここから，サーブがワイドに入った場合，およびサーブがセンターに入った場合のそれぞれでのポジショニングを考えてみる。なお，ここではセンターマークから右側のサイドであるデュースコートを例として取り上げる。

サーブがワイドに入った場合，レシーバーは図5-16のような位置から返球する。この際，レシーバーの打球範囲はおよそA線からB線までのようになる。このときのサーバーのパートナーの守備範囲は，コート外側のA線からコート内側のC線までとなり，サーバーのパートナーはSPの位置にポジションをとる。この守備範囲のうち，コート内側の限界であるC線は，レシーバーの打球範囲であるA線とB線の二等分線ではないことを理解する必要がある。サーバーのパートナーの守備範囲は，コート外側のA線に向かって，踏み込んでボレーを打球できる場所を守備範囲の中間（SP）とし，コート内側に踏み込んでボレーを打

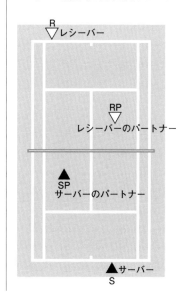
図5-15　4名のプレーヤーとダブルスのゲーム開始時の基本的ポジション

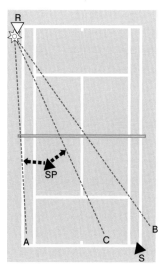
図5-16　ワイドへのサーブからのリターンの打球範囲とサーバーの守備範囲 (Cayer and ITF, 2004)

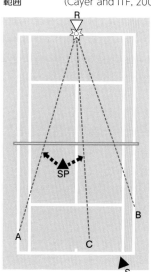
図5-17　センターへのサーブからのリターンの打球範囲とサーバーの守備範囲 (Cayer and ITF, 2004)

球できる範囲をC線としている。これにより，残りの守備範囲がサーバーの守備範囲となる。サーバーはサーブ後，この守備範囲での合理的待機位置であるSの位置にポジショニングしなければならない。

またサーブがセンターに入った場合も同様に考えることができ，レシーバーの打球範囲であるA線からB線までの範囲から，サーバーのパートナーの守備範囲であるC線が決まり，サーバーのパートナーのポジションは図5-17中のSPとなる。その残りの守備範囲がサーバーのものとなり，サーバーはSにポジションをとる（**図5-17**）。

以降ラリーが続いたとしても，この考え方でサーバーのパートナーの守備範囲からサーバーの守備範囲が決まる。このポジショニングについては，サーブのコースに基づくレシーバーの打球ポジションに応じて反射的におこなえることが望ましい。

2．ポーチのセオリー

ポーチとは，本来であればサーバー（またはレシーバー）が取るべき打球を，サーバー（またはレシーバー）のパートナーが，そのポジションから移動して打球し，ポイントを取ろうとする，ダブルスに特有のプレーの1つである。ポーチにもさまざまな種類があるが，ここでは最も基本的な，サーバーのパートナーが相手のリターンに対しておこなうポーチを取り上げる。

前述の通り，サーバーのパートナーはサーブのコースに従って，リターンに対するポジショニングをする。ポーチをおこなう際には，レシーバーが打球するタイミングに合わせて，リターンに対するポジションからポーチのためのポジショニングをする。ポーチのためのポジショニングについても，リターンの打球範囲から決定される。ここ

図5-18 ポーチのためのポジショニング（Cayer and ITF, 2004）

①ワイドへのサーブ時　　②センターへのサーブ時

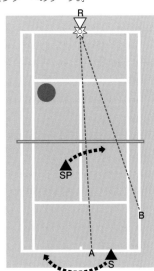

ではデュースコートからワイドにサーブが打たれた場合のポーチを取り上げる。

　ワイドへのサーブが打たれた際のポーチでは，ポーチのポジションを決める基準がリターンの打球範囲のコート内側（B線）となる（図5-18①）。コート内側のB線に向かって踏み込んで打球できる場所がポーチをおこなうときのポジションとなり，SPの矢印の先の場所となる。ポーチのポジションをとったときは，サーバーのパートナーはその守備範囲（A線とB線の範囲）に来たボールはすべて打球する必要があるため，SPのポジションではレシーバーに正対するような体勢でいなければならない。またサーバーはサーバーのパートナーの守備範囲の残りをカバーするよう，Sの矢印の先の位置にポジショニングする必要がある。

　ポーチにおいては，シンプルに空間的オープンコートにボールコントロールすることがセオリーである。上記のワイドへのサーブでおこなうポー

チでは，レシーバーがコートの外に出されていることから，相手コートのセンターのエリアをねらう。またセンターへのサーブの場合には，コートの外側へ逃げていくコースをねらう（図5-18②）。これらポーチの際には，コート後方の深いエリアをねらうばかりでなく，コート前方をねらうことも有効である。その際には相手コートにねらいを定めるのではなく，ネット上の比較的低い位置をねらい，確実にコート内にバウンドするようコントロールすることも有効である。

3．ダブルスに特有のプレー

　ダブルスでは，前述のポーチのように，シングルスと異なるいくつかの重要なプレー（技術）が存在する。それらを効果的に用いることが，ダブルスには必須である。

1—サーブ時のパートナーのポジショニング

　シングルスにおいても重要なサーブは，ダブルスにおいても重要である。特にダブルスにおいては，パートナーが常にネットポジションにいることから，パートナーのポジショニングを利用して，レシーバーにプレッシャーを与えることができる。通常よりもネット寄りにポジションをとり，リターン可能なコースを小さく見せる，ポーチへの動きを見せ，リターンのコースに迷いを生じさせる，などサーバーのパートナーによるポジショニングや動きにより，相手のリターンミスを誘う大きな効果がある。

　そのためにもサーブゲームでは常にサーバーとパートナーは，次のポイントでのサーブのコースならびにポジショニング，またポーチへの動きなど入念な打ち合わせをおこない，サーブ，リターン，次のショット，のラリー3球分のイメージを共有してプレーすることが必要である。これによって，ダブルスにおいてはサーバーの優位性がシングルス以上に高まるのである。

2—センターセオリー

　シングルスにおけるセンターセオリーは，より安全性の高い配球として，コート中央をねらうという意味があるが，ダブルスにおけるセンターセオリーは，より攻撃的な配球として2人のプレーヤーの間をねらう，という意義をもつ。

　上述のポーチの場合や，スマッシュを含むチャンスボール，相手ペアが2人ともネットポジションをとった場合など，心理的オープンコートを衝く配球として，2人の間をねらうコースは有効である。また基本的なクロスコートラリーの場合でも，コートのセンター寄りのコースをねらうことで，相手に角度をつけさせない効果がある。

3—ロブ

　基本的にダブルスでは常に相手ペアのパートナーはネットのポジションをとっていることから，パートナーに攻撃させない配球としてのロブは有効な技術である。ロブを打つ際にもボールコントロールの原則である速度・回転・高さを調節することが必要である。ロブはおもに守備的な状況で用いられるが，そのときのラリーの状況に応じて，低く速いロブやトップスピンで速いロブ，スライスで遅いロブ，高くて遅いロブなど，さまざまなバリエーションのロブを使い分けて，攻守の逆転をねらうことが求められる。

5-4 その他の戦術的要素

1．心技体の面から

5-1「戦術の基本的な考え方」で「戦術を支える要素」として「心技体」を示した（→p.132）。これらは自身が戦術を効果的に遂行するために必要な要素であるが，実際の試合では，相手がこれらの要素にどのような特徴があるかを把握することによって，自身がどのように試合を進めていくかを考えることができる。以下，心技体のそれぞれを戦術的に利用する際の観点について示す。

例えば心理面では，精神的に落ち着きのみられないプレーヤーは，良いプレーをするときと悪いプレーをするときの落差が激しいと言える。そこで，良いプレーをされているときに，そういったプレーは長く続かないこと，必ず崩れる場面があることを自身に言い聞かせ，自身は安定したプレーを心がけることが望ましい。

技術面では，どのプレーヤーにも苦手な技術があるが，それはレベルが上がるにつれて見えにくくなる。また苦手な技術があれば，プレーヤーはそこに対する対策を立てる。そのため相手の苦手なところを単純にねらうだけでなく，工夫が必要になる。1994年のフェドカップ，日本対ドイツ戦の伊達選手とグラフ選手の試合には，その工夫を考えるヒントがある（坂井，2010）。当時世界ナンバーワンのグラフ選手はフォアハンドが強く，バックハンドはスライスに頼ることが多かった。そのため，それまでの多くのプレーヤーはバックハンドを打たせようとバックハンド側をねらっていたが，グラフ選手はその際に，回り込んでフォアハンドの逆クロスを使う，という得意のパターンをもっていた。そこでこの試合の伊達選手は，あえてフォアハンドでのラリーを展開し，グラフ選手得意の回り込んでのフォアハンド逆クロスを

使わせないことをねらった。いかにして相手に苦手な技術を使わせるか，ということと同じ意味で，いかにして相手に得意な技術を使わせないか，という観点から配球を考えることが戦術と言える。

体力面では，相手の持久力をいかにして奪うかを考えることが必要である。他のスポーツに比べてテニスの試合は長いため，試合の序盤に比べて終盤は動きのスピードが落ちたり，バランスが崩れたりするという傾向が出てくる。それらの傾向が出てくれば，試合の序盤には決まらなかったプレーが，試合の終盤になって決まる場面も現れてくる。相手の様子や動きから相手の体力水準を把握し，相手のミスが出やすい状況をつくり出すことを心がけることが必要である。加えて，試合の終盤でも自身の体力の低下をできるだけ抑えられるよう，試合前や試合中の栄養補給についても十分に配慮することが望ましい。

2．試合環境の面から

テニスは試合の会場や日時によって試合環境が大きく変わるスポーツである。試合環境として考えるべきことは，コートサーフェスとコートコンディション，太陽の向きや風などの自然環境があげられる。

コートサーフェスは，球足の速いコートから遅いコートまでさまざまであるが，いずれのサーフェスにおいても，ラリーの主導権を握り，攻撃の展開を試みることが必要である。遅いサーフェスでは攻撃の展開を用いても決まらない場面が出てくるが，その攻撃の展開を繰り返すことや，ラリーのなかで攻撃するタイミングを遅らせるなどの工夫が必要である。

コートコンディションは天候によって左右され，特に遅いコートでは雨天後の球足はさらに遅くなったり，湿度が高くなることで体力的に不安を感じたりすることが多い。一方で太陽の向きを利用してまぶしい方向からスマッシュを打つようにロブを上げることや，風を利用してボールをコントロールすることなど，自然環境は利用するという考え方が必要である。荒れた自然環境での試合はやりにくいと感じやすいものであるが，条件は相手も同じであり，それを利用することも戦術の一面と言える。

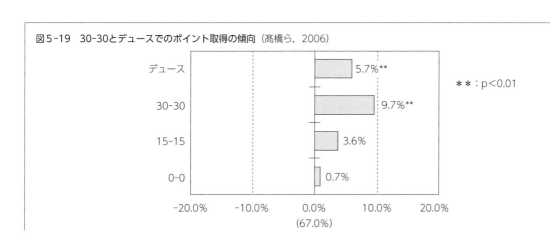

図5-19　30-30とデュースでのポイント取得の傾向（髙橋ら，2006）

3. 試合の流れから

テニスは独特のスコアリングシステムを採用していることは，すでに述べた。ゲームを取る，セットを取る，試合に勝つためには，必ずどこかの場面でポイントやゲームを連取することが絶対条件である。これに関しては，およそ同等のレベル同士の試合を対象にした分析結果から，以下のような傾向が示されている。

結果的にゲームを取得したプレーヤーからスコアの推移を考えた場合，リードしているときはポイント取得率が低くなり，リードされているときはポイント取得率が高くなっていた。また同点のスコアでは，30-30とデュースの際にポイント取得率が高くなることが明らかになった（図5-19）。これはゲーム取得には30-30とデュースでのポイント取得が大きく影響することを示すものである。さらにゲームを取れなかったプレーヤーのポイント連取数は，ゲームを取得したプレーヤーよりも大幅に少なくなっていた。

ポイントを連取すべき場面で，自身にはどのような傾向があるかを把握し，また相手にはどのような特徴があるかを見極め，「勝負所」と言える場面で的確な戦術を選択することが必要である。

[第5章文献]
- Cayer, L. and ITF（2004）Doubles Tennis Tactics, Human Kinetics.
- クロス，リンジー（2011）テクニカル・テニス－ラケット，ストリング，ボール，コート，スピンとバウンドの科学，常盤泰輔［訳］，丸善プラネット．
- 堀内昌一（2012）テニス丸ごと一冊　戦略と戦術①，ベースボール・マガジン社．
- Kriese, C.（1997）Coaching TENNIS, Masters Press.
- レーヤー（1987）メンタル・タフネス－勝つためのスポーツ科学，小林信也［訳］，TBSブリタニカ．
- 村松憲，髙橋仁大，梅林薫（2013）テニス世界ランキング1位選手のボールの回転量について，テニスの科学，21: pp.98-99.
- 坂井利彰（2010）テニス世界最先端の練習法，東邦出版．
- 社団法人日本体育学会［監修］（2006）最新スポーツ科学事典，平凡社．
- ショーンボーン（2007）ショーンボーンのテニストレーニングBOOK，日本テニス協会［監訳］，ベースボール・マガジン社．
- 髙橋仁大，前田明，西薗秀嗣，倉田博（2007）プレー時間に注目したテニスのゲーム分析－ウィンブルドン大会決勝の推移－，バイオメカニクス研究11（1）：pp.2-8.
- 髙橋仁大，前田明，西薗秀嗣，倉田博（2006）テニスにおけるポイント取得率と技術との関連性：日本の地方学生大会における検討，体育学研究51（4）：pp.483-492.
- 髙橋仁大，前田明，西薗秀嗣，倉田博（2006）テニスのゲームをとるために重要なカウント，体育学研究51：pp.61-69.
- Takahashi, H., Wada, T., Maeda, A., Kodama, M. and Nishizono. H.（2008）An analysis of the time duration of ground strokes in Grand Slam men's singles using the compurterised scorebook for tennis, International Journal of Performance Analysis in Sport 8（3）：pp.96-103.
- 財団法人日本テニス協会［編］（2005）新版テニス指導教本，大修館書店．

TENNIS
COACHING THEORY

6章
テニスの指導論

6-1 テニス指導の目標と内容

1. テニス指導の目標と内容

■1—テニス指導の目標

　テニスの指導では，テニスを経験した人に，その後もテニスを継続してもらうことが目標である。そのためには，プレーヤーがテニスの基礎技能や知識を獲得するとともに，テニスをすることが楽しいからテニスをするというように内発的に動機づけられることが必要である。運動への内発的動機づけは運動有能感の高まりによって強められることから，テニスを継続してもらうためには，プレーヤーの運動有能感を高める必要がある。テニス指導の目的は，テニスを通じて運動の有能感を高め，テニスというスポーツへの内発的動機づけを高めることと言える。

　運動有能感は，①自分は運動を上手にできるという自信，②努力や練習をすればできるようになるという自信，③指導者や仲間から受け入れられているという自信の3因子から構成される。

　②は，「苦手なバックハンドを練習したことで，逆に自分の得意なショットになった」というように，自分の課題に対して効果的に働きかけることができたという自信をもつことによって高められる。これは，自発的にスポーツに取り組むうえで非常に重要である。「がんばっても，どうせ勝てっこない」「練習しても無駄だ」という感覚では，スポーツに主体的に取り組むことはできない。初めはうまくできなくても，継続するなかで上達し，課題を克服した経験は，身体能力に関係なく「練習すれば必ず上達する」「上達するかどうかは自分の努力次第だ」という考えにつながる。このように上手にプレーできるかどうかといった「結果」は，もって生まれた素質や運で決まるのでは

なく，自分でコントロールできるという感覚をもつことが，スポーツに自主的に取り組むうえできわめて重要である。

個人競技のテニスでは，勝敗は直接プレーヤーの身体的有能さに結びつき，ゲームのなかでチームに貢献したという自信は得られにくい。しかし，リーグ戦のなかで，自分は敗退しても取得ゲーム数でチームに貢献した場合やマネージャー，応援，ベンチコーチなどチームの一員としての活動が評価されることによって，③の因子は高まると考えられる。

このように運動有能感を高めるためには，いずれの因子にどのように働きかけることでどのような内面的変容を引き起こすことができるのかを理解したうえで，指導の内容や評価の方法などを工夫することが重要である。

2―指導内容

テニスの指導において，運動有能感を高め，内発的に動機づけるためにはどのような内容を扱えばよいのだろうか。さまざまな身体能力と動機をもつプレーヤーを対象とする指導には，①技術学習に関する内容，②認識学習に関する内容，③社会学習に関する内容，④情意学習に関する内容があり，技術指導だけでなく，この4つの内容をバランスよく扱うことで，テニスの楽しさを伝えることができる。

1―技術学習に関する内容

テニスの技術・戦術・戦略を習得するための知識，基礎的な運動能力，体力などで構成される。

2―認識学習に関する内容

テニスの科学的知識で構成され，上達のために必要な考え方，判断・分析・評価の方法に関する内容で構成される。

3―社会学習に関する内容

テニスをするうえでの規範や価値，態度を身につけることに関わる内容で構成され，スポーツマンシップに関わることである。具体的には①スポーツマン（Sportsman）とは，②スポーツマンシップ（Sportsmanship）とは何か，③ルールとは何か，④良き敗者（Good Loser）とは，⑤フェアプレーとは何か，などの内容が繰り返し指導されることが重要である（表6-1）。

4―情意学習に関する内容

テニスに対する興味や関心・意欲・肯定的な価値観などのテニスが「好き」という感情に関係する内容で構成される。

すなわち，技術が上達し，テニスに関する新たな知識を得るとともに，スポーツマンシップに則ったフェアプレーを通じて仲間と良い関係を構築していくなかで，プレーすることに喜びを感じ，楽しくてたまらない状態になることを意味している。この内容こそがテニスの指導の最終目標と言えるだろう。

2．プレーヤーに応じた指導

指導に際し，まずプレーヤーの特性（年齢，性別，体力，運動技能，運動経験，パーソナリティーなど）を把握しておかなければならない。効果的な指導をおこなうためには，こうした特性を考慮したうえで目標・内容を設定し，プログラムを選択・整理・配列する必要がある。ここでは，プレーヤーの運動技能，運動に対する態度やパーソナリティーについて述べることにする。

1―プレーヤーの運動技能に応じた指導

指導者は，プレーヤーの技能により運動の楽し

表6-1　社会学習に関する領域

①スポーツマン（Sportsman）とは	スポーツマン（Sportsman）という言葉は，運動が得意な人という意味ではなく，本来良い仲間，自立した信頼できる人という意味であり，英語で「He is a good sport.」は「信頼できる人」を意味する。
②スポーツマンシップ（Sportsmanship）とは何か	スポーツは本来遊びであり，自主的な活動である。その活動がスポーツであるためには①ルール，②競い合う相手，③審判の3つの条件が必要となる。つまり，スポーツに参加するとは，「ルールに従って相手と競い，審判がルールに基づいて勝ち負けを判定する遊び」に自主的に参加することを意味する。すばらしい勝利を得るにはすばらしい相手に出会うことが必要あり，自らが従うと決めたルールを守らない勝利には価値はない。またルールを運用する審判の判定がなければ勝敗は決まらない。つまりルール，対戦相手，審判の3つを尊重し，その意味を理解し，価値を認めること，その心構えこそがスポーツマンシップなのである。
③ルールとは何か	ルールとは障害であり，スポーツをする人に困難さをもたらすものである。スポーツマンは，その困難さに打ち勝つことで喜びを見いだす人と言える。テニスは，ラケットを使いネットがあることにより難しくなっているからこそ，おもしろいのである。困難に立ち向かい克服することで，自らが成長することに価値を見いだせる人だからこそ，スポーツマンは信頼できる人とみなされるである。
④良き敗者（Good Loser）とは	その人がスポーツの本質を理解しているかどうか明らかになるのが，試合に負けたときである。勝敗は目標であり，めざすべきものだが目的ではない。テニスでは大会を通して多くの選手がプレーをするが，負けずにすべて勝つのは優勝者ただ1人だけで，そのほかすべての選手は負ける。しかし，負けたからといってそれまでのプレーは無駄ではない。対戦相手と競い合い困難に立ち向かったことにこそ意味がある。良き敗者（Good Loser）とは，スポーツで競い合うことの意味を理解し，勝敗を受け入れ，頭をたれず，相手をたたえ，すぐに次に備えることのできる人のことである。良き敗者（Good loser）であることこそ真のスポーツマンの証しと言える。
⑤フェアプレーとは何か	スポーツに参加することの意味，そしてスポーツにおけるルールの意義を理解していれば，フェア（公平）であることの意味は自ずと理解できる。フェアでなければ，競い合うことに意味はない。公平でない条件の下に得られる勝利には何の価値もなくスポーツに参加する意味もない。スポーツマンシップとは，定められたルールを受け入れ，そのスポーツに自主的に参加する態度の表明であり，フェアにプレーしなければスポーツに参加する意味そのものがなくなってしまうのである。

(広瀬一郎, 2002)

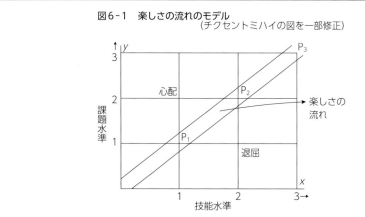

図6-1　楽しさの流れのモデル
（チクセントミハイの図を一部修正）

み方が変化することを，理解しておく必要がある（図6-1）。

楽しさは技能水準と課題水準との関係から生じている。つまり，課題の水準が自分の技能水準より高ければ不安になり，逆に低ければ退屈と感じる。フロー状態とは図6-1のP1～P3のように自分の水準と課題が調和し，自分の能力が遺憾なく発揮され，最高のプレーができている状態であり，まさにテニス（プレー）が楽しいという感覚を体現している状態を意味する。また，技能水準が高まるにつれて，楽しいと感じる課題の水準も高まりをみせることも示している。

指導者の役割は，プレーヤーにとって最適な挑戦となるレベルを見つけることである。それはプレーヤーにとって優しすぎず，また難しすぎない課題を提供することを意味する。

2 ─ プレーヤーのパーソナリティーに応じた指導

テニスの指導においては，テニスに対する好意的な態度を育むことが目標であり，そのためにはプレーを通じて楽しさの経験を積むことが重要だが，その楽しさの感じ方にはパーソナリティーにより違いがみられる。あるプレーヤーは，競争のない練習より試合場面で競い合うことを楽しいと感じ，より高いパフォーマンスを発揮するのに対し，あるプレーヤーはその逆の結果を示すことがある。これは，プレーヤーのパーソナリティーが，パフォーマンスや運動の学習に影響を及ぼしているためと考えられる。指導者にはパフォーマンスや学習に及ぼすそれらの影響について理解するとともに，プレーヤーのパーソナリティー特性を理解しておくことが求められる。

指導者は，プレーヤーのパーソナリティーを把

表6-2　「学習の法則」と初心者への適用

学習の法則	指導者にとっての意味合い	実際にどのようにあてはめるか
①プレーヤーはおのおのの違った方法でテニスを学習する。	・異なる方法を用いて視覚的に伝える。 ・異なる方法を用いて言葉により伝える。	・多くのデモンストレーションを提示して例を示す。 ・さまざまな指導法の利用。 ・抑揚や声量に変化を入れ，明確な指導を心がける。 ・実際に実行させて学習する。活動時間を最大限に確保，指導時間とデモンストレーションを減らす。
②プレーヤーは個々に異なるスピードで学習する。	・至適挑戦のために，課題のレベルを上げる（下げる）タイミングを判断する。 ・課題の難易度を変える方法を知っている。	・プレーヤーを刺激する方法を知っておく。速度の速いボールを使う，より広いコートを利用する，ルールを変えるなど。 ・異なるボール・コートサイズやルールを用いることによって，そのプレーヤーの能力に適したプレーをさせる。
③プレーヤーには学習に対する意欲が必要である。	・プレーヤーを活気づける。 ・プレーヤーを動機づける。 ・プレーヤーのテニスに対する意欲を高める。	・プレーヤーが成功と達成感を得るための助けになる手段を知っておく。速度の遅いボール，小さなコート，あるいはルールの変更など。 ・戦術を指導し，どのように「ゲーム」をプレーするかを指導する。 ・サーブ，ラリー，得点をできる限り最初のレッスンから指導する。 ・単純で的確な技術を指導することにより，ゲームをさらに上達させる。

(国際テニス連盟, 2010)

握し，内向的なプレーヤーに対しては，難易度の低い課題から時間をかけて刺激に慣れさせるなど，課題の配列を工夫することが必要となる。また，プレーヤーに適した動機づけの種類や方法を活用することも重要であろう。

3 ― 指導者が理解すべき学習の法則

プレーヤーの特性に応じた指導を進めるにあたって，指導者は次の3つの「学習の法則」（Elderton, 2001）を理解する必要がある（表6-2）。

▶プレーヤーはおのおの違った方法でテニスを学習する。
▶プレーヤーは個々に異なるスピードで学習する。
▶プレーヤーには学習に対する意欲が必要である。

6-2 指導プログラムと指導技術

1．指導の基本的な考え方

❶―ゲームに基づいた指導法（ゲーム・ベースド・アプローチ）

　現代の指導における指導者の重要な役割は，できるだけ早い時期にプレーヤーにゲーム（サーブ，ラリー，得点）をさせることである。ゲームをさせたあとで，より高度なゲームができるように適切な戦術や技術について指導をしていくべきである。

　多くのプレーヤーにとって，覚えるのが難しく，試合で効果的に使えないような技術を習うよりも，試合をすることのほうが大切である。指導者は試合をさせてボールをたくさん打たせながら，プレーヤーに戦術や技術を身につけさせることが十分可能である。プレーヤーは試合を想定した指導によって，さまざまな試合状況のもとで基本の戦術を活用することができる。基本技術や戦術を学びながら，試合の方法を学んでいくことが望ましい。それによって，生涯にわたってテニスのゲームを楽しむことができるようになるだろう。

❷―至適挑戦

　課題や試合が簡単すぎたり難しすぎたりするために，プレーヤーがやる気を失ってしまう場合がある。課題が簡単すぎたときプレーヤーは退屈し，課題が難しすぎたとき，不安になる。そのため指導者は，その人にとって最適（至適）な挑戦のレベルを見つけ，計画，提示することが大切である。

❸―段階的指導法

　プレーヤーにとって最適なレベルの課題を提供するために，プレーヤーのレディネスに応じて課

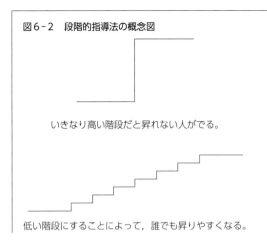

図6-2 段階的指導法の概念図

いきなり高い階段だと昇れない人がでる。

低い階段にすることによって、誰でも昇りやすくなる。

題を修正する必要がある。目標を細分化し、容易なものから少しずつ難しいものへと系統的・段階的に修正していく。このような考えに基づく学習指導法を、段階的指導法（スモールステップ法）と呼ぶ（図6-2）。

初心者にとって、通常のボールを使い通常のテニスコートでプレーすることは大変難しく感じるだろう。なぜなら、彼らの能力以上に、コートは広く、ボールのスピードは速いからである。こういった事情を考慮し、初心者ができるだけ早く試合（サーブ、ラリー、得点）をできるように、指導者は課題を修正し、難易度を変更できるように準備しなければならない。

4 ― 難易度の設定方法

1 ― 使用するボールの種類

サーブやラリーができない初心者であっても、柔らかいボールを使用することで、ボールが飛んでくる時間が長くなり、またバウンドも低く技術的にも簡単になるため、ゲームをすることが可能になる。つまり使用するボールの種類を変えることで、課題の難易度を変えることができる。例えば風船やビーチボール、スポンジボールなどのように、材質や大きさの異なるボールを使用することで、速度やバウンドの高さを変化させることができる。一般にボールの速度が速いほど、大きさは小さいほど難易度が高くなると考えられる。

2 ― コートの大きさとネットの高さ

コートの大きさを変えることでも課題に対する難易度を変えることができる。縦の長さが短いコートでは、プレーヤーはボールを打つためにそれほど力を必要としない。そのため、よりコントロールしたラリーが可能となる。また幅の狭いコートでは、コートを守る範囲が狭まり、移動せずに大半のボールに届くため、より身体のバランスを保った状態で打つことができる。さらに、ネットが低くなれば、低い打点からでも容易に相手のコートに返球することが可能になる。

ボールの種類とコートの大きさおよびネットの高さは関連づけて考える必要がある。例えば、弾まないボールを長さの短いコートで使用する場合、ネットを低くするといった工夫をすることで、難易度の異なる課題を生み出すことが可能になる。

3 ― ラケットの種類（長さ、大きさ）

手で操作することに比べ、ラケットでボールを打つということは、初心者にとってかなり難しいことである。長さの短いラケットや打球面の広いラケットを使用することで、安心感を与え、ラリーを容易にすることができる。

さまざまな種類のラケットが準備できない場合は、ラケットを短く持つことで同様の効果をもたせることも可能である。

4 ― ルールや条件

課題で用いるルールや条件を変えること（バックハンドの使用を禁止するなど）で、プレーヤーの動きを増やしたり減らしたりすることができる。また、得点方法を変更し（ネットプレーは2ポイントなど）、特定のプレーへの意欲を高めること

もできる。また，指導者の球出しのスピードを上げたり，回転を変えたりすることで難易度を調整することができる。

5 ― 協力や競争の要素

グループやペアの組み合わせ，競争的な課題と協力的な課題の組み合わせを工夫することにより，プレーヤーに成功の体験をもたらすようにすることが重要である。

5 ― 指導で用いるプログラム・用具・設備

1 ― プログラムづくりの基本的視点

プログラムには，プレーヤーに習得させたい内容が明確に盛り込まれていなければならない。プレーヤーがどんなに熱中して取り組んだとしても，目的とする内容が習得される見込みがないとしたら，それはプログラムとは言えない。つまりテニスというスポーツの分析・解釈を通して抽出された習得すべき内容は，プレーヤーの視点に立ってプログラム化されることが重要である。

また，それがプレーヤーの意欲を引き出さない，つまらないものであったらプログラムとしては機能しない。意欲を引き出すためには，プレーヤーの興味や関心に配慮し，能力や発達段階に応じた課題が提示されなければならない。すべてのプレーヤーに平等な機会を保証するとともに，取り組む課題が挑戦的で，おもしろさに満ちた課題であることも求められる。

2 ― ゲーム修正の原理

「ゲーム修正」の原理（図6-3）は，テニスのプログラムを考える場合に参考にしたい原理である。

図中の「フルゲーム」とは，大人や上級者が通常のルールに則っておこなう「テニス」のゲームである。このゲームは初心者や子どもにとっては難易度も高く，複雑である。そこで，初心者や子

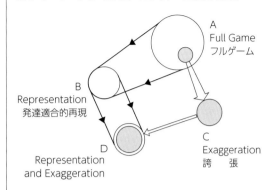

図6-3　ソープら（1986）によるゲーム修正の原理

どもの技術や体力に合わせて，コートや用具を工夫することによって，それぞれの段階に応じたプレーができるようなゲームが可能となる（Bの方向）。しかし，コートや用具の工夫では戦術的な複雑さは解決できない。戦術的問題を解決するためにはCの方向へのゲーム修正が必要である。つまり，戦術的な課題を誇張し，ゲームのなかで発生する状況を限定したり，選択肢を減らしたりという修正である。これらの2つの方向の修正により，初心者や子どもにふさわしいゲームをつくり出すことができる（D）。

テニスの指導において，期待されるゲーム場面を誘い出すボールやネット，コートサイズの工夫はきわめて重要である。前後・左右の空間を意識させるために縦長のコートや横長のコートを用いたり，上下の空間を意識させるために，ネットの高さを変更したりすることが考えられる。また，ロープを用いることで，ダブルスゲームにおいて各プレーヤーの守るべきテリトリーを明示することや，フォーメーションに応じてとるべき複数のポジションをマーカーで示すことなど，特定の戦術的行動の学習をクローズアップすることを意図したプログラムづくりの工夫も求められている。

近年のTENNIS P&Sで用いられる3種類のボールやコートなどの規格も，この視点から活用することでさらに有効なものとなるだろう。

⑤―プログラムを有効にする用具および設備

プログラムを有効にする用具および設備は指導場面で用いられる「モノ」としてだけでなく，合理的な運動学習（認識学習を含む）を生み出す補助的・物的な場や課題の条件設定を意味し，以下のような機能がある。

▶課題の困難度を緩和する。
▶運動の目標や目安を明確にする。
▶空間・方向・位置などを条件づける。
▶結果の判断を与える。
▶知的理解を促し，イメージを与える。
▶運動課題に対する心理的不安を取り除き，安全性を確保する。
▶運動の機会を増やし，効率を高める。

一般的なゲームで使用される用具だけでなく，指導に際しては既成の概念にとらわれることなく，さまざまな用具の開発と活用を積極的に進めたい。

⑥―指導形態

指導形態は，多くのプレーヤーをどう編成するかというグループ分けや人数などの組織的な面の問題だけでなく，目標に対応してどのような方法を使って指導を進めるかという方法の面からも捉える必要がある。指導形態は，一般に一斉指導，グループ指導，個別指導に分類される。プレーヤーの特徴や目標に応じ，それぞれの特徴を生かす指導計画の立案と実践が必要である。

個人種目のテニスでは，団体種目に比べて個別指導が可能である。個人差に応じた指導ができ，学習のペースを保証しやすく，技能の習得に適しているという点では個別指導が優れている。その一方で能率は悪く，他のプレーヤーとの関わりがないため，人間関係スキルなどの社会的領域の学習には適さない。

能率という点では，多人数を同時に指導する一斉指導が適している。しかし，人数が多ければそれだけ各プレーヤーとのコミュニケーションが不足し，個人差に応じた指導は難しくなることから，人数が適正規模を超えないように留意しなければならない。

人数が多い場合，いくつかの集団に分けてその集団に応じて指導することが考えられる（グループ指導）。一斉指導の能率のよさを残しつつ，個人差への対応が可能となる。グループ指導では，同じような技能レベルの集団にする場合と異質な技能レベルの集団にする場合がある。前者は技能の個人差解消に一定の効果があるが，プレーヤー相互の関係が重視されない場合，社会的領域の学習は困難になるとともに，プレーヤーに受け身の態度が生じやすいので配慮が必要である。後者はグループを構成するメンバー全員が協力して目標や練習方法などを立案し，彼らが主体となって，一定期間継続して取り組むものである。指導が適切であればプレーヤーが主体的に取り組む態度が期待できる。また，プレーヤー相互の関係が重視されることから，社会性が身につく反面，指導者に高い指導力が求められる。

2．指導の実践

指導者の行動は以下の4つに大別できる。①モニタリング（観察），②マネジメント（管理的行動：プレーヤーの人数や移動，施設用具の活用など），③指導者の働きかけ（賞賛，助言，叱責などのフィードバックと励まし）。④インストラクション（直接的指導：言葉による説明・指示，デ

モンストレーションなど）。指導者は，これらを駆使して指導を展開することになる。

■1──モニタリング（観察）

指導者がプレーヤーの様子を見守ることをモニタリング（観察）と言う。全体を観察することで，プレーヤーの安全を維持することができ，個々のプレーヤーを観察することで，プレーヤーの課題を見つけることができる。このようなモニタリングは，指導の成果を上げるうえで非常に大切である。

指導者は，必要なときにすぐに働きかけができるように，意欲的に観察することが重要である。意欲的な観察態度は，指導者がやる気に溢れ，熱心で面倒見がよいという印象をプレーヤーに与える。このような指導者の態度はプレーヤーの積極的な行動にもつながるため，指導者は常に笑顔を絶やさずに，楽しそうでエネルギッシュな態度を示すことを心がける必要がある。

■2──マネジメント（組織・運営力）

指導の効果を上げるためには，実際にプレーしている時間（ルールや戦術を学習する時間も含む）を最大限に確保することが必要である。しかし，その時間には準備や片づけ，移動など直接の活動以外の時間が含まれる。具体的には，テニス環境の整備（用具の準備や後片づけ，練習の場づくり），移動や待機（コートチェンジや交替，ボール拾いや球出し練習の順番待ち），練習や試合の進め方についての説明等の時間などがある。指導者は，可能な限りこれらの時間を減らし運動学習の時間を増やすべきである。そのためにも指導者には，プレーヤーの特性に加えて，コート数，人数，ボール数，時間などを考慮し，指導内容や方法を決定・遂行するマネジメント能力が求めら

る。おかれた環境のなかで効率よく指導するための適切な学習（指導）形態を選択し，プレーヤーとのコミュニケーションが高まるよう工夫することが必要である。

さらに，指導者は指導場面における良いオーガナイザー（まとめ役）となる必要がある。指導者がプレーヤーに効果的な指示をおこなうことにより，プレーヤーは自分たちがどのように動き，何を学習するのかを理解することができる。その結果，各プレーヤーがそれぞれ効率的に動き，常に活動的なプレーが可能となる。例えば，2面のコートでシングルスをした場合，一度に4名しかプレーすることができない。ゲームでも，ドリルでも順番待ちが長くなる。コートを小さくして数を増やし，ゲームに参加する人数をダブルスなどで多くする，代替する場を確保する，学習したい技術課題に関連する別の課題（下位プログラム）を準備するなどの工夫が必要になる。また，審判，スコアラー，ゲーム分析など役割をもたせる等の工夫も望ましい。このように指導者はさまざまな場面で，多数のプレーヤーを迅速に効率的に編成し管理できなければならない。

■3──指導者の働きかけ

指導場面において，指導者はプレーヤーにさまざまな働きかけをおこなう。指導者の働きかけには，発問，フィードバック，励ましなどがある。このような働きかけは，学習行動や学習成果に対して肯定的な影響を及ぼすことが明らかにされている。

プレーヤーが求める言葉がけとしては，助言・課題提示などの矯正的フィードバックや賞賛・承認などの肯定的フィードバック，励ましが上位にあげられる。また指導者は，有効なフィードバックを活用するとともに，指導に一貫性をもち，す

べてのプレーヤーに公平に接することも忘れてはならない。

4—インストラクション

1—インストラクションとは

　学習の課題の提示や課題の意義を伝える活動をインストラクションと言う。指導者のインストラクションによって，プレーヤーが効果的に学習する状況をつくり出すことができる。

　インストラクションのおもな目的は，課題を示し，課題を実行するうえで何が必要なのか，どのように実行するのかについて具体的な情報をプレーヤーに伝えることである。それに加えて，学習課題のゲームにおける位置づけを明確にすることや，学習した内容を整理してまとめ，理解を深めさせることも忘れてはならない。

　指導者が学習（指導）内容について深く理解し，プレーヤーの学習状況を的確に把握できる力を備えたうえで，下記のインストラクション技術を身につけることで効果的な指導が実現する。ここではおもに学習に関する情報を提供する技術についてみていくことにする。

［インストラクションの技術］
▶プレーヤーの注目を集め，維持する。
▶明確で具体的な情報を提供する。
▶正しい運動モデルの全体像を提示する。
▶言葉と視覚による情報を同時に提供する。
▶各課題における学習の成果を共有させる。
▶各学習課題のゲームにおける位置づけを示す。
▶学習内容を整理し，理解を深めるための発問をする。
▶プレーヤーが自分で学習を振り返り理解を深めるための，ノートや資料，記録カードなどを提供する。

　私たちは見る（視覚），聞く（聴覚），感じる／おこなう（運動感覚）ことを通して学習する。あるプレーヤーは，何をするかを「言葉で伝える」ことで最もよく理解する。別のプレーヤーは最初に，何をするか「見る」必要があるかもしれない。しかし，すべてのプレーヤーは，見たり，聞いたりするだけではなく，実際にやってみる必要があることは言うまでもない。そのため指導者が指示を与える場合，以下の3つの方法を，対象に応じてバランスよく用いることが必要である。
▶明確な言葉による説明をおこなう。
▶デモンストレーションを見せる。
▶獲得すべき技術を実際におこなう機会を与える。

2—言語による課題の提示

　課題は，明確で具体的な情報として提示しなければ，プレーヤーに正しく伝わらない。そのためには，第一に指導者自身が学習内容をよく理解しておくことが重要である。それにより，説明したりデモンストレーションしたりするうえで，何が重要で何が重要でないのかをしっかりと把握しておくことが求められる。

　課題を提示する際には，プレーヤーの年齢や経験を考慮するとともに，プレーヤーが理解できる言葉を用いて説明する必要がある。比喩やたとえ話を使い，プレーヤーの経験に近い情報とする技術も必要である。プレーヤーは新しい情報を処理するのに時間がかかるため，熱意をもって，明確に，ゆっくり話すことに努めなければならない。

3—デモンストレーション

　目標となる動きをプレーヤーに提示する際には，口頭での説明だけでなく，言葉と視覚による情報を同時に提供できるデモンストレーションが重要である。デモンストレーションでは，プレーヤー全体の前で指導者が実際に動いて運動モデルを示したり，あるプレーヤーに全体の前で運動をおこなわせて，指導者が口頭で情報を伝えたりする。

デモンストレーションの際に気をつけるべきことを以下に述べるが，プレーヤーの能力によってその留意点は変化する。以下の留意点は，実際の指導場面では単独で考えるものではなく，互いに重なり合っていることを考慮しなければならない。

[観察させる位置（方向）]

デモンストレーションをどの方向から観察させるかは，指導者がプレーヤーに何を伝達したいのかによって異なる。まず考慮しなければならないことは，観察させたい部位がプレーヤーにとって死角にならないようにすることである。

一般的に，ボールと動作との対応やフットワークなどは前後から，打点と身体の位置確認やスイングと重心移動の様子などは左右から観察させたほうが理解しやすい。さらに背面から観察させると，見ているイメージではなく，自分でおこなうイメージを伝えやすい。プレーヤーと向かい合ってフォームづくりをする場合は，右利きのプレーヤーには左手にラケットを持って，鏡に映しているような形で見せる方法もある。

また，プレーヤーは指導者の動作よりも打ったボールの行方が気になり，肝心な動作に目が向かないことがよくある。観察の視点を伝えることにより，観察させたい動作に注目させることが重要である。

[デモンストレーションのスピード]

デモンストレーションは，実際に用いられる場面にできるかぎり近い状況（場面，速度）で，取り扱う動作がおこなわれることが望ましい。しかし，初心者は通常のスピードでは重要なポイントを捉えることができない場合も多い。そのため，動作を普通のスピードでおこなう場合，スロースピードでおこなう場合，その両者を組み合わせておこなう場合の3通りのデモンストレーションが考えられる。スロースピードによるデモンストレーションはゆっくりしているため，動作のある部分の説明については理解しやすくなる反面，全体の動作の時間的な流れがわかりにくくなる。逆に普通のスピードによるデモンストレーションは，動作全体の流れを理解するにはよいが，ある部分を強調して説明することは難しくなる。

普通のスピードとスロースピードを併用したり，動作のある部分だけを取り出したり，また一時停止したりして，伝えたい要点を全体と部分に分けて理解させていくようにするとよい。

[正しい動作と間違った動作（フィードバック）]

正しい動作と間違った動作を対比させながら観察させることによって，その違いを視覚的に把握させ，その後の反復練習によって間違った動作の感覚を正しいものに変化させていくようにする。指導者がプレーヤーの動きを演じて見せる，正しい動きと比較して見せる，PDA（携帯情報端末）を活用し，プレーヤー自身の動きと目標とする動きを比較して見せることも効果的である。

[言語教示]

指導場面では，デモンストレーションだけが提示されることはほとんどなく，言語教示を伴っておこなわれることが多い。視覚と聴覚を用いることによりイメージしやすくなり，いっそうの効果が認められる。

[適当な時間間隔をとって繰り返す]

デモンストレーションは1回の提示だけでよいというわけではなく，繰り返しおこなう必要がある。適当な間隔をとり，プレーヤーに考える時間を与えるようにするとよい。

[目標のイメージとして見せる]

デモンストレーションは，プレーヤーの目標となるものである。したがってデモンストレーションをする指導者は，自分の個性の部分は取り除き，技術的な要素だけを見せなくてはならない。打球

時の形，振り始めの形，振り終わりの形，それらの間をつなぐ動きを中心として，単純でシンプルな動きでフォームを見せたり，ボールを打って見せたりすると効果的である。

［用具を使ったデモンストレーション］

　目に見えにくい運動感覚を伝えるために，ラケット以外の用具を使う方法も効果的である。ボレーのブロックする感覚を理解してもらうために，板を使う方法などが考えられる。このような用具を使ったデモンストレーションは，技術の具体的なポイントを簡略化して理解させることができるため，プレーヤーに与える影響は非常に大きい。

4―運動感覚的指導

　運動感覚的指導とは，外部から動作を制御することにより，正しい動きを経験させ，動作に伴う運動感覚の獲得をめざす方法である。手引き指導に代表される反応強制法と，不適切な動きが発生するのを防ぐために動作の範囲を規制する物理的制限法がある。物理的制限法は，例えば，背中側への大きなテイクバックが物理的にできないようにフェンスを背にしてスイングさせるというような方法である。物理的制限法には一定の効果が認められているが，反応強制法は効果が低いとされている。いずれの場合もプレーヤーが外部からの制限に動作を委ね，受動的になっては効果がない。プレーヤー自身が運動感覚に意識を向け，能動的に運動を制御する意識をもつことが重要である。

　運動感覚をつかむために，板などを用いる場合も，動作に類似性がなければラケットを使った場合の実際の動作に転移は起こりにくい。

　また，視覚情報は運動感覚に優位性があることも明らかとなっている。運動感覚的指導をおこなう場合には目隠し法を用いるなど，視覚情報の影響を考慮することも必要である。

5―課題の理解度の確認

　課題提示後，実際の活動に入る前に，プレーヤーが提示した内容を十分に理解しているかどうか確認することも忘れてはならない。短い一連の質問など，理解度を確認するための方法を用意しておくべきである。質問は「みなさんわかりましたか」などの形式的なものではなく，最も重要な情報を思い出させるような意図的な質問を用いるべきである。例えば「ボールを打つときに覚えておかなければならない大事なことを3つ言いなさい」などである。

5―フィーディング

　現代の指導における指導者の重要な役割は，できるだけ早い時期にプレーヤーにゲーム（サーブ，ラリー，得点）をさせることである。ゲームをさせたあとで，より高度なゲームができるように適切な戦術や技術について指導をしていくべきである。しかし，基礎的な技術練習においては，カゴに用意したたくさんのボールを用いた「フィードボール」による練習（バスケットドリル）は，初歩的な段階からラリーや試合形式に近いレベルの段階まで幅広く活用できることから，有効な指導法の1つである。ここでは，「フィードボール」による練習の注意点を，グラウンドストロークを中心にいくつか考えてみたい。ただし，以下のことは1つひとつが独立した問題ではなく，相互に関連し合っていることを理解しておくことが大切である。

1―テニスコートでの送り手のポジション

　上級者には大きな問題ではないが，初心者にはボールの送り手が近くにポジションをとるか，遠くにポジションをとるかによって返球の難しさが違ってくる。プレーヤーの近くからボールを出せば，ボールのバウンドは小さくなり，打球するま

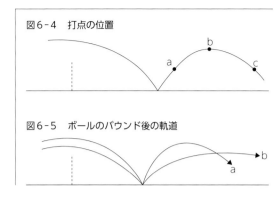

図6-4　打点の位置

図6-5　ボールのバウンド後の軌道

での時間は短くなるが，タイミングをとることは容易になる。その反対に遠くからボールを出せば，ボールのバウンドは大きくなり，打球までの時間は長くなるが，ボールの速度は上がりタイミングをとることは難しくなる。

　打球までの時間は「フィードボール」のスピードを調節することによってコントロールできるのだが，初心者にはボールのバウンド予測は難しく，小さく見積りがちである。このため遠くからボールを出すと，図6-4のa，bのようにいわゆるライジングで打つことが多く，タイミングが合わせづらくなる。

　そのようなことを避けるために，初心者には近くからゆっくりしたスピードのボールを出し，少しずつ後方へ下がっていって，ボールのバウンドの変化を実感させながら練習を進めていくとよい。

2　ボールのスピード

　上級者には何でもないスピードのボールでも，初心者には速く感じられるものである。コート上の同じ所から出したボールでも，スピードがゆっくりの場合は図6-5のaのように山なりでバウンドの小さなボールとなる。これに対してスピードのあるボールはbのようにボールのバウンドはあまり高くはならないが，球足が長くなり，初心者には打球点の判断が難しくなる。このため初心者にはできるだけゆっくりしたスピードのボールから始め，少しずつスピードを上げスピードに慣れさせていくとよい。

3　ボールの回転

　ボールの回転は大きくトップスピン（順回転）とアンダースピン（逆回転）に分けられる。トップスピンはバウンドが高くなり，アンダースピンは滑るようなボールとなる（図6-6）。また，順回転を多くすればボールのバウンドは高くなる。逆回転はかけ方によってボールが滑ったり逆に戻ったりするため，初心者にとっては予測が難しくなる。このため，初心者には最初はフラットに近いやや順回転のかかったボールから始めるとよい。

　少し慣れてきたらコートの横からトップスピンやアンダースピンを観察させ，ボールの回転とバウンドの関係を予備知識として与える。その後に

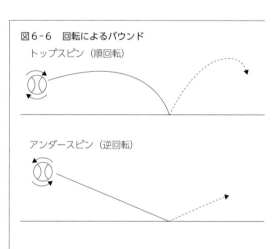

図6-6　回転によるバウンド
トップスピン（順回転）

アンダースピン（逆回転）

図6-7　バウンド後のボールの方向

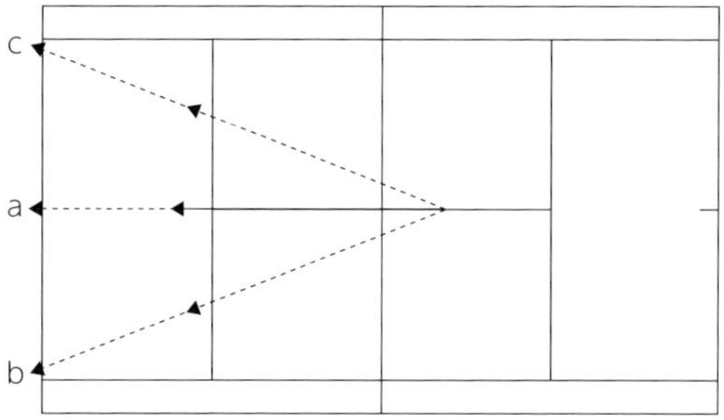

ゆるやかなトップスピンやアンダースピンを打たせ，徐々に回転を大きくしていくとよい。

4―送球間隔

「フィードボール」の送球間隔を短くすれば，フットワークを重視した練習になり，送球間隔を長くすればフォーム重視の練習になる。

初心者には，フォームづくりとフットワークづくりの練習を同時におこなうのは難しいことである。初心者は送球間隔が短くなると，しっかり構えて軸足から踏み込み足へと体重移動しながらボールを打つことができなくなる。次のボールのことが気になってスイング自体も小さくなり，打ちながら次の戻り動作をおこなうようになる。そのため，初心者には送球間隔を長くし，フォームづくり中心の練習から始める。慣れてきたら送球間隔を少しずつ短くして，フットワークづくりの要素を増やしていくように進めるとよい。

5―送球のバウンド地点

プレーヤーがどこにポジションをとるかによっても違ってくるが，センターマークの後方にポジションをとったとすれば，サービスラインの内側にバウンドするような短いボールは前進して打つことになり，ベースライン付近にバウンドしたボールは後退しながら打つことになる。

また，図6-7のように同じ深さのボールでも，コートの中央からaに出されたボールはバウンド後も真後ろの方向にいくが，cとbに飛んできたボールはバウンド後，コートから遠ざかっていくことになる。このため初心者ではストレートに飛んでくるボールよりもクロスに飛んでくるボールのほうが，ボールと身体の距離のとり方が難しくなる。初心者にはボールと身体との距離が合わせやすいストレートのボールから練習を始め，少しずつクロスのボールに慣れさせていくとよい。そして，サイドへの動きがよくなったら，フットワークが難しい短いボールや深いボールの練習へとつなげていく。

3. 評価

1―指導計画の評価

指導者が，プロフェッショナルとしてその地位を確立するために，指導の結果に責任をもつことが求められる。すなわち，指導を受けた側が求めていたものが，指導を通じてどの程度達成されたのか，適切に評価し提示（説明責任）できなければならない。テニスをする動機はさまざまだが，それぞれの欲求に応えるためにどのような指導計画（内容，方法）を立案し，どれだけの成果が得られたのか，その結果をどのように分析し，指導改善に役立てているのか，適正な理論モデルに基づいた指導実践の評価を展開できる能力も，我々指導者には求められている。

2―評価の種類と役割

スポーツ指導の場面における評価は，目標に基づいた指導によってプレーヤーがどのような成果を得ることができたのかを把握する，プレーヤーに対する評価と，指導そのものの成否を評価する，指導に対する評価に分けることができる。両者は密接な関係にあり，いずれの評価もその目的は単にプレーヤーの技能の高低を判断するのではなく，指導の的確さを測り，指導の改善に役立てることにある。

3―目標に準拠した評価

評価の方法としては集団のなかでの他者との比較による「相対評価」よりも，設定した目標に照

らして評価する「目標に準拠した評価」を主として用いるべきである。「目標に準拠した評価」は特に基礎的・基本的な内容を確実に習得させるために有効な評価方法である。プレーヤーの発達段階に応じて適切な目標を設定し，その目標が達成できたかを測るための「評価基準」を設定し，その基準に照らしてプレーヤーがどの程度目標を達成できたかを判定する方法である。例えば，足の速さを評価しようとする場合，足の速さを測る物差しとして，50m走のタイムを用いて，同年代の平均タイムなどを判断の目盛りである「評価基準」に設定し，タイムが基準よりよい場合を「速い」，悪い場合を「遅い」と評価する方法である。

　テニスの技術を評価する場合は，ラリーが続いた回数や目標エリアに入った回数などで量的に評価する場合と，フォームなどから質的に評価する二通りの方法が考えられる。いずれの場合でも，プレーヤー同士の相対的な評価ではなく，個人のなかで目標に向けてどの程度上達したかといった個人内評価や絶対評価を中心に用いるべきである。

4―評価の種類と実施上の留意点

　評価は，指導後に各学習全体を通して得られた結果を総括する評価のみではなく，指導前の計画作成時にプレーヤーの状態を把握するためにおこなう評価，指導の最中に指導状況を把握するためにおこなう評価のそれぞれを適切に実施する必要がある。

　評価の実施にあたっては，指導の有効性に対する説明責任を果たすためにも，あらかじめ仮説を立て，量的なデータ（動画の撮影，スコア記録など）を収集し分析することを心がけたい。また，あわせて指導計画，学習カードなどの記録，プレーヤーの証言など質的なデータを収集分析することによって総合的な評価が可能となる。

5―評価の視点（観点別評価）

　評価を実施するにあたっては，打球技術を評価することはもちろんだが，指導の目標領域である，認識，社会，情意の各領域についても適切な評価をおこなうべきである。技術領域の評価基準については第2章「テニスの技術」に譲るが，ここではその他の領域の評価基準について触れておきたい。

1―「社会領域」の評価

　テニスがスポーツ文化とし社会に認められるためにも，テニスに関する社会的領域の学習は不可欠である。特にテニス指導の内容（→p.153）でみたように，スポーツマンシップについての学習が適切になされているかに関する評価は最も重要な項目と言える。ゲームの前後や最中の態度，審判への振る舞いなどから評価をすることができるだろう。また，テニスのルールについてもその意味も含めて正しく理解しているか，ゲームの場面などを通して評価することは，ゲームを楽しむうえで重要である。

　テニスは個人競技と言っても，プレーする相手をはじめ，多くの人びと（大会役員，指導者，保護者など）との関わりなしには成り立たない。そこには，ルールだけでなく，マナーやエチケットといった規範が存在する。準備や後片づけ，記録や運営などさまざまな役割行動について学ぶことも「社会領域」の学習である。社会領域の評価は，学習活動において，どのような行動や態度が期待されるのか，どのような役割を果たすべきか，これらを達成すべき目標としてプレーヤーに示し，その実現度を評価すべきである。具体的には「学習の仕方についての約束事」「テニスをプレーする場合の約束事」として明文化してプレーヤーに示すべきであろう。

さらに，生涯スポーツとしてテニスを継続してもらうということは，我々指導者がいなくても仲間同士で自主的にテニスを楽しめるようになることである。そのために指導者は，グループのなかでメンバーが互いに十分なコミュニケーションをとり，仲間づくりができるような配慮をするとともに，その様子についても指導の成果として評価すべきである。

2 ― 「認識領域」の評価

認識領域とは，技術領域を支える，テニスの戦術やルールに関する知識，運動やスポーツの科学的知識の領域である。「知識・理解」と「思考・判断」の両者が含まれる。運動の学習では，知識が理解できて初めて，意味のある思考・判断（考える・工夫する）ができるようになる。サーブを学習する場合，サーブのイメージがしっかりできていなければ，適切な動作は期待できない。運動技術のポイントが理解（技術的認知）されていなければ，合理的な運動はできないのである。そのため，認識領域を評価するにあたっては，技術や戦術の理解度，問題の分析，問題の解決方法などについての発問を用い，記述や口述させる等の工夫が必要である。

3 ― 「情意領域」の評価

簡潔に言えば，プレーヤーがテニスをどの程度好きになったかである。主体的・積極的に学習に取り組めたか，テニスが好きか，大切と感じるかなどを主としてプレーヤー自身が評価する。その一方で，関心・意欲が高ければ，進んで繰り返しプレーし，その質も高くなる。プレーヤーの表情が明るくなり，笑顔や歓声，ガッツポーズなどの行動が頻繁に現れることなど，観察して評価することもできる。

6-3 指導計画の立案

1. 指導計画を作成することの意義

　目標の達成をめざす効果的な指導をおこなうためには，事前に具体的な指導の進め方について十分な検討をおこない，指導計画を作成する必要がある。指導計画は，指導の順序を記録するものであり，映画や演劇の台本（シナリオ）に相当するものと言える。

　指導計画を作成することの意義としては，①目標に到達するまでの道筋をしっかりと把握しておくことにより，円滑に指導にあたることができる，②実施した結果を評価分析することにより，指導を改善していくための資料となる，③明確な「仮説」をもった指導計画を他の指導者と共有することにより，指導方法の研究に貴重なデータを提供することができる，などがあげられる。

　計画性のない指導では，実践した指導の過程と結果を結びつけて評価することができない。どれほどすばらしい成果が得られたとしても，明確な意図（仮説）と計画に基づいて得られたものでなければ，次の指導に生かすことはできない。

2. 指導計画の種類

　指導計画は「年間計画」「期計画」「レッスン計画」の3つに大別することができる。年間計画は，1年間のなかで「何を」「いつ」「どのくらい」というように，1年間の指導の見通しを具体的に示したものである。気候や施設などの環境条件とともに，プレーヤーの実態を考慮し，1年間に各期を配置していく。

　期計画は8～12回前後のレッスンもしくは2～3か月を1区切りとしたものである。プレーヤー

に見通しをもたせる意味でも，期ごとに明確な目標を設定することが望ましい。

レッスン計画は期計画に準じて1レッスンの指導内容をどのように展開するかを示したものである。

指導計画の作成にあたっては，年間計画，期計画，レッスン計画それぞれの関係を検討するだけでなく，プレーヤーがテニスを始めてから一生涯にわたり成長していく全過程をも考慮しなければならない。年齢や現在の技能・体力にとらわれることなく，将来を見据えた指導計画を立てていかなければならない。

指導計画のなかには評価の計画を忘れずに盛り込む必要がある。「目標に準拠した評価」をおこなうためには，事前に「何を身につけさせるのか」といった達成目標を明確にし，達成目標に対してどの程度達成できたかを判断する評価基準もあわせて検討しておく必要がある。評価によって得られる情報に基づいて，指導計画に修正を加えることができる。このような修正作業を繰り返すことで，目標を確実に達成する良い指導が実現されるのである。

このように，計画（Plan）とそれに基づく実践（Do），結果の評価（Check），計画の改善（Action）というサイクルを繰り返すことは，指導者自身の指導力の向上につながっていく。

3．期計画の作成

❶―期の目標設定とプログラムの内容

指導計画を作成する際に，指導者は「指導を終えたときに，プレーヤーが何をできるようになっているか」というゴールを最初に考えなければならない。期計画作成においても，最初のステップとしては，目標を設定することがあげられる。

適切な目標を設定するためには，プレーヤーのレディネスを正しく把握することが求められる。プレーヤーはどんな発達段階にあるのか，現在の技能の水準はどうなっているのかを事前に把握しておかなければ，プレーヤーに適した目標を設定することはできない。

目標は技能だけでなく，認識・社会・情意の各領域別に設定することが望まれる。特にテニスを始めたばかりの初心者にテニスを継続してもらうためには，技能の獲得はもちろんのこと，仲間とテニスをすることが楽しいと感じてもらうことが重要である。そのためにも社会・情意面の目標は初心者指導において重要な意味をもつ。

次に，目標に対応した内容を設定する。たとえば初心者の場合，技能面の目標を「お互いのサーブからラリーを始め，易しいゲームをする」に設定した場合，その目標を達成していくためにボール操作技術としては「ラケットを使ったボールの操作に慣れる」「ワンバウンドのリズムでネット越しにボールをコントロールする」や「簡単なサーブでラリーをスタートする」「得点を数えて相手と勝敗を競う」などが具体的な内容として想定される（表6-3）。

❷―課題の検討

目標に対応した内容を設定したあとは，これをプレーヤーに学ばせるための課題を検討する。先の「ワンバウンドのリズムでネット越しにボールをコントロールする」という内容を習得するための練習課題としては，「セルフラリー」や「セルフラリーからの10ステップラリー」などが想定される。

表6-3 目標と内容の例（初心者）

領域	技能	認識	社会	情意
目標	お互いのサーブからラリーを始め、易しいゲームをする。	テニスの基本的なルールを理解し、得点を数えてゲームをする。	仲間と協力したり、競い合ったりしながらテニスのゲームを楽しむ。	テニスを好きで、自分からテニスをプレーしようとする。
内容	・ラケットを使ったボールの操作に慣れる。 ・ワンバウンドのリズムでネット越しにボールをコントロールする。 ・簡単なサーブでラリーをスタートする。 ・得点を数えて相手と勝敗を競う。	・コートの範囲を理解し、インとアウトを判断する。 ・アウト、ネット、2バウンドなど、インプレーの終わりを理解する。 ・ゲームで用いる得点方法を理解する。 ・サーブ交替の順序と方法を理解する。	・ルールに従って相手と競い、審判がルールに基づいて勝ち負けを判定する遊びに自主的に参加するというスポーツの本質を理解する。 ・スポーツにおいて尊重すべき要素とその意味を理解する。	・ゲームの勝利や上達を経験し、身体的有能感を感じる。 ・考え、工夫したことによる上達を経験し、統制感を感じる ・仲間や指導者にプレーを評価される経験から、受容感を感じる。

3 ― プログラムの配列と構成

プログラムの配列で考慮すべきことは、①基本的なものから応用的なものへ（内容の系統性）、②易しいものから難しいものへ（課題の難易性）、③外発的動機づけから内発的動機づけへなどがあげられる。

プログラムは一般的に「導入」「展開」「整理」の3つの段階で構成される（表6-4）。

「導入（はじめ）」では、プレーヤーに目標や内容を理解してもらい、全体の見通しをもたせることによって意欲を高める。

「展開（なか）」は、目標の達成に向けた具体的な指導が展開される段階である。ここでは、プレーヤーが課題を習得するために、それに見合ったプログラムを配置する。

「整理（まとめ）」では、指導内容をまとめ、最終的な成果を確認する。目標に対してどれほど達成されたかの評価をおこない、次の指導に向けたフィードバック情報を得る。また、イベントとしてクラブ内トーナメントの開催や、一般大会への参加などを位置づけることで、プレーヤーの具体的な目標となり、意欲を高めるとともに、テニスの多様な楽しさを実感させる効果も期待できる。

4 ― 学習タイプの種類と配置

学習のタイプには、基礎的・基本的な技術や知識の習得をめざす「習得型」、習得した技術や知識を活用する「活用型」、プレーヤー自身が自らの興味・関心に沿ったテーマを追求する「探求型」などが考えられる。期構成では、これらをバランスよく配置することが望ましい。一般に、期の前半に「習得型」のプログラムを多く配置し、後半は「活用型」のプログラムを中心に構成する。ボールゲームでは、ボール操作の技術やボールを持たないときの動き、戦術などを学習する「習得型」と、習得した技術や戦術をゲームで活用する「活用型」を並行させる展開が多くみられる。

しかし、テニスは、広いコートでスピードのあるボールを操作するため技術的に難しく、ゲームを中心とした「活用型」を期の初期におこなうのは困難であった。そのため、初心者や初級者の指導においては、期を通して各ストロークの技術練習を中心とした「習得型」の指導に時間が割かれ

表6-4　tennis Xpressプログラムに基づく成人・初心者クラスの期計画（例）

[期の目標]
・参加者全員が基本的な技術や戦術，ゲームのルールを理解する。
・参加者全員がグリーンボールを使ってフルコートで試合ができるようになる。

[プログラム全体の考え方]
速度の緩やかなボールを使うことで，大人のプレーヤーが簡単に，楽しく，活動的な方法でより早くテニスを学ぶ環境を提供する。

[プログラムの構成]
このプログラムは，6週間で計9時間（6日×1.5時間）のレッスンで構成されている。プログラムの目標は，テニスを簡単に，楽しく，より活動的に導入することと，同時にプレーヤーたちがこのプログラムを通して成功体験ができるように，十分な学習と練習時間をレッスン中に提供することである。

段階	回	テーマ	学習内容
導入	1	初めてのゲーム	・プログラムの紹介，目的の説明。 ・ボールの説明とゲーム形式についての説明。 ・ラリーを学ぶ―ベースラインからの安定したプレーの基本技術（レッド／オレンジボール）。 ・基本的なサーブとレシーブを学ぶ（レッドボール）。 ・タイブレークのゲームをプレーしながら得点の仕方を学ぶ（レッド／オレンジボール）。
展開	2	ベースラインゲームの基礎	・ベースラインからのグラウンドストロークを安定させる（レッド／オレンジボール）。 ・相手をベースラインから動かし，最適なコートポジションでプレーする（レッド／オレンジボール）。 ・サーブとレシーブ（レッド／オレンジボール）。 ・タイブレークのゲームをする（レッド／オレンジボール）。
展開	3	サーブ・レシーブの戦術	・基本的なサーブとレシーブを使って相手を動かす（レッド／オレンジボール）。 ・シングルスでのポジショニングを理解する。 ・シングルスとダブルスをベースライン上でプレーする。 ・相手をベースラインから動かし，最適なコートポジションでプレーする。 ・1セットの試合での得点の仕方を学ぶ。
展開	4	シングルスのネットプレー	・シングルスにおいてネットプレーを学ぶ（オレンジ／グリーンボール）。 ・シングルスにおいて異なるゲーム状況を組み合わせる。 ・基本的なダブルスのプレーとポジショニング（オレンジ／グリーンボール）。 ・基本的なダブルスのフォーメーション：雁行陣（オレンジ／グリーンボール）。 ・ダブルスでのサーブとレシーブを練習する（オレンジ／グリーンボール）。
展開	5	ダブルスのネットプレー	・ダブルスにおいてネットプレーを学ぶ（オレンジ／グリーンボール）。 ・得点を数えながらシングルスとダブルスの試合をする（オレンジ／グリーンボール）。
整理	6	さまざまなゲームスタイルとテニスの継続	・異なるゲーム状況下とゲームスタイルで，シングルスとダブルスの試合をする（オレンジ／グリーンボール）。 ・コース終了後にテニスクラブでテニスをプレーしたり，試合をしたり，指導を受けたりする機会について紹介する。

（国際テニス連盟，2013）

てきた。近年，TENNIS P&Sのなかでステージ1〜3のシステムが開発されたことにより，初心者・初級者において，期の当初からゲームをおこなう「活用型」の指導を取り入れることが可能になった。これにより習得型・活用型を並行して配置する期構成が可能となっている。

また従来とは逆に，「試しのゲーム」を期の最初に位置づけ，そのなかで必要性が明らかとなった技術や戦術を抽出して「習得型」の指導へとつなげていく展開も，初心者の段階から可能となっている。指導者には従来の枠にとらわれない新たな期構成の検討が求められる。

5 ―「ゲーム」の種類と配置

一般的に，最終的な目標はフルコートで正規のルールによる「ゲーム」である。しかしフルコートでのゲームは，初心者にとって難易度が高すぎることが多い。その場合簡易化されたゲームを工夫して用いることが効果的である。

「メインゲーム」と「簡易化されたゲーム」は配置にも気を配る必要がある。メインゲームで浮き彫りになった戦術的課題の解決方法を「簡易化されたゲーム」で習得し，その方法をメインゲームで試行するなかで新たな課題を発見していけるような配置が望まれる。そこでは戦術課題を解決するために不可欠な基礎的技術や知識を習得するための「習得型」指導も必要になるだろう。この「習得型」の基礎的な技術を楽しく習得する指導内容をゲーム化したものが「ドリルゲーム」である。簡易化されたゲームの場合と同様にメインゲームとの有機的な関係を念頭に配置すべきである。

期計画の作成にあたっては，常に期の目標としての「メインゲーム」もしくは「簡易化されたゲーム」を念頭におきながら，テニスという「ゲーム」の特性や魅力（本質的なおもしろさ）を失うことがないように，対象者のレベルに応じて各種「ゲーム」を配置していくことが大切である。

4．レッスン計画の作成

1 ―レッスン計画とは

毎日の指導を実施するにあたって，年間計画や期計画に基づいて1回のレッスンを具体化したものがレッスン計画である（表6-5）。目標を実現するために，このレッスンで何が課題になるのか，課題を達成するためにどんな指導をおこない，どのように展開するのかが一目でわかるプランを立案する必要がある。

一般に，レッスン計画には下記の内容を記述する。

[基本事項]
日時，場所，指導者名，指導対象（クラス，人数，性別，年齢，技能レベル），準備する用具（ボール，ラケット，ターゲット，その他）

[レッスンの目標]
時間内に達成可能な具体的な目標，観点別に1〜3項目

[レッスンの展開]
時間の流れに沿って，各項目について表の形式で記述する。

▶時間配分
▶活動・内容
▶評価の観点
▶指導上の留意点
▶備考，その他のメモ

表6-5 本時の指導計画（例）

[日　時] ○月○日　[場　所] ○○テニスコート

[指導者] ○○○○○○○○　[クラス] 初心者（男性○○名，女性○○名）

[本時の目標]
・プログラムの目的と内容を知る。
・ボールの種類とその特性，ゲーム形式について知る。
・ラリーを学ぶ−ベースラインからの安定したプレーの基本技術（レッド／オレンジボール）。
・基本的なサーブとレシーブを学ぶ（レッド／オレンジボール）。
・タイブレークのゲームをプレーしながら，得点の仕方を学ぶ（レッド／オレンジボール）。

[準備する用具]　四角を作るラインやコーン。ラインを使ってコートを作る。

	活動	内容	観察のポイント（ありがちな状況）	指導上の留意点と支援の手立て（チェックポイントと解決策）
導入（0〜5分）	プログラムの紹介	・コーチの自己紹介。 ・参加者に自己紹介してもらう。		
	イエローボールラリー	・ペアでイエローボールを使用してラリーをする。 ・サーブラインからベースラインまで徐々に下がる。	・ボールが高くバウンドし，ラケットでボールをとらえるときの安定性がない。 ・プレーヤーがボールをコントロールできない。 ・ラリーが1，2球で途切れてしまう。 ・プレーヤーたちがお互いに強く打ち過ぎてしまう。	オプションとして導入することによって，イエローボールのボールコントロールの難しさを体感させる。省略してもよい。
	グループのウォームアップ	・2×2mの四角でレッドボールを使用。 ・プレーヤーはペアをつくり，相手に向かって下からボールを投げ，四角の中でバウンドしたボールをペアの人が動いてとる。 ・1分後ペアを替えておこなう。	・プレーヤーが自分のペアの名前を知っているかを確認する。 ・お互いが相手を動かすようにボールを投げること。	
展開（5〜10分）	セルフラリー：1×1mの四角でレッドボールを使用。	・プレーヤーはボールをラケットに優しく当てて頭の高さくらいまで打ち上げ，1×1mの四角の中でバウンドさせる。 ・回数を数え，より長くラリーできるようにする。 [デモンストレーション] ・1×1mの四角の中で，フォアハンド側とバックハンド側で打ち上げる。 ・膝を曲げてボールを打ち上げる。	・プレーヤーが手首のみを使って打っている……………(a)参照 ・ラケットの面が不安定……………(b)(c)参照 ・打点が低すぎるまたは高すぎる，身体に近すぎる……………(b)参照 ・プレーヤーが強くボールを打ちすぎている，またはコントロールを失っている……………(c)(e)(f)参照	(a)ラケットを持って，スムーズに下から上にボールを打ち上げる。 (b)ボールを身体の斜め前で腰の高さでとらえる。 (c)ラケット面はまっすぐ空のほうに向ける。 (d)すぐに動ける姿勢をとる。 (e)四角の中にボールを入れることを強調する。 (f)打球時に両足が地面に着いてバランスがとれた状態であることを強調する。

			(中略)	
展開 (60〜70分)	ルールの確認		ボールがインかアウトかをプレーヤーが理解しているかを確認する。もしボールがアウトの場合は，ラリーを止める。ボールがライン上でバウンドしたときはインとなる。	
	サーブとリターンの練習（レッド／オレンジボールを使用）	・ペアで1人は上からのサーブを打ち，もう1人がリターンをする。3〜5回サーブを打ったらサーブとリターンを交替する。 [基本的なトスとサーブ動作] （簡略化されたサーブ） ・足は動かさず，ベースラインの後ろから打つ。 ・各ポイントで2回サーブを打つことができる。 [デモンストレーション] ネットを越してサーブボックスに入れる。基本的なリターンは以下のことを強調する。 ・動作は今まで学んできたグラウンドストロークに似ている。 ・レディポジションから少し体を回してリターンする。	[サーブ] サーブ時のバランスが悪い ……………………(a) (b) 参照 [リターン] ・打球方向に安定性がない ……………………(e) (f) (g) 参照 ・プレーヤーが手首のみを使って打球し，ストロークに威力がない……………………(f) 参照 ・ボールを強く打ちすぎてアウトする……………………(f) (g) 参照 ・ボールの軌道が低く，ネットにかかってミスをしてしまう ……………………(g) 参照	[サーブ] (a) トスをまっすぐ上げ，上かつ前でボールをとらえる。 (b) プレーヤーが傾くことなくバランスよく，サーブ動作で足を動かさずに打球できているかを確認する。 (c) 肘と手首を伸ばす。ゆっくりと丁寧なボールトスができているかを確認する。 (d) 速く打つよりもゆっくり押し出すように打つ。 [リターン] (e) 身体を捻って横向きの状態になっているか，または打ちたい方向にスイングできているかを確認する。 (f) 強くまたは速くするよりも，ゆっくりとストロークするように促す。 (g) ボールが高い弧を描くようにゆっくり打つ。ボールがラケットに当たるときにわずかに面が開いているかを確認する。
			(中略)	
整理 (85〜90分)	まとめ		コーチはレッスンの概要や重要なポイントをまとめる。質疑応答の時間を確保することも重要である。 1回目のレッスンが終わったことを讃え，次のレッスンまでに友達や家族とテニスをすることを促す（練習をするためにレッドボールが必要なときは貸し出す）。	

(国際テニス連盟, 2013)

2 ― レッスン計画作成の手順とポイント

1 ― 目標と内容の明確化

レッスン計画の目標は，抽象的な表現ではなく，指導者が観察して評価できるように，具体的な場面における行動目標（どのような行動が見られるか）として明記する。

レッスン計画の目標は，その時間内に達成可能なものでなければならない。「生涯テニスを楽しむ」「トーナメントで優勝する」といったものではなく，「ボレーのツーステップストロークをより確実なものにする」「シングルスの合理的待機位置の考え方を理解する」などが望ましい。

また，技能面だけでなく，認識・社会・情意の領域についても設定することが望ましいが，毎回4つの領域すべてについて目標を設定する必要はなく，期全体を見通しバランスよく設定すればよい。

2 ― プログラムの選択・配列の具体化と記述

レッスン計画は，それを見たほかの指導者が同じ活動を実践できる必要がある。そのためには単なる箇条書きのメモではなく，図などを用い，説明内容を具体的に記述することが必要である。

活動ごとにテニスコートの図などを用いて，プレーヤーや指導者の位置と動きに加えてボールの動きがわかるように記述する（図6-8）。

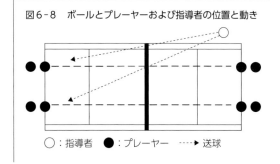

図6-8　ボールとプレーヤーおよび指導者の位置と動き
○：指導者　●：プレーヤー　----▶送球

また，1回のレッスンであっても，ストローク練習をして，次にボレー，サーブ練習といった個々の課題がつながりのない要素主義的なものにならないように注意しなければならない。各課題がつながりをもって構成され，指導目標が達成されるように配置すべきである。

3 ― レッスンの基本的展開

レッスンの基本的展開は，期計画と同様に「はじめ（導入）―なか（展開）―まとめ（整理）」の3段階で捉えることができる。

[導入（はじめ）]

コートやボールなどの用具の準備，安全確認，健康状態の把握，準備運動，目標の提示，グループ分け，コートの割りあてなどをおこなう。準備運動は，単なるルーティンとして捉えるのではなく，テニスとのつながりを考えて実施すべきである。また，プレーヤーの活動意欲を引き出すとともに，一般的な動きだけでなく，ボールやラケットを使い，ゲームのなかで見られる動きを取り入れることにより，専門的な技能習熟の機会を増やすことができる。

[展開（なか）]

レッスンの中心的な指導がどのように展開されるのかを具体的に記述する。先に述べたように，各課題がつながりをもって構成されるように配置することが望ましい。

[整理（まとめ）]

整理の段階では，まとめとして，レッスンの目標がどれだけ達成されたかを評価し，プレーヤーに上達を実感させることで，またやりたいという意欲を持続させることが重要である。適切な評価をおこなうために，どのタイミングで，どのような行動を，どのような基準で評価するかの具体策を事前に考えておくことが大切である。

まとめは指導者が一方的に話すのではなく，プ

レーヤーが主体的に振り返り，成果を実感できるように働きかけるほうがよい。そのために指導者が問いかけをしたり，ノートやワークシートを活用したり，アンケートを記入させたりなど，プレーヤーが主体となる活動を取り入れることが効果的である。

❸―指導上の留意点とつまずきへの準備

　プレーヤーが求める指導者の行動は，説明や指示の時間が少なく，賞賛，助言，励ましなどが多いことである。すなわち，指示やプログラムについての説明は極力短くし，プレーヤーの行動をよく見て，賞賛，助言，励ましなどを積極的におこなうことが指導者として大切である。プレーヤーのどのような動きを中心に見るのか，また，どのような助言が効果的かなどについても事前に考え，留意点として計画に記述しておくことが望ましい。

　指導を進めるなかで，目標が達成されないさまざまなつまずきが生じる。その場合指導者は，プレーヤーへアドバイスしたり，ゲームのルールを変更したりするなど，レッスン計画に修正を加えることが必要となる。計画作成時に，プレーヤーが指導過程において出会う課題やつまずきを想定して先取りし，その対策を考え準備しておくことによって，対応がよりスムーズになるだろう。

6-4 テニス指導の留意点

1. 指導の手順と留意点

1—安全への配慮

　実際の指導において，何よりまず優先すべきことは安全への配慮である。プレーヤーに対し，安全に楽しくテニスを指導することは，指導者の義務であり，あらゆる状況下で考えられる最善の安全対策を講じることは必須条件である。

[プレーヤーの体調把握]

　参加者の自己申告および指導者による問診，観察等をおこなう。

[現場の状況]

　天気，気温，湿度，風向きおよび強度，太陽光など。

[コート上の状態]

　コートサーフェスの状態，ネットおよびポスト，周辺施設や器具など。

[指導中の状況]

　プレーヤー周辺のボール，プレーヤー同士の間隔，打球方向と他のプレーヤーの立ち位置，プレーレベルに応じた練習内容など。

2—継続は力なり

　テニスの指導に限らず，スポーツでは継続することで上達が見込まれる。つまり，続けてプレーしたいと思えるよう，プレーヤーのテニスへの興味を高めさせることも指導者の役割である。対象者への声掛けやアドバイスはできるだけ否定的な語句は使用せず，できたプレーに対しての賞賛を伝えることを優先する。しかし，できたプレーだけで指導が終始することは非常に稀である。できないことへのチャレンジのためには，やはり継続的に努力を続けられるような配慮を心がけるべき

である。何を，どのくらい，どのように，どうすればうまくいくのか，そのためには何が必要なのか等を丁寧に伝える。そして，少しずつの進歩や向上を見逃さず，それを必ずプレーヤーに伝えることでプレーヤーのモチベーションを上げ，またプレーしたいという気持ちを喚起させる。指導者は常にプレーヤーの側に立ち，常にサポートする存在であるのが望ましい。

3─指導の目的を明確に

実際の指導では，それぞれの練習課題等の目的を明確にして必ず対象者に伝えなければならない。それによりプレーヤーにも目的意識が芽生え，上達度に影響を与える。さらに，すべてのショットに高いモチベーションを維持させることは困難を伴うため，それぞれのドリルで目的や到達目標を設定し，それぞれを達成させることで効果的な練習が可能となる。

ここで重要なことは，適切な難度の目標設定をすることである。現レベルより，やや高めの目標を設定することは優秀な指導者にとっては不可欠の要素である。易しすぎる目標はプレーヤーを飽きさせ，それ以上の向上は難しい。一方，難しすぎる目標設定は，ほとんどの初級者に関して言えば，モチベーションの低下以外の結果にはならない。

4─準備は万全に

実際の指導に先立ち，そのための準備を万全にすることが重要である。指導内容に則した練習内容・ドリルは，指導計画に基づいて事前に準備しなければならない。しかし，天候やプレーヤーの都合等による参加数の増減，コートの状況等突然の変更等にも対応できる柔軟性が必要である。

一方，練習中に必要な器具や備品等の状態や数量の点検等も必要である。また，複数の指導者がいる場合は，特に事前の打ち合わせを綿密におこなう必要がある。指導内容や役割の確認，もし交替等があればその時間と手順，その他の連絡事項を徹底する。事前の準備をおこなうことよって，もし仮に現場で即座に対応せざるを得ない場合でもスムーズに対応できる。

5─説明は簡潔に

練習内容の明示は確実におこなうべきだが，説明が長すぎるのも考えものである。すでにおこなったことのある練習に対しては詳細な説明は割愛して，変更点だけを強調する。丁寧に説明することの重要性は前述したが，指導者はいかに短くかつ過不足なく説明できるかを常に考え，最適な語句を探す努力をする必要がある。

6─公平に

プレーヤーが複数いる場合は，公平性にも配慮が必要である。指導者も人間であり，好悪の感情からまったく逃れることはできないが，テニスの指導に関しては，それらの個人的感情から一歩引いた位置でプレーヤーと接することが望ましい。この一歩引いた状態が，少なからず客観的に観察できる立場を得やすくする。この立場での指導が，体罰やハラスメントの問題も回避できるのではないかと考えられる。

指導対象者に公平に接することと，指導時間の問題等の間で葛藤が生じることもある。適切なアドバイスが，時間的に不公平な対応になる可能性もある。しかし，例えば，ほかのプレーヤーに一言説明することや，次回の指導にそれらの挽回をおこなうことで，全体的な公平性を保つことはできる。いずれにしても参加者全員とのコミュニケーションを維持向上させることで多くの問題が

回避でき，指導者はその責務を果たせる．

７─指導の手順

指導するプレーヤーの人数や技術レベル・年齢を問わず，基本的な指導を進めるにあたっては以下の手順で進める．

①参加者の状況（年齢，性別，健康状態，プレー歴とその頻度，初心者であればスポーツ歴など）を事前に把握する．
②参加者の指導を受ける目的と参加頻度を把握する．
③参加者の情報に基づき，事前に指導プランを立てる．
④指導中は参加者の健康状態や精神状態を観察し，安全に配慮することを心がける．
⑤参加者が取り組みやすく楽しい指導内容を心がける．
⑥指導の最後には課題に対しての評価を伝え，指導のまとめをする．

2．中高年プレーヤーの指導

近年，中高年のプレーヤーは増加傾向にある．以前プレーしていた者が，定年等を機会にテニスコートに復帰する場合も多く，トーナメント等の参加者も増加傾向にある．また，団塊世代やその後の少子化等の影響で60歳以上の人口が増加傾向にある事実は周知のとおりである．日本テニス協会が掲げるテニスプレーヤー1000万人計画の達成のためには，この世代の初心者・初級者の拡大をめざすことが非常に重要である．テニス未経験者を含む中高年世代の指導について留意点を述べることとする．

１─安全への配慮

テニス指導において最も重要な事項で，中高年者に対してはさらに格別の配慮をする必要がある．特に初心者・初級者に対しては事前の健康診断を含むメディカルチェックをおこない，健康面での問題の有無を確認する必要がある．テニスのプレーでは，時に急激な動作や突然の方向変換など厳しい運動を要する場面がある．また，炎天下や寒冷地での長時間のプレーも珍しいことではない．したがって，必ず医師による事前の承認を得たうえで，適切な運動量を維持しながら指導をおこなうべきである．さらに，プレー直前のウォーミングアップも非常に重要で，特に寒冷時期には入念な準備が必要である．また，プレー中に身体に何らかの異常があればただちに休憩をとり，場合によってはそれ以降のプレーを中断する必要がある．とにかく無理は禁物ということを肝に銘じて指導する．

２─継続は力なり

適切な運動量と頻度のテニスを継続することで，基礎代謝や筋力，心肺機能の向上，骨密度の改善がみられ，体脂肪量・血圧・血糖値等の低下など健康指標のほぼすべての改善が見込まれる．基本的には週に２，３回の頻度で，１回あたり60～90分程度の比較的低程度の運動強度を継続的におこなうことで効果が見込まれる．頻度が週１回では効果はあまり期待できない．

３─社交が重要

継続的に楽しくテニスをおこなうためには，技術の上達はもちろんだが，やはり仲間がいることが重要である．この世代への指導では，指導者は率先して参加者の仲間づくりに心を配るべきであ

る。指導者はプレーヤー同士のコミュニケーターの役割を積極的に担って，オフコートでも会話が続くよう，明るい社交家であることが望ましい。

◢4─技術指導偏重は困りもの

初心者・初級者への指導では技術指導は重要だが，あまりそれらに固執するのも考えものである。特に高齢者では運動能力に制限がある場合があり，新たな技能習得には時間もかかる。例えば，サーブのグリップが厚い場合はスピンサーブに困難が伴う。しかし，高齢の初心者に対するサーブ指導でコンチネンタルグリップに執着するあまり，プレー自体の楽しみを減少させてはならない。現時点でできることをできる範囲で楽しむことが，継続してプレーを楽しむことにほかならない。なるべく早くラリーやゲームを楽しめるよう指導することが重要である。

◢5─テニスマナーやエチケット

テニスには，「プレー中のコートの後方は横断しない」「プレー中のコートにボールを取りに入らない」「応援はふさわしい態度で」など独特のマナーがある。テニス経験者ではあたり前のことでも初心者は知らないことだらけである。したがって，これらのマナーやセルフジャッジの方法は，テニスを社交的に楽しむためにも早い時期に指導者が直接指導することが望ましい。

3．ジュニアプレーヤーの指導

テニスでは18歳以下のプレーヤーを「ジュニア」と呼んでいる。下限は特になく，4～6歳から指導を始めるのが一般的である。

ジュニアプレーヤーの指導に関して最も重要な点は，プレーヤーの発育発達状態に合わせた指導をおこなうことである。適切な時期に適切なトレーニングをおこなうことによって，潜在能力を最大限に引き出すことができる。そのうえでプレーヤーそれぞれに応じた指導内容を構築する必要がある。

◢1─幼児期

この時期は遊びのなかでの身体活動の楽しさを理解させることが最も重要である。この時期の子どもは集中力の持続が困難なため，指導者は子どもたちの興味を継続させるべく，多種多様な動きを取り入れた指導をしなければならない。過度な競争や賞罰は避けるべきである。自己主張が芽生え始め，自他の違いが認識できるようになるため，公平性や社会性の獲得に配慮が必要である。子どもの目線に合わせた指導によって，社会性と自己主張のバランスをとることができる。

指導目標
- ▶身体活動の楽しさを経験する。
- ▶基本動作を身につける。

指導内容
- ▶風船遊び，柔らかく大きなボール遊び，縄跳び，かけっこ，鬼ごっこ，竹馬，ラケットに見立てた棒使い遊び，ミニハードル・ラダーなどを使用したジャンプ，ミニ平均台でのバランス遊び，マット上での器械運動など。
- ▶スポンジボールまたはレッドボールとラケットを使用したボール遊び（ボール乗せ，ボール転がし，ボールドリブルなど）。

1週間のプレー時間の目安
45～60分×2～3回，計90～180分

◢2─児童期

この時期は神経系が急速に発達するため，さま

ざまな身体活動（コーディネーション運動）を継続的におこなうことが，後の運動能力・身体能力向上に影響があると考えられる。したがって，テニスの技術を反復練習すると同時に，コーディネーション能力を高めるトレーニングを重視する。

　幼児期に遊びを通じて身につけた基本動作を，この時期にテニスの技術練習と組み合わせて継続しておこなうことにより，望ましい上達が見込める。反復練習を基本とした技術指導は非常に重要であるが，技術指導だけに偏ってはいけない。ゲームを通じて健全な競争のなかでの状況判断やボールコントロールの選択等，プレーヤー自身で考えながらプレーの構築をおこなえるように指導を心がける。

指導目標
▶ボールコントロール（方向，距離，高さ，回転，速度）の基礎を習得。
▶ゲームを頻繁におこない，状況判断や予測および解決方法の獲得。
▶成功体験による自信や仲間との連携等を通じて意志力，忍耐力，社会性の獲得。

指導内容
▶テニスの基本技術（サーブ，グラウンドストローク，ボレー，オーバーヘッドスマッシュ）の反復練習。
▶5つの打球決定要素（方向，距離，高さ，回転，速度）を用いて，ボールコントロールの基礎を習得。
▶コーディネーション能力向上に役立つテニス以外のスポーツをおこなう。

1週間でのプレー時間の目安
90〜150分×3〜5回，計270〜600分

3―思春期前

　小学校高学年ごろからは，習得された運動能力によって，より高度な技術にもチャレンジできるようになる反面，これまでの運動経験によってプレーヤー個々に能力差がつき始める。初級者指導に関しては，引き続き児童期の指導内容を参考にしつつ，段階的におこなうことを第一とする。また，児童期から引き続き指導するプレーヤーに関しては，さらにゲーム経験を積み，技術指導とともに戦術の指導や状況判断のトレーニングを重視する。

　指導者はプレーヤーそれぞれの体格・体力をはじめ，性格や志向の違いにも注意を払う必要がある。男女差・個別差が顕著になりだすころでもあり，それら身体および心理面での状態を把握し，適切な対応が望まれる。この時期はそれぞれの意志が強くなる時期でもあり，指導者の一方的な指示だけでは円滑なコミュニケーションの形成には不十分である。質問の投げかけ1つとっても「Yes―No」で答えられる単純な質問だけでなく，子どもたちが自ら考えて答えられるような開発型の問答が望ましい。さらに，プレーヤー自身が問題を発見できるような意識をもたせることも必要である。

　技術指導に関しては，何ができて，何ができないのか，また，できない技術の習得のためには何をおこなえばよいのか，などを指導者とプレーヤーが一緒になって考える場を設けることが重要である。

指導目標
▶ボールコントロール（方向，距離，高さ，回転，速度）の精度を高める。
▶状況に応じた適切なショットの選択ができる。
▶テニスの障害を予防するため，正しいストレッチングや身体のケアの方法などを身につける。

指導内容
▶あらゆる状況のなかでの基礎・応用技術の反復

練習をおこなう。
▶基礎技術を上達させるための正しいフットワークの練習をおこなう。
▶柔軟性向上とともに，バランス感覚を養うトレーニングをおこなう。
▶引き続きボールコントロールの5要素の理解を深め，ショットの正確性を高める。
▶練習試合や大会参加を通じて，自分のテニスと他者のテニスを比較検討し，その後の練習内容に反映させる。

> 1週間でのプレー時間の目安

120～180分×3～5回，計360～900分

4 — 思春期

　男女の体力差はこのころより顕著になり，また，同時にその男女の違いなどを意識するころでもある。この思春期特有の精神的不安定さは，テニス指導においても影響は少なくない。指導者とプレーヤー，またはプレーヤー同士のコミュニケーションの不足による心理的葛藤が生じることも十分考えられる。さらに，プレーヤー自身が精神的不安定のために，パフォーマンスやモチベーションの低下がみられることもある。指導者はプレーヤーにカウンセリングなどをおこない，問題点の認識や共有，場合によっては専門家の助言を求めることも必要である。指導者は，指導理念および指導内容を的確に表現しながら，真摯な態度でプレーヤーに接する必要がある。つまり，プレーヤーと指導者との信頼関係の構築こそが，この時期およびそれ以降の指導には重要である。

　指導者は「伝え方」の引き出しを多くもつために，日頃から相手の立場に沿った伝え方を探求する必要がある。

> 指導目標

▶プレッシャーのかかる状態の試合技術を向上させる。
▶練習試合や大会参加を通じて技術・戦術レベルを把握する。

> 指導内容

▶PHV年齢（→p.249）を超えたプレーヤーには，発育発達に応じた体力トレーニングをおこなう。
▶持久力・瞬発力・筋力向上を目的に，個人に見合った負荷でトレーニングする。

> 1週間でのプレー時間の目安

120～180分×4～6回，計480～1080分

5 — 思春期後

　この時期は体格や体力の充実期に差しかかろうとしているが，精神的には未熟な部分も見受けられるため，言葉を使って意思を正確に伝えられないこともよくある。また，面と向かっては本音が出てこない場合もあるので，問題解決にはまず指導者と本人との意識の共有が望ましい。信頼関係の構築は，基本的には時間がかかるため，親とも連携しながら対応する。指導者は，プレーヤー個人の生活面や学業面についても十分理解しながら，両立できる方策を考え，マネジメントする必要がある。

> 指導目標

▶パワーを兼ね備えたテニス技術の習得。
▶戦術的思考を身につける。

> 指導内容

▶活動量を多く，練習の質を高め，高い負荷を与える。
▶本格的に筋力・持久力トレーニングをおこなう。
▶練習試合，対抗戦，トーナメント参加等をより多くする。

> 1週間でのプレー時間

120～180分×4～6回，計480～1080分

4．初心者指導の実際

1—初心者指導のねらい

テニスの魅力を初心者にうまく伝えられるか否かは，指導者の資質に大きく左右される。

多くの初心者はテニスの魅力や楽しい経験として「ラリーが続いたとき」と答えている。TENNIS P&Sやtennis Xpressでもくわしく説明されているが，「ラリーを続けてゲームを楽しむこと」を短時間で達成できることを目標とした指導を心がけてほしい。

テニスを始める際，最初から上手にラケットにボールを当て，簡単なフォアハンドのラリーができるプレーヤーもいるかもしれないが，なかなか上手にできないプレーヤーもいる。運動能力が低くてもラリーの楽しさを実感でき，テニスのゲームができる喜びを与えることのできる指導者が，初心者の指導者として望まれる。

そのためには，テニスを易しく簡略化して指導することが必要となる。ラケットを軽く，コートを小さく，距離を短く，ボールを遅く，ゲーム時間を短く（ジュニアにはこれにネットを低く等を加える）などが簡略化したテニスの実際である。それでも，相手より1球でも多くラリーを続けて勝利するというテニスの本質は変わらない。さらに，初期段階には多くの技術的指導はおこなわず，ラリーの魅力を伝え，実際にプレーして楽しさを感じるためのアドバイスを中心に指導を進めることが重要である。

2—セルフテニスの指導

以前からおこなわれているボールつきのエクササイズであるが，その後の技術習得に有益な方法でおこなうことが大切である。

1—セルフテニス

ねらい
- ▶上肢の筋力とリラックス
- ▶適切な打点の高さと上体からの距離
- ▶ラケット操作
- ▶ボールの弾み方の習得

①ラケット面上にボールを乗せて前後左右に移動（図6-9）

腰の高さにラケットを位置する。腕は適度にリラックス。肘は伸ばしきらない。ラケット面がぶれない程度に前腕で支持する（このとき，肘は上体よりやや離れていること）。やや早足でおこなう。

②ボールつきセルフラリー（図6-10）

図6-9　ラケット面上にボールを乗せて前後左右に移動

図6-10　ボールつきセルフラリー

1m四方のエリアでボールを上向きに打つワンバウンド打ちを連続しておこなう。打球点は腰の高さを強調する。

③ボールつきセルフラリーⅡ

ラケット面を交互に使ってグリップチェンジせずに（厚すぎるグリップでは非常に困難）ボールつきをおこなう。

この時点で，フルウェスタングリップは，コンチネンタルまたはイースタングリップに矯正することが望ましい。

④ボールつきコンテスト

10回または20回程度を目安に連続的にできるまで練習する。その後，競争などもよい。

セルフテニスでは適切な打球位置（打点）を腰の高さ程度とし，肘が伸びきらない程度の距離を保つことを学習し，さらに上肢の最低限の筋力と同時にリラックスすることを学習する。③④では極端なグリップを排除することも同時に指導しており，これにより，今後の技術習得がしやすくなる。

2 ― 2人組セルフテニス

セルフテニスが習得できただけで，ただちにラリーに発展しても多くの場合うまくいかないであろう。まずはラリーが続く条件として，お互いに相手が返球できる易しいボールを継続的に配球する必要がある。初心者レベルでは，ワンバウンドしたボールが相手位置に届くまでに，弾み上がったあとに落下しながら腰周辺の高さに届く必要があり，初心者同士がそのようなボールを打ち合うことは非常に困難を伴う。

そこで，セルフテニス習得後におこなうことは，2人組で同方向を向いたままでのセルフテニスである（図6-11）。同方向を向くことで先のセルフテニスの延長で，大きな変化なくプレーすることが可能である。1人でおこなうセルフテニスが

図6-11　2人組セルフテニス

[2人組セルフテニスのバリエーション]
① フォアハンドvsフォアハンド
　フォアハンドvsバックハンド
　バックハンドvsフォアハンド
　バックハンドvsバックハンド
② お互いにフォアハンドとバックハンドを交互に使う。
③ お互いにフォアハンドとバックハンドをランダムに使用するも3回連続同サイドは不可。
④ ある程度のエリアを決めて移動しながらおこなう（低スピード，狭エリア）。この際はバウンドを高めに上げ時間的猶予を与える。
⑤ ④のドリルの回数を競う。他チームと競争など。

習得できていない場合はこの練習はできないが，その場合は1人セルフテニスの復習を優先させる。

▶ ねらい

▶ ラリー中の相手とのリズム，間の取り方
▶ 相手打球の見極め（弾道，距離，バウンド，位置等）
▶ 自打球の決定とその準備
▶ 適切な打点と面づくり
▶ 適度なボールタッチ
▶ パートナーとのチームワーク

3 ― 対面2人組セルフテニス

対面しておこなうセルフテニスで，ここで初めてテニスらしくなったと実感できるかもしれないが，2の同方向2人組セルフテニスで，ラリー練

図6-12 対面2人組セルフテニス

図6-13 対面2人組セルフテニスⅡ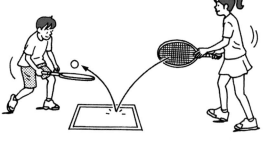

習の基礎を無意識にプレーヤーに浸透させているので，大きな困難は起りにくいと思われる。しかし，相変わらず打球強度をコントロールさせる必要があり，以下の手順を踏むことをお薦めする。

図6-12のように，打球がプレーヤー間を行き来する代わりに，プレーヤー同士が打球地点を行き来する形でおこなう。プレーヤー同士の中間にラインを引き，ボールはライン上付近を上下にバウンドさせる。プレーヤーはそのバウンドに向かって定位置より前進し，適切な打点位置で，ボールを真上に打ち上げる。その後ただちに定位置に戻り，次のバウンドではもう一方のプレーヤーが同じ動作を繰り返してラリーを継続させる。慣れてきたらバウンドゾーンをラインではなく一定の幅をもたせて，その範囲内での打ち合いに発展させる（図6-13）。

この練習によって初歩のミニラリーを習得する。ここまでできたら，テニスコートを横使いにして，お互いにダブルスアレー内を定位置としてミニコートラリーができるようになる。この場合の注意点として，次のステップに進むために，ネットを十分越える高さの弾道が必要である。ラケット面を上向きにして，ある程度打ち上げる感覚を指導してほしい。

ねらい
▶相手打球との距離感
▶適切な打点と面づくり
▶ボールタッチ
▶適切なフットワークと連続性
▶集中力とチャレンジ精神
▶パートナーとのチームワーク

3─フォアハンドとバックハンドは同時進行で指導する

セルフテニスから2人組セルフテニスラリーの指導においては，若干のグリップ指導を除いて，ほとんど打球法（打ち方）の指導はおこなっていない。これは，テニスのオープンスキルとしての特性によるものであり，その場の状況判断を優先しながらの指導で，のちの上達のうえでも重要な視点である。ラリー練習中には，多種の打球に応じて対応できる能力を早期に養うことが重要である。

また，初心者指導においては第一に，フォアハンドとバックハンドに偏らないように注意する必要がある。そのためにも，最初のセルフテニス指導からフォアハンドとバックハンドを経験させるべきで，以後両サイド偏りなく練習をおこなえるようにしなければならない。多くの初心者はバッ

クハンドに違和感があるだろうが，この時点でその偏りを放置すると，その後の得手不得手につながりやすい。バックハンドの練習を積極的に展開することも，場合によっては必要になってくる。

❹―ミニラリーからミニダブルスへ

ここで初めて通常コートでのミニラリーに発展させよう。プレーヤーの潜在的な運動能力が高い場合は，前述した段階のいくつかを割愛しても構わない。重要なことはプレーヤーに適切な目標設定を与えることであり，それが易しすぎても難しすぎてもいけない。ただし，この時点でのミニダブルスはぜひ指導するべきであり，初心者の当面の達成目標はここにある（図6-14）。

ねらい

▶フォアハンドとバックハンドの判断
▶準備動作
▶パートナーとのチームワーク
▶コートスペース・ネットの高さの認識

プレーヤーはサービスライン上にネットを挟んで相対する。コートに余裕のある場合は，1面に4名でおこなうと理想的だが，1面に6名でも十分な安全対策を講じていれば可能である。このミニラリー練習を6名の場合は両サイドのプレーヤーはアレー内でおこない，真ん中の2名はセンターライン上でのプレーを定位置とする。踏んでも安全なディスクやラインマーカー等をネットとプレーヤーの中間に設置してターゲットとする。

安全確認のため，打球が隣のラリーに入った場合はただちに中止して，ほかのプレーヤーとの接触防止に留意する。積極的にバックハンドサイドでの返球を促し，苦手意識の解消を指導すべきである。

この練習の発展型として，3球連続同サイド使用禁止ルールやフォアハンドとバックハンドの交

図6-14 ミニラリー

互ラリー，参加者が多い場合は，2人で交互に返球し合うピンポンラリーも有効である。しかし，参加者が増加すると同時に危険性も増すことに常に留意してほしい。

❺―サーブの指導

ミニダブルスをおこなうためには，早期に初歩サーブを習得する必要がある。短くラケットを持たせたうえでのコンチネンタルグリップを薦めるが，無理強いせずサービスライン後方からサーブできればよいだろう。あまり打球法を説明せずに，まずは打たせてみる。必要に応じて技術的な個別指導をおこなう場合もあるが，最小限度に留めて，ある程度安定してコートに打球できればよい。

▶短く持ったコンチネンタルグリップ（通常の長さで持てれば問題ない）
▶短く持ったイースタングリップ（通常の長さで持てれば問題ない）
▶ノーバウンドのアンダーハンドサーブ（グリップ不問）
▶ワンバウンドのアンダーハンドサーブ（グリップ不問）

上記4つの選択肢のなかから，プレーヤーに応じてサーブができれば結構である。サーブ練習で

図6-15 初歩のサーブの練習

図6-16 トスボレー

は，直後にグリップチェンジ（短く持った場合）をおこない，次の打球に備えて構えの姿勢をとることも忘れずに指導する。同時に相対するプレーヤーはリターン練習をおこない，サーブが入れば1点，リターンが入れば（クロスコートの相手方サービスボックス）1点と数えて，両者交替して何点取れるか競争するなど，興味をもたせるよう心がける（図6-15）。

ねらい
▶初歩サーブの完成
▶次打球の準備
▶簡単なリターンの完成
▶競争と意欲

6 — ボレーの指導

ダブルスでの前衛の役割とボレーの役割を説明し，同時に指導する。ダブルスの醍醐味を伝えることで楽しさも増すことであろう。

2人組になって一方のプレーヤーが易しいボールを下手投げして，ボレーヤーとのキャッチボールをする（図6-16）。これをトスボレーと呼ぶ。最初からフォアハンドとバックハンドを同時に均等に練習し，発展形としてフォアハンドとバックハンドを交互にもおこなう。

十分習得できたら，このトスボレーをランダムにおこなってもよい。このランダムトスボレーは中級者以上のウォーミングアップとしても有効である。ちなみに上級者では，トスの代わりに近距離からのボレー対ボレーでウォーミングアップすることも非常に有効である。

サーブ同様，個別の技術指導は最低限度に抑え，できるだけプレーさせるように指導する。初心者のボレー指導の際にはボレーの必要性，ポジション，効果的な打球方向等の戦術的内容を短く指導する。打ち方等の技術指導を個別に最低限度に抑えることにより，プレーヤーは実際にプレーすることでテニスを楽しむことができる。技術指導は，先に述べたセルフテニスやトスボレー練習時に，指導者が全体を巡回しながら個別の指導としておこなうべきである。

ねらい
▶初歩ボレーの習得
▶構えの姿勢とすばやい面づくり
▶適切なボールタッチとアンダースピン

7 — ミニダブルスの指導

基本的には通常のダブルスとルール，配置，動き方等は同じである（図6-17）。ただし，コー

図6-17 ミニダブルス

トサイズは両サイドのサービスコートのみとする。場合によってはサービスラインをダブルスサイドラインまで延長しておこなっても構わない。サーブは前述のとおりプレーヤーの能力に応じて柔軟に対応し，ダブルフォルトをなくしたルールでもよい。初心者ダブルスは，公平性を厳格にするよりも，技術の差をルールの解釈で埋めることが大切であり，より多くのプレーヤーが楽しめる結果を得ることが優先される。キーワードはプレーレベルの平準化である。

　スコアリングは当初4ポイント先取（数え方も1〜4点）でおこない，4ゲーム先取程度の短いものにしよう。参加者が多い場合はさらに少ないゲーム数でも構わないが，4名全員が最低1回はサーブできるようにすることが望ましい。指導者は参加者数とコート面数を考えて，なるべく待ち時間が少なくなるよう工夫する。まずは，安全に楽しくプレーすることが最優先であるため，このレベルでの強打は絶対禁止である。

　ある程度プレーの経験があるプレーヤーの場合には，本来のスコアリング方式を導入するとよい。最近はテレビ放送等を通じて正式のスコアリングを理解している初心者も多いので，個人に合ったルールでゲームを指導する。

6-5 TENNIS P&S 指導の実践

1. TENNIS P&S とは

「TENNIS P&S（プレイ・アンド・ステイ）」とは，PLAY「楽しくテニスをして」，STAY「ずっとテニスに留まる」という意味で，世界中のテニス人口減少に対応するためにITFが立ち上げたキャンペーンである。

10歳以下を対象としたtennis 10s，11歳から17歳を対象としたプログラム（ITF未発表），大人の初心者を対象としたtennis Xpressの３つで構成されている。すべてのプログラムに共通するコンセプトは「テニスは簡単で楽しく健康的である」であり，「サーブをしてラリーをして得点する」つまり，ゲームは上級者のためだけのものではなく，初心者のためのゲーム形式を使って誰でもテニスを楽しむことができる，としている。TENNIS P&Sとは，老若男女を問わずテニスを始めたその日からゲームが楽しめるプログラムで，テニスは難しくて退屈だという認識を変えることを目的としたキャンペーンである。

（公財）日本テニス協会（JTA）は常にITFと連携をとりながら，TENNIS P&Sプログラムを2009年から段階的に紹介し推進している。日本のテニス人口は減少傾向にあり，テニス人口増加の切り札としてこのプログラムの普及と指導者養成に取り組んでいる。

１人でも多くのテニス未経験者にテニスを体験してもらう機会をつくり，テニスを生涯スポーツとして楽しんでもらえるように，イベントの実施，指導者養成事業の２つを柱に推進している。

2. なぜTENNIS P&Sなのか

■1—国内におけるテニス人口の減少

2012年JTAが実施したテニス人口等環境実態調査において、年1回以上テニスをするテニス人口は約430万人、テニスコート数は12年で3分の2に減少していることが示された。テニス人口は長期的に減少し、高齢化が顕著である（テニス人口等環境実態調査報告書、（公財）日本テニス協会）。我が国の少子高齢化はその一要因ではあるが、テニスを取り巻く社会環境の変化に応じた抜本的な施策が求められている。

■2—世界のテニスの環境

ITFの調査によると、アメリカではテニスは「人気のあるスポーツのトップ20」に入っていないことが指摘されている。アメリカの人口全体の30％にあたる8,000万人がテニスを一度は経験しているが楽しくなかったと述べている。またオランダでは新しく毎年9万人がテニスを始めるが、同じ9万人がテニスをやめてしまう事実が指摘されている。さらに、5歳から12歳の子どもの34％がテニスを好きになれないという理由でテニスをやめてしまった、と報告されている。

このようなテニス離れの現象は特に先進国で顕著な傾向にあり、これに危機感を抱いたITFが調査の結果を踏まえ、対策として2009年にTENNIS P&Sキャンペーンを立ち上げた。

3. TENNIS P&Sの実際

TENNIS P&Sプログラムでは、誰にとってもテニスは簡単で楽しいものであると感じてもらうために、3種類の速度の緩やかなボール、広さの違うコート、ネットの高さ、そして子どもたちには長さの違うラケットを使用する（図6-18）。あくまでもテニスの楽しさはゲームであり、サーブ、ラリー、そして得点すること、つまり導入段階からゲームに基づいた指導法を実施する。初心者に対しては技術重視の指導法より適切であると考えられる。

テニスは伝統的なスポーツであるが、次世代へ新しい考え方・指導法を取り入れていくことが求められている。

■1—ゲームに基づいたコーチング

指導者の重要な役割は、できるだけ早くプレーヤーにゲーム（サーブ、ラリー、得点）をさせることである。覚えるのが難しく試合で効果的に使えないような技術を習うよりも、ゲームをすることのほうが大切である。プレーヤーを1列や2列に並ばせコーチが球出しをして誰もいないコートに打ちっぱなしにすることより、プレーヤー同士のラリーやいろいろな種類のゲームをおこなうことのほうがより多くのボールを打つことになるうえ、戦術や技術を身につけることができる。

テニスはオープンスキルであり、プレーヤーはゲームを想定したコーチングを受けることによって、必要な技術の習得、状況に応じた技術の選択が可能となる。初心者は習得した少ない技術のなかで状況に対応することによって、また上級者は、習得した技術が多く選択肢が増え、ゲームがより高度になることによって、テニスの楽しさをより感じることができる。

重要なことは、初心者の段階から「テニスはすべての場面においてプレーヤー自身が自らの意思でショットの選択をしボールを打つ」ということ

図6-18　TENNIS P&Sのボール，コートサイズ

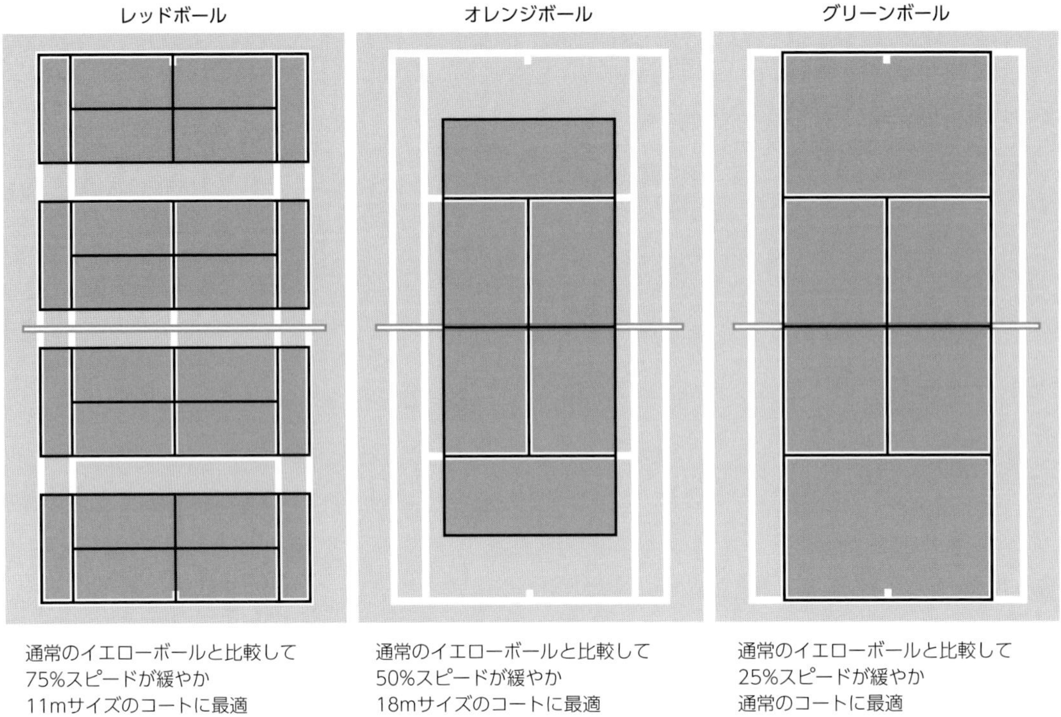

レッドボール　　　　　　　　　オレンジボール　　　　　　　　グリーンボール

通常のイエローボールと比較して
75％スピードが緩やか
11mサイズのコートに最適

通常のイエローボールと比較して
50％スピードが緩やか
18mサイズのコートに最適

通常のイエローボールと比較して
25％スピードが緩やか
通常のコートに最適

である。指導者はプレーヤーにとって簡単すぎたり難しすぎたりしない最適な挑戦レベルを見つけ，提供しなくてはならない。

初心者がテニスを難しいと感じる理由として，ボールの速度が速すぎる，ボールのバウンドが高すぎる，コートが広すぎる，子どもにおいてはラケット（ノーマルサイズ）をコントロールできない，などがあげられる。しかし，3種類の速度の緩やかなボールと小さなコートサイズ，短いラケットの使用によりこれらの課題を解決し，早い段階でゲームが可能となった。プレーヤーの技術・体力レベル，子どもにおいては発達段階に合ったボールやコートの選択により，指導者はプレーヤーに最適な挑戦のレベルを見つけ，プレーヤーが常にチャレンジ精神と達成感を感じる環境を提供することができる。これこそがテニスにSTAYするための重要な要因であろう。初心者の段階で彼らがテニスを戦術面から理解することに比べると，技術は重要ではない（国際テニス連盟，2010）。

2─試合中の局面と初心者への基本的な戦術指導

TENNIS P&Sはゲーム・ベースド・アプローチの考えに基づいたプログラムである。指導者はこのプログラムを実践する際には「試合の局面と戦術」について正しく理解することが必要である。

一般的にシングルスにおいて想定される試合中の局面は3つである。

[シングルスにおける試合中の局面]
▶サーブかリターンを打っている。
▶ストロークを打っている。
▶アプローチを打っているかネットにいる，ある

いは相手に対してパッシングショットかロブを打っている。

これを3つのゲーム状況と呼ぶ。指導者はこの3つの状況のなかでプレーヤーが何が達成でき，何がうまく処理できていないかを識別する。そのうえでオールラウンドにゲームが上達できるよう，また異なる状況でプレーするように練習を組み立てることが大事である（3つの状況に関するドリル例は，プレイ・テニス教本　p44～49参照）。

テニスは戦術を駆使するゲームである。前述した3つのゲーム状況に加えて，プレーヤーは異なる5つの基本的戦術を使ってポイントを獲得することを目標とする。

[シングルスにおける基本的な5つの戦術]
▶安定性：相手より多くネットを越し，相手コートにボールを入れ続ける。
▶相手を動かす：相手をコート上で移動させるようなショットを打つ。
▶適切なコート・ポジションの維持：相手のショットに対して最小限の動きですむポジショニング。
▶自分の強みを生かす：自分が得意とするショットを武器として安定性と正確性を発揮する。
▶相手の短所を攻める：相手の短所を攻め，ミスを誘い，より多く得点をする。

ゲームに基づいたコーチングでは，テニスレッスンをおもしろく刺激的にすることでプレーヤーが達成感を得ることが重要である。そのためには，プレーヤー個々の状況とニーズを3つの状況と5つの戦術を用いて判断し，より楽しくテニスができる環境をつくることが求められる。その基本は最初からサーブ，ラリー，そして得点することがテニスであるというメッセージを送り続けることである。

4．tennis 10s

■1—tennis 10s とは

tennis 10sとはTENNIS P&Sキャンペーンにおける10歳以下を対象とした指導プログラムである。図6-18で示したコートを用い，適切な環境をつくり，適切な試合方法を提供することが原則である。

■2—tennis 10s と子どもの発育段階

TENNIS P&Sプログラムは科学的根拠に基づいたプログラムであり，特にtennis 10sは10歳以下の子どもたちの成長段階に合わせて，安全で楽しくテニスをすることで発育発達を促すプログラムである。

ストロークの最適な打点は腰と肩の間である。この打点でボールをとらえることは最も力が入りやすいうえ，安全でけがが少ないことが知られている。3種類のボールを使うことにより，10歳以下のプレーヤーが最適な高さでボールをとらえることができる。そのため極端に厚いグリップでボールを打つことが避けられることや，小さいコートを使用すると大人と同じ歩数でコートカバーができることから，大人と同じ戦術を利用したゲームが可能となる（図6-19）。また，小さいコートは，相手との距離が短いことですばやく動く能力が培われる。そして，視機能が発達段階にある10歳以下の子どもたちの奥行きを認知する能力を段階的に発達させるためにも，遅くて弾まないボールを使うことは子どもたちに合った目標を提供することができ，8～9歳から12～13歳にかけての神経系の発達時期において有効であると考えられる。

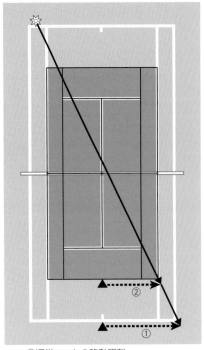

図6-19 テニスコート

① 通常コートの移動距離
　185cmの成人男性＝3.5歩
　138cmの子ども＝4.7歩
② オレンジコートの移動距離
　138cmの子ども＝3.6歩
▼大人と同様のフットワークの習得可能

一方，tennis 10sの時期においては保護者の役割が重要である。なぜならばこの時期の子どもたちは保護者の振る舞いに大きく影響されるからである。ゲームをすることでテニスを楽しみ，技術を向上させることを推奨するこのプログラムにおいて，子どもたちに適切な試合，競争の構造と環境を与え，フォローをすることが求められる。保護者は大会の環境のなかでどう反応し振る舞えばよいかをほとんど教えられていないにもかかわらず，子どもたちの試合経験に大きな影響を及ぼすものである。保護者が勝ち負けにこだわりすぎると，子どもは親が自分に興味があるのではなく，試合の勝ち負けにしか興味がないと感じてしまう。

tennis 10sにおいては試合の勝ち負けはさして重要なことではなく，子どもたちがテニス自体を好きになり，たくさんの試合を経験することが大切である。指導者は，保護者に対しプレーヤーである子どもの勝ち負けを評価するのではなく，目標に向かって努力し試合でベストを尽くせたか，その過程や姿勢が重要であること，ルールを尊重し対戦相手やその保護者，コーチ，大会スタッフを敬うことが大切であることを伝え，理解を得ることを忘れてはならない（tennis 10s 10歳以下の競技と指導に関するガイドブック，公益財団法人日本テニス協会，p25～p30，10歳以下のテニス：保護者向けガイド，国際テニス連盟（ITF）公式プログラムリーフレット）。

5．tennis Xpress

■—tennis Xpress とは

tennis XpressとはTENNIS P&Sキャンペーンにおける大人の初心者のためのプログラムである。最初のレッスンから速度の緩やかなグリーンボール，オレンジボールを使い（レッドボール使用もあり），サーブ，ラリー，得点をすることであらゆる初心者をサポートするものである。この考えはtennis 10sを通じて世界中のジュニアプレーヤーに対して成果を上げてきた。大人の初心者に対してもこれと同じ成果が期待できると考えている。

テニスとは簡単で，楽しく，ゲームを通じて競い合う楽しみがあり，健康的であり生涯スポーツである（公益財団法人日本テニス協会，TENNIS P&S, Mark Tennant氏 特別講習会，配布資料）。高齢化が著しい我が国にとって健康維持のためス

ポーツの果たす役割は大きい。長く生涯にわたって続けていけるようにするためには，プレーヤーのニーズを正しく把握しなくてはならない。

❷—tennis Xpress と tennis10s の違い

TENNIS P&Sと言うと子どものプログラムと感じてしまうかもしれない。しかし，前述の通りtennis XpressはTENNIS P&Sキャンペーンにおける大人の初心者に向けた普及プログラムであり，tennis 10sの大人版ではない。

tennis Xpressとtennis 10sの違い（表6-6）について，まずゲームは同じでテニスをする人の違いであることを述べたい。子どもがテニスをする理由はゲームがしたい，友人と遊びたい，活動的になりたい，というシンプルなものであることに対し，大人がテニスをする理由は，仕事からの解放・息抜き・気分転換，運動をしたい，動いてたくさんボールを打ちたい，同じレベルの人とテニスをして仲間をつくりたい，といったものである。大人のニーズは多様で個別であることを理解し，指導者にはその個別のニーズに対応できるプログラムを提供することが求められる。

tennis Xpressを導入し，より高い満足感が得られた領域として，息抜き・気分転換の部分では「スポーツを通じて自分に挑戦ができた」，運動・フィットネスでは「自分に合ったスポーツをすることで適切な運動強度が得られる」，社交性では「威圧的で脅迫的でない環境で参加できる」があげられており，プレーヤー自身の基準によるところが影響している。特に威圧的で脅迫的でない環境での参加については，「他の人と比較しできない，うまくできず指導者からいつも注意されることで自分が恥ずかしい思いをしたくない」という願望が強いことがわかる。指導者はいろいろなプレーヤーを同時に指導する際，それぞれの能力や運動経験を事前に知り，理解することで適切な課題を与え常に前向きに取り組める環境づくりが「続ける＝STAY」の大きなファクターであることを認識しなくてはならない。

tennis Xpressの一例として指導者のためのガイドブックにおいて6週間で9時間（6日×1.5時間）のグループレッスンプログラムを紹介している。これはあくまでも例であり，1回あたりのレッスン時間や回数を規定するものではなく，個々のレッスンの状況に合わせて自由に変化させることができる。個々のプログラムについては（公財）日本テニス協会「tennis Xpressコーチのためのガイドブック」を参照されたい。

表6-6　tennis Xpressとtennis10sの違い

	tennis 10s	tennis Xpress
テニスを始めるきっかけ	外因性…親がきっかけをつくる。	内的な要因…自分で決めて始める。
テニスをする目的・要望	趣味 友達と一緒に遊びたい。 楽しい。 試合をたくさんしたい。 コーチが好き。	息抜き・気分転換 運動・フィットネス 楽しみ 社交性 正しい技術を学びたい。 テニスがしたい。
運動経験	スポーツ経験少ない。	スポーツ経験あり（良くも悪くも）。
運動能力，発育段階	発育曲線上昇	発育曲線下降

（2014/03/15 TENNIS P&S特別講習会Mark Tennant資料より）

6. TENNIS P&S の可能性と指導者の役割

1─発想の転換

　TENNIS P&Sプログラムでは指導者は「それぞれのレッスンで興奮や喜びをもたらすことができるエンターテイナーである」（JTA「プレイ・テニス教本」p2）とされている。これまで多くの指導者は技術指導に主眼をおいていたため、グリップは、スイングは、〜でなくてはならない、というような押しつけ型の指導になっていなかったか。指導者は最低限の情報を与え、あとはプレーヤー自身が自由な発想でゲームをおこない、達成感や自ら考える喜びを感じることができるようなアドバイスができているだろうか。

　「テニスとは？」こう聞かれて何と答えるであろうか。TENNIS P&Sキャンペーンに主導的な役割を果たしたMark Tennant氏（INSPIRE 2 COACH Director）は来日の際、"Tennis is Game." と答えている。技術の獲得が目的ではなくゲームを楽しむことがテニスであり、そのゲームをより楽しむために技術を獲得するのである。「ゲーム」が強調されると勝ち負けにこだわり過ぎてしまうのでは、という危惧があるが、「マッチ"match"」ではなく「ゲーム"game"」であることを指導者自ら理解しなくてはならない。

　プレーヤーに最適な目標を示し、その達成過程で最低限の情報だけを与え、プレーヤーの気づきを待つことは、指導者にとって忍耐と自身の能力を問われるところとなる。しかしながらその気づきがもつ意味は非常に大きい。テニス離れの理由の1つが指導法にあるとすれば、今、その事実と向かい合うべきであろう。

　テニス指導が、管理型コミュニケーションスタイルのティーチングから、協調型コミュニケーションで潜在能力を引き出すコーチングへ、指導者は発想の転換が求められている。

2─少子高齢社会への対応

　老若男女が同じコート、同じルールでゲームが楽しめるTENNIS P&Sは画期的なプログラムである。今、時代は絆を求めており、目的、時間、喜びを家族で共有することによって家族の絆を深めたいというニーズは大きい。TENNIS P&Sのファミリーイベントの人気は高い。3世代、4世代交流も可能であろう。参加者がイベントで触れたテニスに、生涯にわたりSTAYできる環境づくり、指導者の育成にはすぐに取り組まなければならない。TENNIS P&Sはテニス文化の構築をめざすため、テニスの原点に立ち戻るプログラムである。

[第6章文献]
- EldertonWayne (2001) 21st Century Tennis Coaching 3.5. www.acecoach.com.
- 深見英一郎 (2010) モニタリングと相互作用, 高橋健夫ほか [編著], 体育科教育学入門, 大修館書店：pp. 90-97.
- 広瀬一郎 (2002) スポーツマンシップを考える, ベースボール・マガジン社.
- 国際テニス連盟 (2010) プレー・テニス教本, 藤田聡 [編], 財団法人日本テニス協会.
- 国際テニス連盟 (2013) tennis Xpress コーチのためのガイドブック, 藤田聡 [監訳], 公益財団法人日本テニス協会.
- 国際テニス連盟 (2011) tennis 10s－10歳以下の競技と指導に関するガイドブック－, 藤田聡 [監訳], 公益財団法人日本テニス協会.
- 岩田靖 (1994) 教材づくりの意義と方法, 高橋健夫 [編], 体育の授業を創る, 大修館書店：pp.26-34.
- 岩田靖 (2006) 教材配列, 日本体育学会 [監修], 最新スポーツ科学事典, 平凡社：p.211.
- 岡澤祥訓 (1987) パフォーマンス・運動学習とパーソナリティ, 松田岩男, 杉原隆 [編], 新版運動心理学入門, 大修館書店：pp.215-218.

TENNIS COACHING THEORY

7章 車いすテニス

7-1 車いすテニスの歴史と特性

1．歴史と現状

　車いすテニスは，1976年，アメリカ人ブラッド・パークス氏によって，リハビリテーションとして始められた。その後，レクリエーション的なものとなり，現在ではプロスポーツにまで発展している。

［車いすテニスの普及と発展の流れ］

1983年　日本の車いすテニスが始まった。

1986年　日本車いすテニス連絡協議会が発足。

1987年　日本身体障害者スポーツ協会の種目別団体となる。

1988年　ランキング方式導入のために日本テニスプレーヤーズ協会に改組。

1988年　アメリカで国際車いすテニス連盟（IWTF）が設立され，80カ国以上が加盟。

1989年　日本車いすテニス協会（JWTA）が組織される（発足）。

1991年　IWTFは，事務局をロンドンの国際テニス連盟（ITF）内に移し，そのバックアップにより普及活動を強化。

1998年　IWTFがITFに完全統合。ITF車いすテニス委員会の諮問機関として発足。

［日本車いすテニスチームITFワールド・チームカップの活躍］

2001年　ワールド・チームカップイタリア大会　クァード世界2位。

2003年　ワールド・チームカップポーランド大会　男子優勝。

2007年　ワールド・チームカップスウェーデン大会　男子優勝。

2012年　ワールド・チームカップ韓国大会　女子世界2位。

　そして今や，日本車いすテニスチームは，入賞

や世界3位という成績を何度も残している強豪国となっている。

日本の車いすテニスプレーヤーの活躍は，国枝慎吾選手が世界ランキング1位となったことで，今まで以上に周知されるようになった。また，女子では上地結衣選手も現在世界ランキング2位まで上りつめている。このような日本のトッププレーヤーの活躍は，今までの先輩プレーヤーや指導者の存在があってこその現状である。特に近年では，プライベートで指導したり，ツアーに帯同したりする指導者も，数少ないが現れている。そういった活動がプレーヤーを世界で活躍させる原動力になっている。また少しずつではあるが，グループレッスンを常設している一般スクールも増え始めている。

このような現状のなかで最も大切な課題は，指導者の組織的な育成である。国内においては，JTAとJWTAのより強い連携が必要と考えられる。組織的に指導者育成をおこなうことで情報の提供が可能となる。また車いすテニスが広く普及してくると，正しい情報を発信し，それを各地の指導者に正しくキャッチしてもらうシステムが必要となる。

今後，国内の車いすテニスは，さらに知名度も上がり，プロ化が進み，一般のテニス同様に見る側・支える側に感動を与える役割を果たすことになるであろう。

2．車いすテニスの特性

車いすテニスを指導するうえでまず大切なことは，プレーヤーそれぞれに違いがあることを理解することである。指導者は，1人ひとりの障害の程度，テニスのレベルなどを把握することが重要であり，効果的な指導をおこなうためにプレーヤーとしっかりコミュニケーションをとることが必要である。

障害について知識をより深めたい指導者には，障がい者スポーツ指導員の資格を取得することをお勧めする。障害についての知識を深めることは，プレーヤーにけがをさせない指導力につながる。また，おのおのの障害を把握することで，プレーヤーの身体的な特徴をより生かした指導をおこなうことが可能となり，普及・育成だけでなく強化につなげることができる。

1──身体的特徴

▶常に手（腕）を使わなければならない。

手や腕，腹筋，背筋など，上半身の疲労が激しい。

▶身体の回転（ひねり）を使うことができない。

脊髄を損傷しているプレーヤーは，腰を使用して打つことができない。よって，いわゆる「手打ち」になる場合が多い。

▶視野が低い。

車いすに乗っているために，必然的に視野が低く，ネットの白帯が視線を遮って，ベースラインから相手やコートラインが見えにくい。そのため，ラインの確認や相手の動き・ラケット面などの予測を阻害される要因が多い。

▶動きの制限がある。

車いすに乗っているため，細かい動きが難しく，特に正面ボールの処理が困難である。また，いつも1つの（固定された）フォームで打つことが難しく，さまざまな打点への対応が可能なラケット操作が重要視される。

一般プレーヤーの場合，イレギュラーバウンドなどの予想外のボールに対応するときは，細かなフットワークで調整できるが，車いすだと細かい

動きの調整が難しいので，このようなボールへの対応ができない。また，一般プレーヤーは，ストローク打球時に，軸足を決めて安定を図るが，車いすには軸足がないので，打つためのきっかけがつかみにくい。

2 ─ ルール・大会・クラス分け

1 ─ ルール

コートサイズ，ラケットなど基本的には一般のテニスとの違いはない。大きな違いとしてはツーバウンドまでが有効とされている点である。この場合，ワンバウンド目がコート内であればツーバウンド目がコート外でもよいとなっている。

2 ─ トーナメント

トーナメントは国内大会に限らず，世界大会まで実施されている。現在では世界四大大会と同じ会場でトーナメントが開催されるようになった。

3 ─ クラス分け

クラスは，大きく一般とジュニアに分かれており，両クラスともに男子，女子，クァードの3つに分けられる。クァードクラスは脊髄を損傷しているプレーヤーを対象としている。指導者は，バランステスト（図7-1）などを用いてプレーヤーの障害の特性を把握することができる。

3 ─ 運動形態

▶ほとんどのボールがネットより低い位置で打たれる。

フラット系の直線的なボールはコートに入れにくい。スピンが効いたボールのほうがコートに入る確率が高くなる。

▶高さの制限がある。

車いすではジャンプができない。また，座位にあるため，ストロークにおいては，高い位置のボールに弱く，このボールの処理がカギとなる。また，サーブにおいては，ストロークと同様に，フラット系はコートに入る確率が低くなる。したがって，ボールに回転をかけるスピンサーブが有効となる。

3．車いすの特徴

一般の人がテニスをするためにテニス用シューズに履き替えるように，車いすテニスプレーヤーはテニス用の車いす（競技用）に乗り換えてプ

図7-1　バランステスト

①両手を広げ，どれだけ上体を支持できるか。
②周囲のグレーの部分にボールを出し，どのような形態で返球できるか，片手はタイヤをつかまないといけないか，離しても大丈夫かなどをテストする。

このように，バランスが崩れようとするとき，手をどこかに支えて打とうとする。このケースは腰の効かないプレーヤーによく見られる。

レーをする。プレーヤーの身体的特徴（障害の違い）により，座の高さ，シートの角度などを個人に合わせた競技用車いすを使用する。競技用の車いすは進化を続けているが，現在では5輪タイプが主流である（図7-2）。

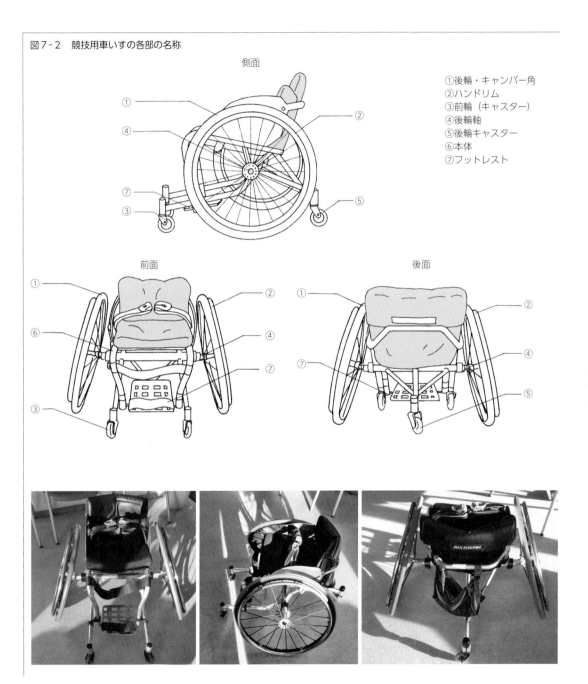

図7-2　競技用車いすの各部の名称

①後輪・キャンバー角
②ハンドリム
③前輪（キャスター）
④後輪軸
⑤後輪キャスター
⑥本体
⑦フットレスト

7-2 車いすテニスの技術とチェアーワーク

1. 技術

ラケットの進化により，一般のテニスと変わらない技術を身につけられるようになった。

❶—グラウンドストローク

1—フォアハンドストローク（図7-3～図7-6）

ほとんどのストロークにおいて，ネットより低い位置からボールを打つので，直線的な軌道を描くボールは，コートに入る確率が低くなる。よって，回転のかかったスピンボールを打って，相手コートに入る確率を高くする必要がある。

フォアハンドストロークでは，セミウエスタンやウエスタングリップ（→p.45）を使用する。前者はフラットドライブ系，後者はスピン系のボールを打つときに用いられる。セミウエスタングリップを使用して打ったボールは，ラケット面から直線的に飛び出し，速く強いボールとなる。これがメリットである。ウエスタングリップを使用して打ったボールは，回転（スピン）がよくかかり，ループを描いてボールが飛んでいく。常に回転がかかっているため，相手コートに入る確率が高い。なによりも，バウンドが高いため，車いすテニスにおいては有効なボールとなる。

このようなスピンボールを打つためには，適切な車いす操作（チェアーワーク）が必要である。一般のテニスでは，低いボールを処理するときには膝を曲げて打つが，車いすテニスでは，上体を傾けて対応しなければならない。スイング方法は，一般プレーヤーと変わらないが，身体の回転が使えない車いすプレーヤーの場合は，車いすのターンを利用して打つ技術も必要となってくる。スイングで大切なことは，下から上への軌道を意識することである。そして，ボールをヒットする際に

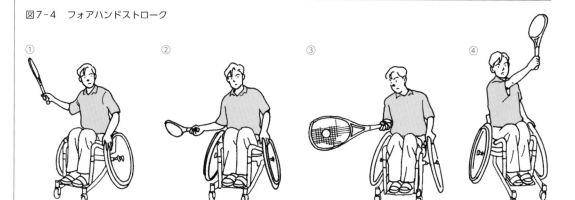

図7-3　フォアハンドストロークの軌道とインパクトゾーン

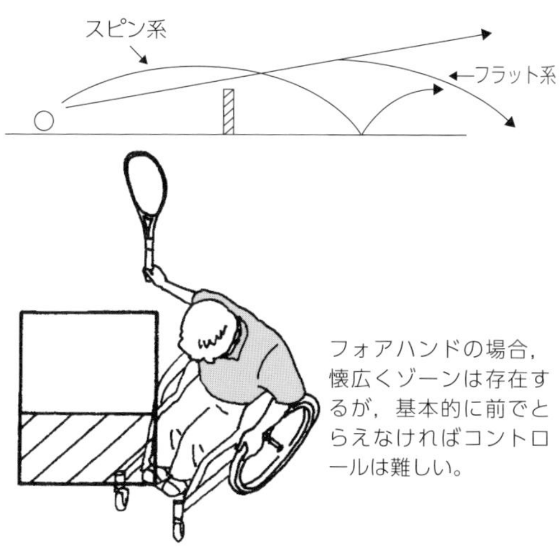

スピン系
←フラット系
フォアハンドの場合，懐広くゾーンは存在するが，基本的に前でとらえなければコントロールは難しい。

は，ボールがスイングの途中で当たる感覚を養うことが大切である。

2―バックハンドストローク（図7-7～図7-9）

バックハンドストロークにおいても，フォアハンドストロークと同様に，ネットよりも低い位置でボールを打たなくてはならない。したがって，バックハンドストロークの導入として，スライスショットは適している。

スライスショットはラケット面をやや上向きにしてボールを迎えるため，ネットを越える確率が高くなる。また，軌道のイメージもつくりやすい。さらに打点（ヒッティングゾーン）が多少前後し

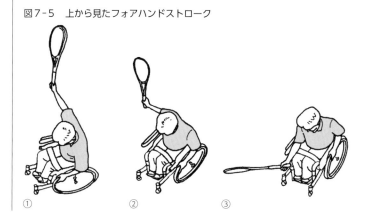

図7-4　フォアハンドストローク

①
②
③
④

①構えたときに，ラケットを持たない手はタイヤに接しておく。　②左手（左利きの場合は右手）を引きながら（ターンをしながら）ヒット。

図7-5　上から見たフォアハンドストローク

①
②
③

図7-6　フォアハンドのスイング軌道

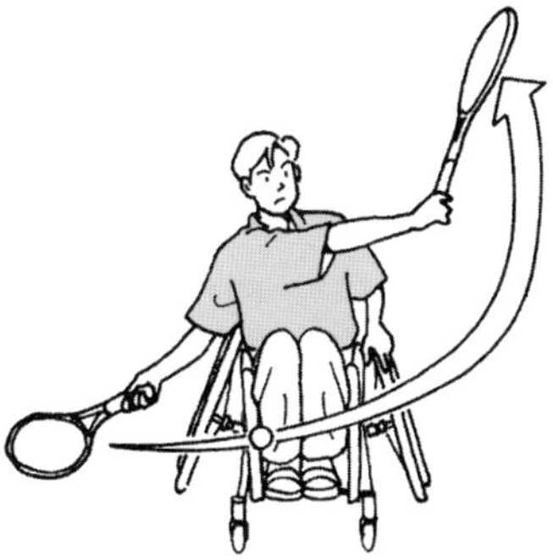

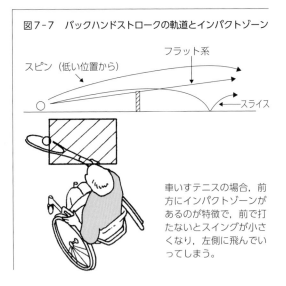

図7-7 バックハンドストロークの軌道とインパクトゾーン

車いすテニスの場合，前方にインパクトゾーンがあるのが特徴で，前で打たないとスイングが小さくなり，左側に飛んでいってしまう。

たり，左右にずれたりしても打球可能である。スイング軌道は一般プレーヤーと同じである。スライスショットのバリエーションはスライス，サイドスライス，チョップ，ドロップなどと豊富で，その使い方もさまざまである。車いすテニスの歴史をみても，スライスショットは欠かせない技術であるが，近年ではラケットの進化により，世界トップレベルのプレーヤーは，試合中にトップスピンを多く使う傾向にある。

バックハンドストロークにおけるトップスピンの特徴は，フォアハンドストローク同様，回転をかけることでフラットボールよりも安全にコート

図7-8 バックハンドストローク

バックスイング（①）のとき，ラケットを持たない側の手はタイヤを握らない。握ることでブレーキがかかり，打つ方向と反対にターンしてしまう。

インパクト（③）はラケット側のタイヤの前にある。フィニッシュ（④）後，ターン（ブレーキング）する。

図7-9 スライスショットの種類

①スライス
一般のテニスとは違い，打点が前になる（タイヤより前）。

②合わせ打ち
予測外のボールが来たときも，対応（コントロール）できる。

③チップショット
低い弾道を描き，相手コートではバウンドして伸びる。

内へ収めることができる点である。また，トップスピンがかかったボールはコートに落ちてから高くバウンドするので，有効なボールとなる。車いすテニスのバックハンドトップスピンは，グリップチェンジをおこなわず，ワングリップで打つ。つまり，ソフトテニスと同様に，フォアハンドの打球面と同じ面でバックハンドを打っている。

車いすテニスの場合，軸足を決めることができないため，打球のタイミングがつかみにくい。したがって，予測力，空間認知力をトレーニングして，バックスイングを早めに実施する必要がある。初期の導入段階では，ヒッティングポイントはポイントでとらえるのではなく，ゾーンでとらえる意識をもち，スイングの途中にヒッティングポイントがあるように意識づけることも大切である。

いずれにしても，これらの目標を達成するためには，チェアーワークスキル（車いす操作）が適切であることが不可欠である。

❷—サーブ

高さの制限を余儀なくされているため，回転の効いたサーブが必要となってくる。車いすテニスでは体重の移動やジャンプという動きは不可能なことが多い。身体を反る・ねじる動作は可能な場合もあるが，この動作は腰が効くプレーヤーに限られる。そのため，トスを上げる方向・位置が非常に重要となる。確実に打てる位置へトスアップすることが，確率の高いサーブを打つために必要となってくる（図7-10）。

スイングは，一般のテニスと同様で，プロネーション（回内）を用いた動作が必要な技術とされている。ただし，プレーヤーには個人差があるので，この技術がすべてではない。指導者は，プレーヤーと十分なコミュニケーションをとり，身体の状態を把握する必要があることを忘れないで

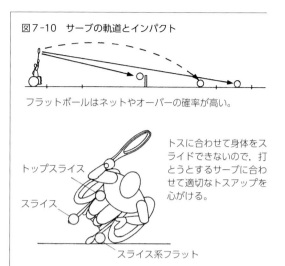

図7-10 サーブの軌道とインパクト

フラットボールはネットやオーバーの確率が高い。

トップスライス
スライス
スライス系フラット

トスに合わせて身体をスライドできないので，打とうとするサーブに合わせて適切なトスアップを心がける。

おきたい。

❸—ボレー

戦術において，ボレーは欠かせない技術となっている。ボレーの技術は一般テニスと変わらないが，動きについては大きな違いがある。車いすテニスでは，踏み込み動作（ステップイン）や横の動きができないため，動きが限定される。そのために，コースをよむこと，ラケット操作，車いすの小刻みな動き，予測力が成功のためのカギとなる。ラリーの展開からネットへつめるタイミングを誤ると，パッシングショットやロビングで抜かれやすいので，予測力が必要となる。近年のトッププレーヤーたちは，ロビングで頭上を抜かれても，すかさず後方へターンを切り，返球している。ボレーへ出るポジションは攻守にわたり非常に大切となる。

❹—オーバーヘッドスマッシュ

オーバーヘッドスマッシュは1試合に1〜2球打たれる程度の非常にまれなショットである。オーバーヘッドスマッシュ技術においても，ボ

レーで述べたようにコースをよむこと，ラケット操作，車いすの小刻みな動き，予測力がカギとなる。特に，空間認知力は絶対的に必要となることから，スマッシュにおいてはポジショニングが重要である。スイング技術は一般テニスと変わらないが，プレーヤー1人ひとりには違いがあるので，それぞれの特徴を把握したうえでの指導を忘れないことが大切である。

2．チェアーワーク

車いすテニスにおいて，チェアーワークのスキルはすべての技術の土台であり，このスキルの上達をなくして車いすテニスは語れないと言っても過言ではないだろう。各技術における必要不可欠な動き方，ゲームにおけるストローク時の動き方など，チェアーワークにはさまざまな方法がある。

1 ─ 基本動作

1 ─ 手の使い方

ラケットを持ったまま車いすを押さなければならないことが，車いす操作を難しくさせる原因となっている。ラケットを持つ手は持たない手に比べて60～80％の力しか発揮できないであろう。したがって，いかに効率よくタイヤに力を伝えるかがカギとなる。

まず，ラケットは親指を除く4本の指と手のひらで支える。そして親指の付け根の膨らんだところ（母指球）をタイヤのハンドリムに接触させる。この膨らんだ部分が手のひらのなかで最も力が伝わりやすいところである（図7-11）。

ラケットを持たない手は，タイヤあるいはハンドリムを押す（図7-12）。可能であればハンドリムを押したほうがよい。タイヤを押す場合は，

図7-11 ラケットの持ち方（上）とタイヤの握り方（下）

親指の付け根の膨らんだ部分でハンドリムをプッシュ。

ハンドリムに親指の方向を合わせる。

手の大きいプレーヤーはグリップとハンドリムをはさみ込むと，さらに安定してパワーが伝わりやすい。

図7-12 ラケットを持たない側のプッシュ方法

タイヤの方向に親指を合わせ，親指の付け根の膨らんだ部分でプッシュする。タイヤを握ることなくプッシュすることが大切である。

図7-13 ハンドリムをプッシュする方法

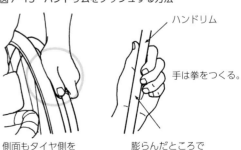

ハンドリム

手は拳をつくる。

側面もタイヤ側を握る。

膨らんだところでハンドリムを握る。

206　第7章　車いすテニス

手のひらを開き，やはり親指の腹でプッシュする。ハンドリムを押す場合は，軽く拳をつくり，親指の腹と親指の側面でプッシュする（図7-13）。いずれにしても，両手ともにうまく力を伝えることが大切である。

2─車いすの押し方（プッシュストローク）

基本動作としては，タイヤの角度（キャンバー）に合わせて効率よく押すことが大切である。タイヤの角度がハの字になるようにプッシュする。このとき，上体が寝たり起きたり（頭を前後に動かす動作）しないこと，腕が伸びきらない程度に上体を傾け，手のひらに体重をかけて押すことが大切である（図7-14）。腕の回転としては，プッシュしたあとは肩甲骨から引き上げるようにして，すばやく次のプッシュに移行する。タイヤの動きに合わせて腕を振っていくことが重要である。長い距離を押していくことは少ないが，その場合は，腕を押し切ったら手先を後ろに回すことなく直線的に引き上げ，すばやく次のプッシュストロークに入ることが望ましい。

ここで最も重要なことは，少しずつ押すのではなく，腕の最大可動域まで押す長いプッシュストロークを用いることである。また，上体を上下させてはいけない。上体を上下させると，視野も上下し，距離感や予測を鈍らせる原因になるからである。これらのプッシュは，上腕二頭筋や広背筋が働いているため，これらの筋を鍛えることによりスピードアップが可能となる。

車いすテニスでは，持久力（ローパワー）と瞬発力（ハイパワー）が必要になってくる。プッシュしなければならないときは「ハイパワー」で最大限の力をタイヤに伝え，その勢いを消すことなく「ローパワー」に移行する。微調整の「ミドルパワー」も使うが，車いすテニスの特徴は，ローパワーとハイパワーの組み合わせである。

図7-14　車いすの押し方

①初めてのキャッチ
（手なりでキャッチ）

②1回目のプッシュ
（このあと，すばやく腕を引き上げる）

タイヤのハの字（キャンバー）に合わせてプッシュする。

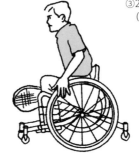

③2回目のキャッチ
（やや前）

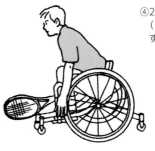

④2回目のプッシュ
（このとき，上体を倒しすぎない）

図7-15　キャッチとリリースのポイント

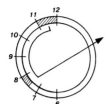

11～12時の間でキャッチ，8時過ぎのところでリリース。

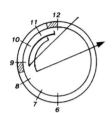

プッシュしたあと，すばやく腕を引き上げる（図7-14①→②）。すばやく引き上げた腕ですぐにタイヤをキャッチし，力強くプッシュする。

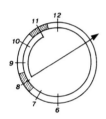

ダッシュをかける場合は，上体がやや前に傾いているので，やや前（11時）でキャッチし，8時でリリース。このとき，プッシュの幅が狭いと（10時や9時）スピードが伸びない。

※ラケットを持たない側で示す。

キャッチポイントとリリースポイントは図7-15を参考にしていただきたい。いかに無駄なくパワーをタイヤに伝えるか，そして，最もパワーが伝わりやすいプッシュストロークとはどういうものかをしっかり理解する必要がある。

また，プッシュ方法の1つとして，両腕を同時に押す方法だけではなく，左右交互に押す方法があり，これも身につけるとよい。この動作は，人が走るときに手を左右交互に振る身体の運動形態を利用でき，かつスムーズにバックスイングに入れる。肩や身体（体幹）を使いながら，小刻みに早く交互にプッシュする方法である。

2─ターンの方法

チェアーワークでは直線的な動きだけではなく，さまざまなターンを駆使しなければならない。このため，巧みな腕の使い方が必要となってくる。ターンの紹介をしながら，その方法と有効性を述べていく。

ターンするということは，次へのスタートのきっかけをつくりだすことである。ブレーキングした手はすかさずプッシュしなければならない。ターンのみで終わらせない効果的なターンを身につける必要がある。

1─標準ターン

標準ターンとは，ラケットを持っていない側で握る（ブレーキをかける）ターンのことである。右利きのプレーヤーでは左回り（左利きでは右回り）となる。最も簡単で，かつ使用頻度の高いターンである。

これには，①タイヤを引く，②タイヤを握る，③タイヤを握り，ラケット側の手でプッシュするという3つの方法がある。（図7-16）

①が最も多く使われているが，ターンする際に勢いよく引かなければならず，これができないと，無駄な動きが出て，上体も上下に動きやすくなる。また，次にプッシュするときに非常に大きな抵抗がかかるため，無駄な力が必要となってしまう。この方法は握力の強い人に向いており，鍛えれば切れるターン（効率よいターン）となり得る。

③は握力の弱さをラケット側で押し上げて補うため，最も効果的なターンである。上体も振られず切れるターンとなる。

フォアハンドストロークでは②を用い，タイヤを軽く握ってターンしながらヒットすると，ちょうど腰の回転を使いながら打つのと同じ状態になる（図7-17）。

2─右回りターン（左利きでは左回りターン）

標準ターンしかできないと，ゲーム展開上不利な面が出てくるため，逆ターンも使用できるようにする必要がある。これには，①クロスブレーキ

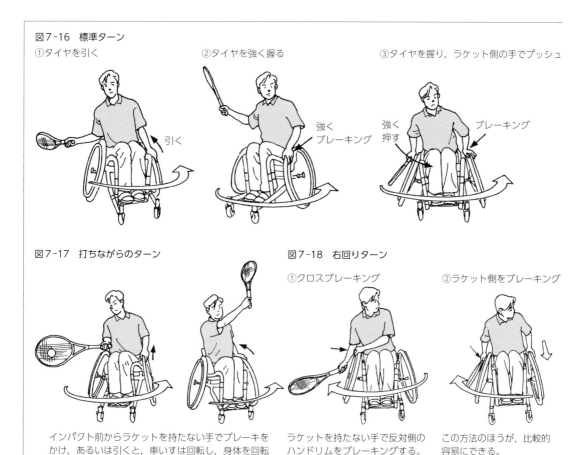

ング，②ラケット側でブレーキして，反対の手で勢いよくプッシュするという2つの方法がある（図7-18）。

①は，ラケットを持たない手で，ラケットを持っている側のタイヤのハンドリムをブレーキングする方法である。この方法を使いながらバックハンドを打つと，ターンをしながら（身体の回転を使いながら）打つことができるため，次のボールに対する準備が早くなる。

②は，クロスブレーキングができない場面に用いるターンの方法である。この方法は①より簡単にできるであろう。

両方とも車いすが動いているときに限り最も速いターンとなり，特にコートの外へ追い出されたときなど，ぎりぎりのボールを打ったあと（ターンを使いながら打てないとき）に使用するターンである。タイヤの接地面がずれないので，接地面を中心とした小回りの利くターンをおこなうことができる。このターンは頻繁に使われるターンとなる。

③ 後輪を利用してのターン

後輪を軸としてターンをおこなうので，その場で回転できることから，無駄がなく，かつすばやいターンとなる（図7-19）。

図7-19　後輪を利用してのターン

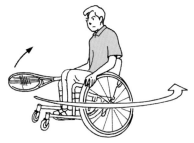

キャスターアップをして，状況に合わせて①右手をすばやく引いて右回り，②左手をすばやく引いて左回りのどちらかを選択。

図7-20　バックターン

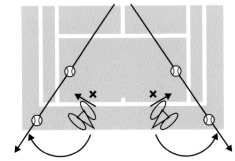

1バウンド目の近いボールを打つことなく，背面でボールを一度見切り，2バウンド目で打つ。

図7-21　ボールへの近づき方

〈車いすテニスの場合〉

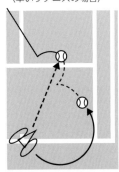

直線的に1バウンドで近づくと，結果的にきゅうくつなフォームで打つことが多くなるため，あわてず2バウンドのボールをコースなど予測して打つほうが自分のフォームで打てる確率が高い。

よって，ドリルなどの球出しも2バウンドのボールを出すほうが効果的である。

上級クラスになると，チェアワークスキルを使って1バウンド目のボールを打つ攻撃的なテニスとなる。

〈一般テニスの場合〉

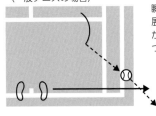

瞬発力が重視され，早い展開・自分の間合いなどがあるため，直線的に近づくことが多い。

4　バックターン

このターンは，ボールのコースを先回りして打つ方法であり，ゲーム展開上必要不可欠なターンである（図7-20）。相手に背を向け，一度ボールから目を離すことになるが，逆をつかれたときなどに効果を発揮する。

飛んでくるボールのコース・スピード・距離・軌道・回転量などすべてのことを頭に入れたうえで，ボールから目を離すことが重要である。このターンを駆使することでコートカバーリングの幅が広がり，次への動きがすばやくとれる。必ずマスターしなければならないターンである。このターンは，左回りターンや右回りターンを駆使するので，前述したターンの方法でおこなってほしい。

すべてのターンにおいて，回転する側へ上体を傾け気味にすることがポイントであるが，ターンによって上体のバランスを崩したり，振られたりすることのないようにする。また，ターンした直後に，すばやくプッシュすることが大切である。ターンとは動き続けるための手段とも言えるので，ターンしたあとに静止してしまっては，いくら良いターンをしても意味がないものになってしまう。

3　ボールへの近づき方

飛んできたボールに直線的に近づくのは，一見，合理的ではあるが，車いすテニスの場合は，直線的に動くと自分の間合いで打てないことが多くなる。一般のテニスでは速く，ロスの少ないフットワークで打つことが大切であるが，車いすテニスではそうとは限らない。

前述したように，車いすテニスでは軸足の決定，細かいステップ，サイドステップなどができないため，自分のフォームで打てる確率は低くなる。この確率を高めるためには，状況に合わせたター

ンやチェアーワークスキルをいかに駆使できるかがカギになる。

ボールをうまく迎え入れることができれば、自分のフォームで打つ間合いができる。初心者の場合は2バウンド目を、上級者の場合は1バウンド目を打つのがよいだろう。直線的に近づくと、フォームに無理が生じて、パワーのあるボールは打てない（図7-21）。

4 ― チェアーワークセオリー

相手に正対する構えもあるが、車いすテニスの場合はもう1つレディポジションがある。動きを止めることなく、常に動き続けなければならない車いすテニスでは、相手に正対する構えは始まりの構えでしかない。なぜならば静止することは最大の弱点になる。つまり、ベースライン中央でこの状態をつくってしまうと、左右どちらにも行きにくく、ボールに対する動きが遅れてしまう。一般のテニスではこの状況をスプリットステップによって補うが、車いすテニスではこのスプリットステップができないために状況を不利にしてしまう。

では、どのような形がよいのであろうか。ベースライン中央後方で斜め後ろ向き、相手を肩越しに見る構え、これこそが車いすテニスのもう1つのレディポジションである。デュースサイドとアドサイドで向きは異なってくるが、この形はどんなボールにも対応できる構えである。自分の背面を通るボールに対しては、バックターンを駆使して対応し、自分の向いている側のボールに対してはそのまま追いかければよい。特に、最も難しいとされる正面に来るボールは、ボールに正対してはうまくいかないが、このポジションでは容易に返球することができる（図7-22）。

まず、クロスを打った場合は外回りで、コート

図7-22 レディポジション
①レディポジション

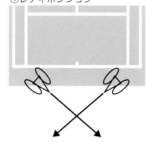

相手に対して半身になり、斜め後ろを向く形が車いすテニスの場合のレディポジションとなる。

②相手に正対してはいけない理由

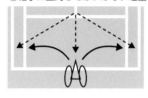

相手に正対する形ではどんなボールに対しても追いつくことが難しく、またコントロールすることが難しい。

③レディポジションからの動き

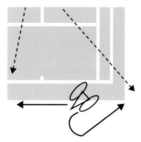

ストレートボールには、そのまま走る。クロスボールには、バックターンで対応できる。

図7-23 チェアワークセオリー

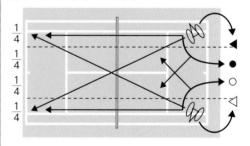

〈クロスに打った場合〉
クロスに打つと、クロスに返球されることが多いので、クロスに打ったあと、外回りをして、△・▲に戻る。センターに戻りすぎると、もう一度来るクロスでエースを取られる。
〈ストレートに打った場合〉
ストレートに打つとウィナーコースであるが、展開が生まれるとすると、逆サイドのクロスへ返球される可能性が高いので、内回りをしてセンター付近の○・●に戻る。ただし、攻めているときは、果敢に前へ出てボレーでウィナーを取る。

1/4の後方ベースライン付近に戻る。ストレートを打った場合は，ターンをしながら打つために，内回りで中央付近に戻るか，ネットへつめる。クロスで内回りターンをしながら打てる余裕のある場合に限定したほうがよいだろう。しかし，戻る位置は一緒になるので，S字を描くようになるはずである（図7-23）。

　クロスに打てばクロスに返ってくる確率が高いので，センターに戻り過ぎないことがポイントである。ストレートに打てばウィナーコースなので前につめる，あるいはショートクロスへ返球される可能性があるので中央付近に戻る。これらのセオリーをあてはめると，必然的に打球後に戻る場所は違ってくる。

　しかし，このセオリーにおいて，クロスへ打ったあとにショートクロスへ返球されると返球が困難となる。また，ストレートへ打ったとき，ショートクロスへ返球されると，相手のウィナーに結びつく確率が高くなってしまう。こうした問題点を加味し，予測と誘いを考えることが非常に大切である。

7-3 車いすテニスの練習法

1. ウォーミングアップ

ウォーミングアップのなかで,チェアーワークスキルを高めていく。

❶―1人で

①―ランニング

目的 上肢の筋群を温める。

方法 コート内を60％の力で無理なく走る。2回目80％,3回目100％(全力)。すべて20秒間。

②―強弱をつけたすばやいプッシュターン

目的 ローパワーとハイパワーの感覚を身につける。車いすテニスの代表的なプッシュ方法を覚える。

方法 センターラインまでハイパワーでプッシュして,センターラインを越したらローパワーでプッシュ,サイドラインを越したらすばやくターン。これを繰り返しおこなう。3～4往復。

③―プッシュ&バックターン(図7-24)

目的 ラリー中のレディポジションの確認とバックターンの練習。

方法 ラケットを持たずに,レディポジションの構えから,2プッシュ(強弱つけても可)して,すばやくバックターン。これを繰り返す。

④―ターンテクニック(図7-25)

目的 細かいターン方法を身につける。スピードアップ。

方法 ラケットを持たずにおこなう。コート内に6～8カ所のコーン(マーク)を置き,スタートの合図で順番どおりにマークを回り,常にセンターに戻る。ターンの方法は,外回り,内回りを限定しておこなうとよい。毎回記録をつけてプレーヤーの伸びや動きの欠点を把握する。

図7-24 プッシュ＆バックターン

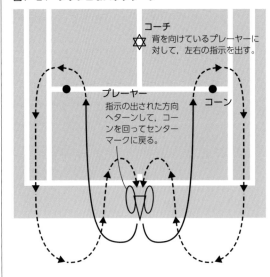

図7-25 ターンテクニック

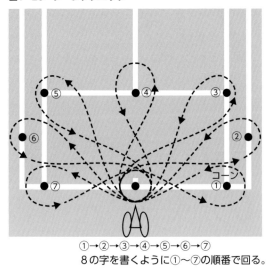

①→②→③→④→⑤→⑥→⑦
8の字を書くように①〜⑦の順番で回る。

図7-26 ターンスキル

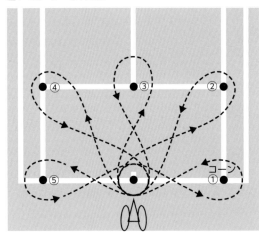

①→②→③→④→⑤の順番で回る。
※応用として，左回り，右回り，順番の変更なども可。

5―ターンスキル（図7-26）

目的 ラケットを持っての車いす操作，細かいターンを覚える。

方法 プレーヤーはセンターマークに位置し，合図とともに各コーン（マーク）に向けてダッシュし，コーン6カ所をターンする。回る方向に変化をつけてもよい。毎回記録をつけてプレーヤーの伸びや動きの欠点を把握する。

6―距離感と打球感

目的 自分の身体・腕の長さ，ラケットの長さを覚える。距離感とラケットに当たる打球感を覚える。

方法 TENNIS P&Sのレッドかオレンジボールを使用して，セルフラリー（ラケット面を空に向けて，ワンバウンドのボールつき）をおこなう。ボールをつく感覚や距離感だけではなく，細かい車いす操作をしなければ続かないので，遊びながら車いす操作の導入ができる。TENNIS P&Sに関しては必ず基本知識を学習しておくことが必要である。

　TENNIS P&S指導方法は，健常者の練習内容を紹介しているが，車いすテニスの導入に生かせることがたくさん含まれているので，ぜひ参考にしてほしい。

図7-27 キャッチ＆スロー

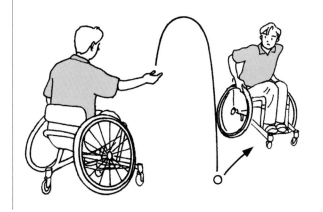

図7-28 鬼ごっこ

2──2人で

1──キャッチ＆スローからのキャッチボール（図7-27）

目的 車いす操作と空間認知力を高める。またボールの軌道イメージをつくる。

方法 突き指等のけがをしないように，TENNIS P&Sのレッドまたはオレンジボールを使用することを推奨する。2人でボール1個を使用し，1人が上に投げ上げ，もう1人がこれを1～2バウンドでキャッチする。キャッチしたら，すぐに投げることを繰り返しておこなう。慣れてきたら投げる方向を変えてもよい。安定してキャッチができてきたら，距離を離してノーバウンドか1バウンドのキャッチボールまでおこなう。キャッチボールは腕の使い方を覚えることに加え，空間認知力も養える。

2──鬼ごっこ（図7-28）

目的 相手の動きを見ること，真似ることで車いす操作力を向上させる。ターンの練習にもなる。

方法 鬼と逃げる側とに分かれる。逃げる側が主体となり，ランダムな動きをする。これに合わせて鬼が同じ動きをする。逃げる側は真似をされないように，鬼は真似するように動く。60～90秒を1セットとし，2～3セット実施する。プレーヤーの体力を考慮して負荷を調整する。

注 一般ジュニアスクールで，車いすで一般的な鬼ごっこをおこなう場合，ぶつかってけがにつながるおそれがあるので注意が必要である。

3──ネットなし，コートなしのミニラリーからミニテニス

目的 自分の身体・腕の長さ，ラケットの長さと距離感，ラケットに当たる打球感を覚える。またボールの軌道がイメージできるようにする。

方法 TENNIS P&Sのレッドボールあるいはオレンジボールを使用して，セルフテニスをおこなう。

2．ドリル

1──チェアーワークスキル

1──レディポジションの確認

斜め後ろ向きで待ち，1プッシュしてスタートする。目は指導者に向ける。ボールが飛んでくる

図7-29 バックターン

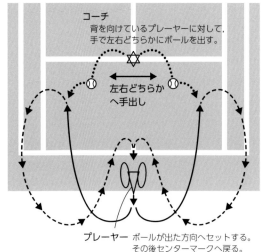

図7-30 正面ボールの処理
正面ボールに対するチェアーワーク　（右利きの場合）

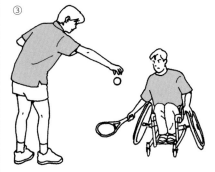

図7-31 ヒッティング

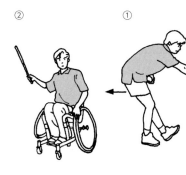

方向へバックターンをしてボールを打つ。

2―バックターン（図7-29）

斜め後ろ向きにプッシュして、フォアかバックに指導者が球出しをおこない、打球方向へターンしてから決められたターゲットへ打つ。打った直後にターンをして同じことを繰り返す。何球繰り返すかによりバックターンの回数が増えるので、反復練習してターン技術を覚える。ただし、対象者の経験年数や体力を考慮して負荷を考える。

3―正面ボールの処理（図7-30）

正面のボールは最も難しいボールであるので、あえて正面にボールを出す。この練習をしておくと、ゲームで必ず役に立つ。ここでは約束として必ず指導者に正対し、指導者はプレーヤーに向けてボールを出し、プレーヤーがフォアかバックか判断して処理をする。

これに加えて後輪を利用してのターンによって処理ができる。

2 ―ヒッティング

指導者がプレーヤー側に立ち，ヒッティングゾーンにボールを落とす（図7-31）。大切なことは，打ち方に対して適切な場所にボールを落とすことである。フラット，スライス，スピンなどあらゆる打法で打ち，自分のグリップでの適切なヒッティングポイントを指示することが重要になる。個人に合わせた，最も効果的なポイントを探ることができる。基本的に，ゾーンは身体の前にあり，車いすの向きなどが大切となる。

TENNIS
COACHING THEORY

8章

テニスの体力トレーニング

8-1 体力トレーニングの必要性とその原則

1. 体力トレーニングの必要性

パフォーマンス（競技力）に関しては，次のように考えることができる。

> パフォーマンス（競技力）
> ＝体力（精神的要素も含む）×技術

これは，パフォーマンスを向上させるためには，技術と体力を互いに高めていくことが必要であることを示している。もちろんスポーツ種目によってこの２つの要因のバランスは違ってくる。テニスは，技術的要素の占める割合が大きいが，体力の向上を図ることによって競技力が相乗的に向上していくことは明らかである（図8-1）。

それでは，体力トレーニングをおこなうことにはどのような利点があるのかを具体的に考えながら，以下，トレーニングの必要性について述べることにする。

１──傷害の予防

身体のある部位の筋力が弱かったり，機能的に

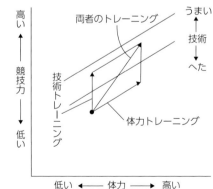

図8-1 体力トレーニングと技術トレーニングによる競技力の向上

体力トレーニング，技術トレーニングのいずれによっても競技力は向上するが，両者をバランスよくトレーニングしたときに競技力の伸びは最も大きくなる。

適切に使われていなかったりする場合，運動中その部位は他の部位よりも余分に負荷を受けることになる。テニスは同じ動作の繰り返しが多いスポーツであり，弱い部位は連続して負荷を受けることになる。これは身体の早期疲労につながったり，突発性のスポーツ外傷または使いすぎによるスポーツ障害の要因になったりすることを示唆しているが，トレーニングによりこれらのリスクを軽減することができる。

☑注 「傷害」
スポーツ傷害は，外力が許容範囲を超えて加わることによって起こる突発性の「スポーツ外傷」，中長期にわたり使いすぎが原因の「スポーツ障害」に分かれる。

❷—運動能力の向上

技術的に同等の選手が試合をした場合，体力的に余裕のある選手が有利なのは明らかである。体力の要素（筋力，パワー，敏捷性，持久力等）はトレーニングによって向上させることが可能であり，試合中に質の高いパフォーマンスを維持し，連戦に耐えることができる身体づくりをするためにも，計画的かつ継続的なトレーニングが必要となる。

❸—精神的優位性

運動能力を向上させる過程では，精神的な影響を無視することはできない。体力的に優位になることで精神的にも余裕が生まれ，自信をもってプレーすることができる。また，適切なトレーニング計画と継続的なトレーニングは，身体的・精神的に充実感をもたらし，準備不足等による不安要因を取り除くことができる。

これらの利点からトレーニングの必要性を考えると，技術練習と連動して体力トレーニングをおこなっていくことは，大変意義のあることとなる。

パフォーマンスを向上させるうえで，しっかりとした計画のもとに体力づくりを考えていく必要がある。

2．テニスに必要な体力の要素

体力は一般的には，いろいろな運動能力の総称として使われているが，テニスに必要な体力の要素としては，筋力（パワー，筋持久力），持久力（無酸素性，有酸素性），スピード，敏捷性，柔軟性，コーディネーション（調整力）などがあげられ，オールラウンドな体力が要求される。

❶—筋力（パワー，筋持久力）

筋力は，テニス選手にとって必要不可欠な体力要素である。各ストローク動作やコート内でのダッシュ，ジャンプ動作，そしてフットワークなどには必ず筋力が関与する。全身の筋力を向上させながら，筋力にスピードの要素を加味したパワーの向上を図ることが重要である。力強いサーブやグラウンドストロークは，このパワーの向上により達成されるものである。

また，パワーを試合の最後まで持続させることも重要であり，筋持久力の要素を高めていくことが必要である。

❷—持久力

持久力には，無酸素性の持久力と有酸素性の持久力とがある。

①—無酸素性持久力

動きのスピードやストロークのパワーを，試合の最後まで持続できるかどうかという能力である。これは，乳酸の蓄積に耐えることのできる能力でもあり，これらの能力を高めるためには，最大ス

ピードの90％程度の強度で，休息を入れながらのインターバルトレーニング（→p.245）をおこなうと効果的である。

②—有酸素性持久力

これは，全身持久力のことであり，呼吸循環機能（心臓，肺，組織の毛細血管など）の総合的能力を表している。この能力に優れていると，長時間のハードな練習や試合に耐えることができ，集中力も持続できることになる。また，ポイント間の休息期においてもすばやく疲労を回復することができるので，次のプレーに集中することができる。

③—スピード

テニスで求められるスピードは，短い距離をいかに速く動くことができるかである。ボールに早く追いついたり，ネットポジションへできるだけ早く移動したりする能力と言える。スピード能力が向上すれば，プレーヤーはプレーに対して余裕をもつことができ，守備範囲や攻撃力も増大する。脚のスピードは脚のトレーニングで，上肢のスピードは上肢のトレーニングでといった具合に，テニスの運動動作に類似した形で，高めたい部分のトレーニングをすることが重要である。

④—敏捷性

敏捷性は，動作のスタート，ストップ，切り返しなどのときに，すばやく動く能力のことで，スピードとの関連性が強い。前後左右にフットワークを使って，いかに効率よく，またすばやく動くことができるか，この要素をトレーニングすることは，ショットの安定性を高めることにもなる。

⑤—柔軟性

柔軟性とは，関節の可動性を表すものである。

テニスでは，身体を曲げたり，伸ばしたり，回転させたりする動作が多く，身体の各関節の可動性を高めておくことは，その動作をスムーズにおこなうために，また障害予防という点からも重要だと言える。

ウォーミングアップやクーリングダウンなどでよくおこなわれるストレッチングは，この柔軟性を高めるトレーニングの1つである。柔軟性に優れていると関節の可動域が大きくなり，サーブのスピードなどにも良い影響を与える。パフォーマンス向上のためには，単純に関節可動域を大きくすることを目標にするのではなく，常に身体をやわらかく使うことを心がけるようにする。

⑥—コーディネーション（調整力）

コーディネーションとは，いろいろと変化する状況に対して，敏速かつ正確に対応して運動を遂行する能力のことである。テニスの場合，相手が打ったボールや相手の動きに応じ適確に判断して打球しなければならない。そのためには神経と筋との協応性を高めていくことが重要である。適切な打球動作や移動の技術を身につけるには，コーディネーション能力のなかでも，立つ位置や動作を状況に合わせて修正する「適応力」，身体の内部と外部の情報を区別する「差異化」，「バランス」「反応」「リズム」は必要不可欠である。

3. 体力トレーニングの原理・原則

体力トレーニングは生理的な刺激（ストレス）であり，トレーニング効果は身体への新たな刺激と刺激に対する適応によってもたらされる。刺激と適応の関係から考えた場合，次の3つの原理がある。

1 ― オーバーロードの原理

どのような運動でも，ただやみくもにトレーニングをおこなえば体力が向上するというものではなく，ある一定レベル以上の刺激が与えられなければならない。このことをオーバーロードの原理（過負荷の原理）と言う。過負荷に対して身体を適応させることが基本的な考え方である。トレーニング負荷が弱すぎるとトレーニング効果は期待できず，逆に強すぎても過労現象が起こって障害の原因となり，トレーニング効果は期待できない。

トレーニングをおこなう際の運動刺激の質と量に関しては，強度・時間・頻度の３つの条件が，あるレベル以上になるように調整しなければならない。

2 ― 特異性の原理

特異性の原理とは，トレーニングというものはそのトレーニング特有の効果しかあげられないということである。エネルギー系で考えてみると，有酸素性の体力を要求するスポーツ（例えばマラソン）では有酸素的なトレーニングを，無酸素性の体力を要求するスポーツ（例えば短距離走）では無酸素的なトレーニングを中心におこなわなければならない。

また，運動様式の違いにもこの原理は適用され，そのスポーツで要求されるものと同じ動きでトレーニングをおこなうことが，効果をあげる重要な要素となる。例えばテニスの場合，持久的な能力を高めるためには，コート上でいろいろな動きを取り入れたトレーニングをおこなう，スイングのスピードを増すためには，最終的にそのストロークのスイング様式に似た形でトレーニングをおこなうと効果があるということである。つまり，トレーニングをおこなうときは，テニスの運動特性に合わせた方法でおこなうことが重要となってくる。

3 ― 可逆性の原理

トレーニングは休みすぎると，それまでに貯えた体力が少しずつ低下する。このように，トレーニングは継続しておこなわなければならず，中止するとトレーニング開始時の体力レベルに戻ってしまうという原理である。体力トレーニングはできるだけ繰り返し，また継続しておこなうことが重要となる。

上記３原理に加えて，学習という観点からトレーニングをより効果的にするために，次の５つの原則がある。これらは相互に関連しており，切り離して考えることはできない。

> **注** 「５つの原則」
> オゾーリン（1966）はこれら５原則に加えて，模範となる画像・映像を実施者に見せたり，強い選手と一緒に練習したりすることで学習効果が高まる「視覚教育の原則」の重要性も説いている。

4 ― 全面性の原則

体力の諸要素に加え，道徳・意志・教養を養い，良好な健康状態を保つことで，専門的な体力，高度な技術を継続的に向上させる基礎となる。

5 ― 意識性の原則

実施者はトレーニングの課題をよく理解し，自ら積極的に取り組むことが大切である。指導者はトレーニングの目的・手段を明確にした練習メニューを作成する。

6 ― 漸進性の原則

トレーニングの量・強度・複雑さは，綿密な計画に基づき段階的に変更する必要がある。

7 — 反復性の原則

体力・技術・精神力の向上や戦術の習得は、トレーニングを反復することで身につく。トレーニング効果を一定のレベルより低下させないためにも、適度な反復が大切である。

8 — 個別性の原則

トレーニングをおこなうにあたり、性別、年齢、熟練度、健康、意欲、真剣さといった個人的な要因が考慮される必要がある。

8-2 体力テストの実施と評価

体力テストの目的は，現時点におけるプレーヤーの身体機能ならびに運動能力を把握することである。体力テストによってパフォーマンス向上の方向性を見定め，最適なトレーニング方法を決定する基本情報が収集できる。つまり，プレーヤーの身体をさまざまな角度から観察し，分析・評価することによって長所・短所を把握し，プレーヤーの特徴を踏まえたトレーニング方法につなげていく。

テニスにおける体力テストは，実験室（ラボラトリー）の測定機器を用いて一般的な生理学的・生体力学的項目の測定をおこなうラボラトリーテストと，テニスに必要な専門的運動能力をみるために屋外でおこなうフィールドテストに分けられる（表8-1）。このほかに身長，体重，胸囲，皮下脂肪などを計測する形態測定がある。

1．テニスフィールドテスト

専門的な測定機器や医科学機器を用いて実験室の中でおこなうテストがラボラトリーテスト（等速性筋力，間欠的持久力，最大酸素摂取量，無酸素性作業閾値の測定等）である。そうした機器を使っての測定は，特定の場所が必要で分析にも時間を要するため，より実践的な能力を「どこでも」「誰でも」「簡単に」「客観的に」測定することが

表8-1　ラボラトリーテストとフィールドテストの特徴
（Quinn & Reid，2003を改変）

ラボラトリーテスト	フィールドテスト
高い測定精度	測定精度にばらつきがある
実施と分析に手間がかかる	実施と分析が簡単
費用的に割高	費用的に割安
運動特性が若干反映されにくい	運動特性を反映しやすい

可能なテストとして考案されたのが，テニスフィールドテストである。

体力テストでは数値結果（量的）に関心が集まる一方で，合目的的な身体の使い方や動作の効率を質的に判断する作業をおこなうべきである。テニスのプレーは複合運動の連続であり，基礎的運動能力は筋力，パワー，持久力といった各体力向上のトレーニングだけではなく，身体機能やコーディネーションの改善によっても変化する。こういった変化を見逃さないためにも，またよりテニスに近い動作に関連づけてフィードバックするためにも，測定にあたっては画像・動画撮影を積極的におこない，ビジュアル面から判断できる質的資料として中長期間保存することが望ましい。

（公財）日本テニス協会（JTA）で考案された「テニスフィールドテスト」は以下に示した項目である。

1─測定項目

［基本測定6項目］
- ▶立ち幅跳び（下半身のパワー）
- ▶上体起こし（筋持久力）
- ▶5方向走（敏捷性）
- ▶長座体前屈（腰背部の柔軟性）
- ▶往復走（スピード）
- ▶シャトルスタミナ（全身持久性）

［オプション測定3項目］
- ▶メディシンボール投げ（上半身・体幹のパワー，コーディネーション）
- ▶アクティブSLR（ハムストリングスの柔軟性）
- ▶ヘクサゴン（ダイナミックバランス，コーディネーション）

2─テストに必要な用具

テニスフィールドテストに用いる用具は，ストップウォッチ，メジャー（巻尺），テニスボール，およびオプション測定項目に2kgのメディシンボール，タオル，ガムテープと簡易なものである。

3─実施方法

1─立ち幅跳び

両足の内側の間隔が約20cmになるよう開いて立ち，助走をつけず，腕や身体で十分反動をつけて前方に跳躍する。踏み切り足先（両足の中央の位置）からコートに触れた，踏み切り地点に最も近い位置の直線距離をcm単位で計測する。2回実施して良いほうの記録をとる。

2─上体起こし

両足を約30cm開き，膝を90度に保ち，両手を耳にあて仰向けに寝る。「始め」の合図で，上体を起こし，両肘を両大腿部につけ，元の姿勢に戻る。寝たときは必ず肩甲骨下部が床につくまで上体を倒す。この動作を，30秒間にできるだけ数多く繰り返す。1回実施してその記録をとる。

3─5方向走（図8-2）

スタートの位置は，センターマークを真ん中にしてつま先をベースラインの外側（コート内に入らない）に合わせる。スタートの合図は声を出さずに下方に下げた手を上方にすばやく上げる。走り方は自由で，①に向かって走り交点にタッチする。そして，センターマークに戻る。①と同様に，②，③，④，⑤にタッチしたのち，センターマークを走り抜けるまでのタイムを0.1秒単位で計測する。2回実施して良いほうの記録をとる。

4─長座体前屈

2人1組で，向かい合って長座姿勢（両足のかかとをつけ，膝を伸ばした状態で両者の足裏を合わせる）で，お互いに足首の角度を90度に保って座る。膝が曲がらないように注意して前屈をおこ

ない，最も突出している足指先の点（爪側）から最も突出している手の中指先の点（爪側）を結んでcm単位で計測する（つま先まで届かない場合はマイナス）。2回実施して良いほうの記録をとる。

5──往復走（図8-3）

スタート地点（ベースラインの延長線上）に立つ。スタートの合図は声を出さずに下方に下げた手を上方にすばやく上げる。上がった瞬間，反対側のベースライン方向へダッシュしてベースライン延長線上にあるボールに手でタッチし，方向を変える。そして，スタートしたサイドのサービスラインの延長線上へゴールする。1回の実施で，①スタートから10mまでのタイム，②スタートからゴールまでのタイムの2つを0.1秒単位で計測する。

6──シャトルスタミナ（図8-4）

ネットと平行して10mの距離をとり，その両端に2個のボールを置く。これと平行して，走行距離計測のための基準ラインとして，巻尺を10m伸ばし，1m間隔で印をつける（ボールを置いてもよい）。片方のボールの位置から「スタート」の合図で走り始め，反対側のボールの外側を回る折り返し走を3分間続け，その間の走行距離を計測する。ボールの回り方については，右回り，左回り，8の字回りのどの方法でもよい。終わったらその場かけ足を続ける。計測単位は1mとし，1m未満は切り捨てる。1回実施してその記録をとる。

7──メディシンボール投げ（投げるときの身体の使い方に注目する）

メディシンボールは2kg。2回実施して良いほうの記録をとる。補助者2名（計測員1名，記録員1名）。注意として，投球中は，ラインを踏んだり，ラインの外に出たりしてはいけない。肩

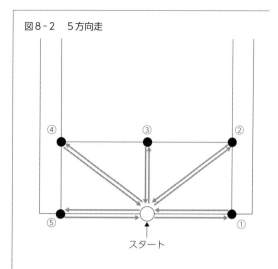

図8-2 5方向走

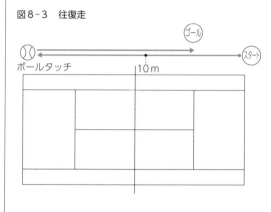

図8-3 往復走

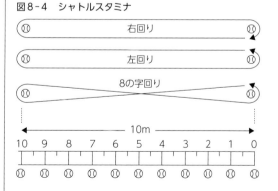

図8-4 シャトルスタミナ

の柔軟性を確認し，背・肩を痛めないように準備運動を十分におこなう。肩関節が緩い場合には実施しない。

[前向き（３種類）]

テニスコートのラインを利用し，あらかじめ巻尺を伸ばしておく。ラインの外側に，両足を肩幅程度開いて立つ。助走をつけずに，腕や身体で十分モーションをつけて，両手で前方上に投げる。同様に右投げ，左投げもおこなう。右投げ，左投げはストロークのフォームを意識する。計測単位は0.01mとし，0.01m未満は切り捨てる。

[後ろ向き（３種類）]

投方向を背に構え，下から後ろへ両手でできるだけ遠くに投げる。同様に右投げ，左投げもおこない，前向き同様ストロークのフォームを意識する。計測単位は0.01mとし，0.01m未満は切り捨てる。

8―アクティブSLR（柔軟性）

仰向けに寝た状態で，反対側の膝下に丸めたタオルを置く。この状態からテストする側の足首を背屈し，膝を伸ばしたまま脚を上げていく。上げる際に反対側膝裏側がタオルに常に接しているようにし，骨盤も浮かないように注意する（図８-５）。両脚おこなう。評価は，挙上した脚の内踝（内側のくるぶし）から地面への垂線が，反対側の大腿部中央と骨盤（上前腸骨棘）の間に位置したら３点。挙上した脚の内踝から地面への垂線が，反対側の大腿部中央と膝関節の間に位置したら２点。挙上した脚の内踝から地面への垂線が，反対側の膝関節より下腿に位置したら１点。挙上動作で痛みがあれば０点。上記評価以外にも挙上の動作で腰椎の不安定性の有無を確認する。

9―ヘクサゴン（ダイナミックバランス）

正面を向き，真ん中「＋」の位置で準備する。「スタート」の合図とともに，図に示した番号順（外→内→外→内）に跳んでいく。３周して「＋」に戻るまでのタイムを計測する（図８-６）。ラインを踏んだ場合は，１回につき「＋0.5秒」，ラインの順番を誤った場合は，１回につき「＋１秒」を，計測後，記録に加算する。計測単位は1/100秒とする。２回測定し，良い数値を記録とする。

図８-５　アクティブSLR

２点
１点
３点

図８-６　ヘクサゴン

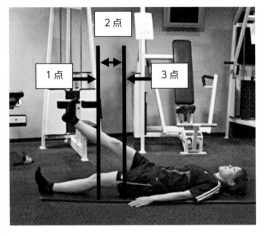

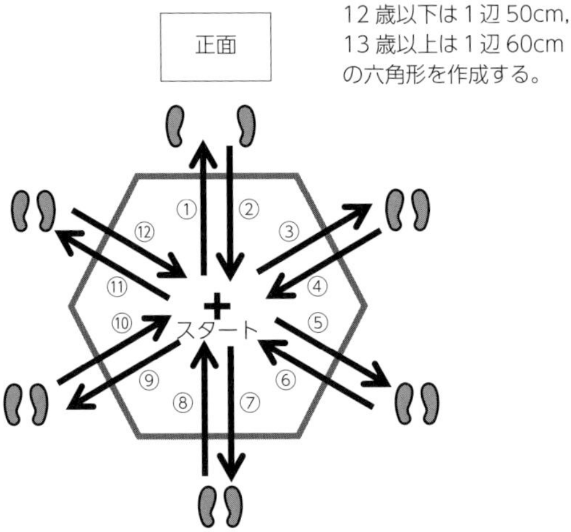
正面
12歳以下は１辺50cm，
13歳以上は１辺60cm
の六角形を作成する。
①
②
③
④
⑤
⑥
⑦
⑧
⑨
⑩
⑪
⑫
＋
スタート

図8-7 体力プロフィール返却用紙

実施年月日　西暦　　年　　月　　日

氏　名		男・女		所　属		コートの種類	人工芝砂入り
種　目	長座体前屈	5方向走	立ち幅跳び	往復走10m	往復走	上体起こし	シャトルスタミナ
記　録	cm	秒	cm	秒	秒	回	m
得　点							

[記録・得点の見方]

得点は，今までのジュニア測定記録をまとめたものです。
年齢・男女別の5段階評価したもので，評価の目安は以下の通りです。
「5」は，大変優れている　このまま維持できるようにトレーニングをおこなってください。
「4」は，優れている　　　高い体力レベルをめざしトレーニングをおこなってください。
「3」は，普　通　　　　　平均的です。さらに高めるようにトレーニングをおこなってください。
「2」は，やや劣る　　　　もう少し努力してトレーニングをおこなってください。
「1」は，劣　る　　　　　重点的にトレーニングをおこなうことを勧めます。

[種目の解説]

上体起こし：	一定の力を一定のテンポで連続して発揮する能力で，腹部の力とねばり強さを測定します。
立ち幅跳び：	短い時間にどれだけ大きな力を出すかで，下半身の力強さを測定します。
5方向走：	すばやく動き，方向を変える能力で，前後左右への方向変換のすばやさの測定をします。
長座体前屈：	腰関節の動ける範囲と太ももの裏側の筋肉の柔軟性を測定します。
往　復　走：	短い距離のダッシュ力と動きの方向変換（向きを変える）能力を測定します。
シャトルスタミナ：	一定のスピードで長い時間走ることができる能力で，全身の持久力を測定します。

[体力プロフィール]

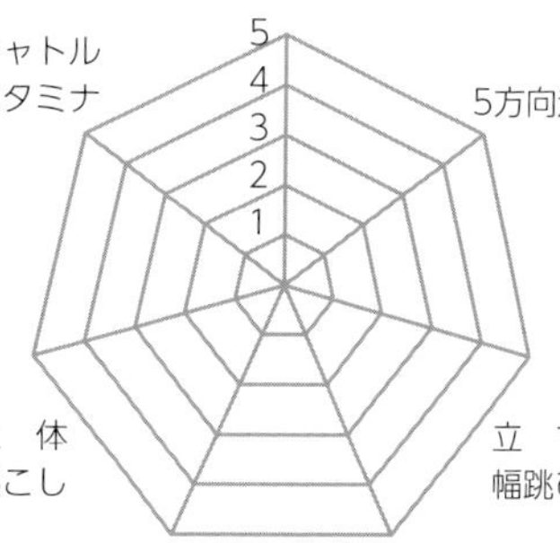

※このプロフィールから体力のバランスや総合的な体力レベルをみます。

2．体力テストの評価

体力テストやテニスフィールドテスト実施後は，その結果を評価しなければならない。つまり，客観的に数量化された測定結果をある一定の価値基準に照らして判定し，できるだけ早く個人にフィードバックすることが重要である。図8-7にJTAの考案したテニスフィールドテスト6項目の体力プロフィール返却用紙を参考に記載しておく。この測定は1回のみではなく，できる限り縦断的におこない，評価をすることが望ましい。

大切なことは，測定・評価した基礎資料をどのようにするかである。指導者は，測定後にその判定した評価に基づいてトレーニング目標を決定し，プログラムを作成し，さらにトレーニングを実施する必要がある。そして，ある一定の期間が過ぎればトレーニングプログラム内容や方法の調整，あるいは負荷の設定をやり直し，トレーニング実施者の意欲化を図る。最終的には，体力目標に対してどのような成果があげられたかを，まとめて評価することも忘れてはならない。

8-3 ウォーミングアップとクーリングダウン

1. ウォーミングアップとは

　運動を始める前の心身の準備をウォーミングアップと言う。ウォーミングアップは，神経伝達速度の向上と筋組織への血流量増加，さらには筋肉の障害を予防すると考えられている（Chandler & Chandler, 2003）。

　ウォーミングアップは，一般的ウォーミングアップと専門的ウォーミングアップに分類される。一般的ウォーミングアップは，テニスなどのような専門のスポーツ以外の運動・動作によっておこなわれる。ジョギングや徒手体操（器具を使わない体操），静的（スタティック）ストレッチング，動きづくり（ダイナミックストレッチングを含む）などの運動の組み合わせによっておこなわれるものが代表的である。

　専門的ウォーミングアップは，ミニテニスなどをスタートに，テニスの各ストロークの基本練習などのように，技術的に類似した形でおこなう運動のことである。

> ■注　「ダイナミックストレッチング」
> 　動きを伴わない静的（スタティック）ストレッチングに対する，動きを伴うストレッチングの総称。

2. ウォーミングアップの効果

　ウォーミングアップをおこなうことにより，次のような効果がある。
▶筋温が上昇することで，筋の粘性，つまり内部摩擦が減少し，弾性が増す。この効果で筋の収縮力や弾性が高まり，障害の予防としても役立つ。
▶心拍数が上昇し，身体の循環血液量が増大し，運動する筋肉へ酸素と栄養を十分に供給できるよ

うになる。
▶呼吸・循環系の立ち上がりが早くなり，特に強度の高い運動をおこなうときに適応しやすい。
▶精神的な準備とともに，不安を軽減することに役立つ。
▶神経一筋の協調能力や運動の正確性が増す。

テニスの場合，全方向への全力プレーをゲームの開始直後からおこなわなければならない場合が多い。例えばドロップショットをひろう，サーブを打ったあとダッシュしてネットでプレーするなどの瞬発的運動が多く，またハードコートなどでは，膝・腰に過度の負担がかかることを考えると，十分なウォーミングアップが必要となる。

3．ウォーミングアップの方法

練習や試合前のウォーミングアップは，テニスの動きに必要な瞬発的で強度の高い運動に対応するために，一般的ウォーミングアップ，専門的ウォーミングアップという順序でおこなうことが効果的である（図8-8）。時間的には一般的ウォーミングアップに15〜20分，専門的ウォーミングアップに10〜15分というのが理想である。

❶──一般的ウォーミングアップの方法

ジョギングを中心に徒手体操，ストレッチング，上半身・下半身・全体の動きづくり（ダイナミックストレッチングを含む）を一連の流れのなかでおこない，心拍数を120〜140拍くらいまで上昇させていく。

①──ジョギング

練習場所，試合会場によってウォーミングアップをおこなう場所は変わってくるが，危険のない場所を選びおこなう。ほとんどの場合，テニスコートの周りを使うと考えてよい。ウォーキングから開始し，簡単な背伸び，体側を伸ばす運動などを入れてからジョギングに移る。また，このなかにスキップ，サイドステップ，クロスステップなどの動きづくりを随時入れるとよい。

②──徒手体操

膝の屈伸，上体前後屈，上体側屈，上体の前傾捻り，腕の左右開き，腕回し，下肢の伸脚，首回しなどの運動をジョギングの合間におこなうようにする。

③──ストレッチング（静的）

座位と立位のストレッチングがある。これは柔軟性のトレーニングとしても効果があるもので，全身の筋肉をゆっくりと伸展させる。各種目15〜

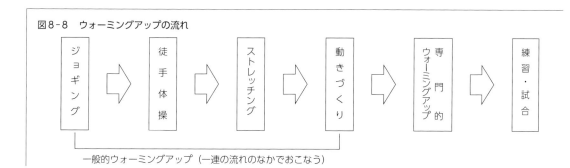

図8-8　ウォーミングアップの流れ

ジョギング ⇒ 徒手体操 ⇒ ストレッチング ⇒ 動きづくり ⇒ 専門的ウォーミングアップ ⇒ 練習・試合

一般的ウォーミングアップ（一連の流れのなかでおこなう）

30秒程度でリラックスした状態でおこなうことが重要である（図8-9）。体幹や股関節の大きな筋肉から伸ばすようにして、次第に末端部分の小さい筋肉を伸ばすようにする。またサーブ、スマッシュなどの動作のなかでは肩の動きが重要になってくるため、肩周辺のストレッチングも十分におこなっておく必要がある。

注意点として、時間的に長く伸ばしすぎないこと、動作中は呼吸を止めないこと、無理な姿勢でおこなわないこと、痛みを伴わないことがあげられる。

4─動きづくり（ダイナミックストレッチングを含む）

動きづくりは、調整力やスキル、動きながら柔軟性などを高めることをねらいとしておこなう。投・跳・走・打における基本的な動作や練習したいフットワーク、スプリントドリル（70%のスピードで走る快調走や各種ダッシュなど）、ダイ

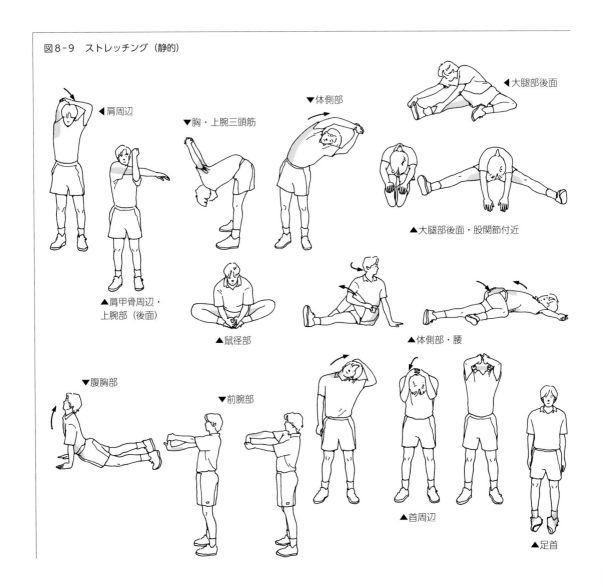

図8-9 ストレッチング（静的）

ナミックストレッチング（ブラジル体操など）をおこなうことによって，メインの運動（練習，試合）をより効果的におこなうための準備となる。

> **注 「ブラジル体操」**
> 前進しながらさまざまなステップをおこなったり，連続的な両腕動作や上半身と下半身を連動させたりするなどして各関節の可動性，全身の連動性を高める運動。サッカー競技においてブラジルから導入されたと言われる。

2 ― 専門的ウォーミングアップの方法

身体の各関節や筋肉が十分にウォーミングアップされ，テニスをおこなう準備が整い，練習や試合に入るわけだが，専門的ウォーミングアップはその前段階として，ミニテニスから開始し，各基本的なテニス動作（サーブ，ストローク，オーバーヘッドスマッシュなど）をおこない，テニスで使われる筋群ならびに動作をウォーミングアップするためのものである。この際，技術的な実効性を追求するだけでなく，心拍数の上昇とともに，練習や試合に向けて心肺機能の活性化に努める (Chandler & Chandler, 2003)。

1 ― ミニテニス・グラウンドストロークラリー

ストレートでフォアハンド・バックハンドストロークラリーをおこなう。最初は短い距離（ミニテニス）で身体の動き，リストワークなどの感触を確かめる。動きに違和感があればストレッチングなどで調整していく。次第に距離を広げてリラックスした状態でスイングを大きくし，身体全体をできるだけ動かすように心がける。

2 ― クロスストロークラリー

ストレートストロークラリーからクロスストロークラリーに移行する。ストレートストロークと同様にリラックスした状態でスイングを大きくし，身体全体をできるだけ動かすように心がける。

3 ― ボレー対ストローク

ストレートでグラウンドストロークとボレーを打ち合う。ボレーをするときは，脚は常に動かしおくこと。

4 ― ロブ対スマッシュ

できるだけ長く続けるようにする。オーバーヘッドスマッシュ側はフットワークを十分に使い，リラックスした状態で60〜70％の力で打つことを心がける。

5 ― ボレー＆オーバーヘッドスマッシュ

ボレーとオーバーヘッドスマッシュを交互におこなう。全力でおこなうというよりも60〜70％の力で実施し，ネットに対して前後の動きの確認をする。

6 ― サーブ＆リターン

サーブをリラックスした状態で60〜70％の力で打ち，肩の動きを確認する。肩に違和感がなくスムーズにサーブが打てるようになってからスピードを上げていく。リターンはリラックスした状態でタイミングを合わせるように打つことを心がける。

7 ― サーブからダッシュ，ボレー，オーバーヘッドスマッシュのコンビネーション

特に，ネットプレー型の選手は，サーブ，ボレー，スマッシュのコンビネーションをおこない，ネットでの動きをよくしていく。

4．クーリングダウンの効果

クーリングダウンは，試合や練習で高められた身体の水準を効果的に下げていく運動である。筋ポンプ作用により筋肉に溜まった乳酸の除去を促進し，疲労を残さないようにしたり，激しい運動を急にやめたりすることによって起こるめまいな

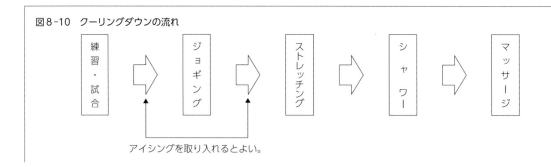

図8-10 クーリングダウンの流れ

練習・試合 → ジョギング → ストレッチング → シャワー → マッサージ

アイシングを取り入れるとよい。

どを防ぐ効果がある。また，筋肉や神経の緊張をとるためにも有効である。長時間にわたる運動や激しい運動をおこなうと筋肉が縮んだ状態になったり，柔軟性の低下などを引き起こしたりする。クーリングダウンをおこない，これらの機能を回復させ，柔軟性低下による障害の予防をする。運動後に生じる筋肉痛に対しても効力を発揮する。

5．クーリングダウンの方法

クーリングダウンの手順を図8-10に示した。練習や試合が終了したら，軽い運動（ジョギングやグラウンドストロークラリー）をおこない，そのあとストレッチング（静的）をおこなうと効果的である。このときのストレッチングは1種目30秒程度とし，ゆっくりと念入りにおこなうようにする。また，そのあとはシャワーやマッサージなどを利用することも，疲労回復のために有効である。クーリングダウンはリラックスした状態でおこなうことが大切である。

また，1日の間に2試合以上おこなう場合などは，1試合目の疲労をできるだけ早く取り除くことが必要となってくる。特に運動時間が長かったり激しい運動だったりした場合には，完全に休息するよりも軽い運動をおこなう（積極的休養）こ

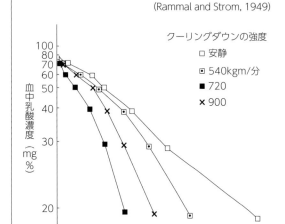

図8-11 クーリングダウンと血中乳酸濃度
(Rammal and Strom, 1949)

とで，乳酸の除去スピードを早めることができる。

図8-11は，疲れ果てるまで運動をおこない，乳酸を高めた状態で，安静と3つのクーリングダウンの条件下での乳酸除去のスピードを比較したものである。安静の状態よりも，クーリングダウンなどの運動をおこなったほうが乳酸の除去スピードが速くなっていることがわかる。ただし，その運動強度については，中程度の負荷（心拍数としては120～140拍）が最も速い傾向を示している。

また，最近の研究（山本，2001）では，試合の

直後によく使った筋肉のアイシング（冷却）を10〜15分程度おこなうと，次の試合に良い影響（疲労回復）がもたらされると言われている。ストレッチング，シャワー，マッサージにアイシングを組み合わせることによって有効なクーリングダウンとなると考えられる。

　クーリングダウンをおこなうことによって得られるメリットは多い。疲労や柔軟性の回復を早めることで，その日の体調を整え，オーバートレーニング（慢性疲労）の予防ができる。また，その日の疲れをとることによって，次の日により高いレベルでの練習・試合が可能となる。

　最後になるが，体力・競技レベルには個人差があるため，「ウォーミングアップ」「クーリングダウン」は自分自身に合ったものを見つけ出すことが大切である。また，季節，気温，体調，試合会場などに合わせて調整することも忘れてはならない。

8-4 体力トレーニングの実際

　体力トレーニングをおこなう際には，トレーニングの原理・原則を参考にしながら，テニスの期分け（ピリオダイゼーション）に沿って計画を立案する。ジュニアであれば発育発達に沿ったトレーニングをおこなう。また，運動能力の向上と障害予防を両立させるためには，投・跳・走・打といった基本動作から，テニスにおける具体的な動作にいたるまで，身体にとって合理的な動きを心がける必要がある。

　近年，身体の正しい機能（ファンクション）をもとにしたトレーニングや，動作において身体を上手に使う身体技法（操法）への関心が高まっている。機能的かつ効率的に身体を使うことは，身体内部の感覚を研ぎ澄ましながら，動きを質的に向上させることでもある。個人スポーツ，技術の習得に重きをおくスポーツとしてテニスが個人の主観を重視する点や，上達には心技体の協調が必要である点を考慮すると，体力トレーニングを実施する際は，運動強度・頻度，運動（休息）時間といった要素に加えて，トレーニング動作の質にも注意を払う必要がある。

　体力トレーニングの開始にあたっては，ウォーミングアップやクーリングダウンの実施はもとより，けがや事故に対する安全性の確保，心理的に安心できる環境づくりに努める。初めてトレーニングをおこなう場合は，経験と専門知識のある指導者がいることが望ましい。プレーヤーと指導者は双方向のコミュニケーションを積極的にとり，トレーニング方針についての誤解をなくするための努力をする必要がある。

▪注　「期分け」
　目標までの期間を複数に分け（期分け），運動の量・強度・頻度，休息時間，食事といった要因を調整しながら，心身を最適な状態に導く体系的なコンディショニングの方法。

1．コーディネーション（調整力）の　トレーニング

　どのようなトレーニングをおこなうにせよ，身体の各部位の連動をスムーズにおこなったり，視覚的な情報を動きに反映させたりするためには，神経レベルにおいて動作を合目的的に調整することが必要となる。コーディネーションは新しい動き，いろいろな運動（スポーツ），複合的な動作，予測をおこなうことで高めることができる。例えば他種目のボールゲームなどをおこなうと，テニスとは違った動きや状況判断力が養われ，コーディネーションも向上する。テニスの練習においても条件をいろいろと変化させておこなうと，この能力を高めることができる。

1—移動運動

▶両腕を前または後ろに回旋しながら走る。
▶右腕を後方，左腕を前方に回旋しながら走る。
▶身体を回転させながら走る。
▶合図によって方向を変えて走る。
▶伏臥姿勢からスタート。
▶仰臥姿勢からスタート。
▶動きながらさまざまなリズムのステップをおこなう。

2—回転運動（マット運動）

▶前転（その場，歩行，飛び込みの3種類より）。
▶連続前転，倒立前転。
▶後転，後転倒立。
▶側転（右，左）。

3—障害走

　平均台，跳び箱，ハードルなどを用いて実施する。

4—球技

　バスケットボール，ハンドボール，サッカーなど球技種目をおこなう（サッカーではミニサッカーが効果的である）。

5—身体各部位と視覚の協応動作

▶鬼ごっこをはじめとする各種遊び。
▶箱（数十cm高）の上で，左右移動をしながらボールをトスし合う。
▶ボールを投げ上げ，360度身体をターンして落ちてくるボールをキャッチ。
▶助走からスプリットステップをおこない，前から投げられたボールへの反応とキャッチ。
▶転がされたボールを足で返球し，投げられたボールはヘディングで返球することを交互に連続しておこなう。
▶フィールドアスレチック施設を利用した運動。

6—テニス

▶ボールキャッチ（手に持った2つのボールを一緒に相手に投げてキャッチする）。
▶2人で2個のボールを使ってラリー。
▶利き腕と逆の手にラケットを持ち，近距離ラリー。
▶ラケッティングや足でのボールのリフティング。
▶オーバーヘッドスマッシュ練習（1面を使っていろいろな方向にロブをあげ，そのボールにできるだけ早く追いつき，オーバーヘッドスマッシュ）。
▶バランスの悪い状態（片足，バランスクッションの上など）でのラリー。

2. 筋力のトレーニング

筋力トレーニングの代表的な方法としては，アイソメトリックトレーニング，アイソトニックトレーニング，アイソキネティックトレーニングがあげられる。

1—アイソメトリックトレーニング

アイソメトリックトレーニングとは，例えば，壁のような固定物を押すなど，筋の長さを一定に保ったままで力を発揮する（等尺性収縮）トレーニングのことである。自分の身体を利用しておこなう方法や，アイソメトリックラックなどの器具を使っておこなう方法，2人1組になっておこなう方法がある。このトレーニングの利点は，1人で，しかもどこででもおこなえることである。しかし，特異性の原理からすると，テニスなどの動的スポーツに必要とされる筋タイプの発達には必ずしも有効であるとは言えない。動きが制限されるリハビリテーション用のトレーニングとしてはよく用いられている。

このトレーニングの強度は，全力（最大筋力）で，持続時間は6～10秒間，頻度は1週間に20回程度おこなうとよいとされている。テニスでは補強的なトレーニングとして以下の種目をおこなうとよい。

▶ボールやグリップを全力で握る（前腕筋群の強化）。

▶2人ペアで，1人はフォアハンドストロークのインパクト姿勢をとり，もう1人はラケットを支える（前腕，上腕，肩，大胸筋，広背筋などの強化）。

▶バックハンドストロークで，フォアハンドと同様におこなう。

▶2人ペアで，1人はサーブのインパクト姿勢をとり，もう1人はラケットを支える（サーブ時に使われる筋群の強化）。

2—アイソトニックトレーニング

アイソトニックトレーニングは，バーベルやダンベルなどの負荷抵抗を用いておこなうトレーニングであり，ウエイトトレーニングが代表的なものである（図8-12）。強度の目安は，1RM（Repetition Maximum：最大挙上重量）が用いられる。1RMは1回の動作が可能な重量である。最大筋力を効果的に向上させるためには，1RMの3分の2以上の負荷で，8～12回繰り返すことのできる負荷（8～12RM）を用いるとよい。この負荷で1種目につき1～3セットおこなう。セット間の休息は最低2～3分程度とる。

初めてウエイトトレーニングをおこなう場合は，重い負荷でおこなうと危険を伴うので，軽い重量，少ないセット数，そして多くの反復回数でおこない，正しいウエイトトレーニングのテクニックを学ぶことも大切である。

トレーニング頻度は，年齢，経験，目的，期分けの時期などにより異なるが，11～13歳は週2～3日，14歳以上は3～4日（トレーニングに慣れている場合，Verstegen, 2003），年齢を問わず初級者は週2～3日を目安におこなう。トレーニングの効果が現れるには最低5週間程度はかかると言われており，あせらずにおこなうことが大切である。

ウエイトトレーニングのメニューの作り方は，まず基礎的なトレーニングとして，身体の中心部位である体幹（股関節から肩関節）を強化し，続いて手足など末端部位やテニスに必要な専門的な動きを強化していく考え方でよい。なお必ずしも器具を使う必要はなく，後掲図8-19のような自

図8-12 アイソトニックトレーニングの種目例

分の体重を使ったトレーニングも有効である。

連続していくつかの種目をおこなう場合は，同時に複数の関節を使う種目（例：腕立て伏せ，ベンチプレス，ベントオーバーローイング，ハーフスクワット）を先におこなってから，1つの関節（単関節）を使ったトレーニング（例：アームカール，リストカール，カーフレイズ）をおこなうほうが，逆の順序に比べて疲れにくく効果が高いことが知られている。

テニスに必要とされるウエイトトレーニングの種目およびトレーニングされる筋群をあげておく。
▶ベンチプレス：大胸筋，上腕三頭筋，三角筋，前鋸筋
▶ベントオーバーローイング：広背筋，僧帽筋，上腕二頭筋
▶ハーフスクワット：大腿四頭筋，大臀筋

- ▶ヘッドロールアップ：骨盤底筋群，腹横筋，腹直筋
- ▶アームカール：上腕二頭筋，前腕屈筋
- ▶リストカール：前腕屈筋
- ▶カーフレイズ：下腿三頭筋，前脛骨筋
- ▶アップライトローイング：三角筋，僧帽筋，上腕二頭筋，上腕三頭筋
- ▶シーテッドフレンチプレス：上腕三頭筋
- ▶レッグカール：大腿二頭筋
- ▶レッグエクステンション：大腿四頭筋

3 ─ アイソキネティックトレーニング

　アイソキネティックトレーニングは等速性トレーニングとも言われ，ある運動を可動範囲全体に一定の速度でおこない，どの時点でも過負荷がかかるようにし，効果的に筋力を高めるトレーニングである。理論的には筋力とスピードを向上させていくもので，テニス選手にとって，筋力トレーニングを効果的に進めるうえで，良いトレーニング方法である。負荷は油圧，空気圧を利用する。

3．筋持久力のトレーニング

　競技特性を考えた場合，テニスは似たような動作を繰り返し長時間おこなうスポーツである。つまり一定の筋力を継続的かつ合目的的に発揮しなければならず，筋出力においても持久力的要素が必要になる。筋持久力をベンチプレスの例で説明してみると，2人が同じ重さのバーベルを同じスピードで繰り返し持ち上げた場合，より長く持ち上げ続けることができた者が筋持久力にすぐれていると言える。

　後述する全身持久力と筋持久力は分けて考える必要があり，長時間の練習や試合で最後まで同じように筋力を発揮したい場合は，全身持久力とは別に筋持久力のトレーニングをおこなう必要がある。

　筋持久力を向上させるためには，1回（セット）に実施する回数を増やすようにする。負荷として1RMの50％前後の重量を用いて，30〜50回反復する。これを3セット，そして週に3日おこなうようにする。腹筋，腕立て伏せなど自体重を利用し，反復回数を増やしたトレーニングも有効である。特別な器具を使わず，狭いスペースでできることから，自宅やホテルなどでも簡単におこなうことができる。また後述する総合的体力トレーニングによっても向上させることができる。

4．パワーのトレーニング

　筋力が増大してきたならば，次はパワーの向上に焦点を合わせることが必要となる。テニスは1ポイント中の平均移動距離が短いため，瞬間的に最初の1歩を出したり，極短距離をすばやく移動したりする必要がある。時間あたりの移動距離はスピードと言い換えることができる。力とスピードの積がパワーであることから，パワー向上のトレーニングでは運動のスピードを重視する。

　バーベルなどを利用したパワートレーニングは1RM（最大挙上重量）の30〜60％の負荷でおこない，反復回数は15〜25回，そして運動はできるだけ速く，いわゆる最大スピードでおこなうようにしなければならない。テニス選手の場合は1RMの30〜40％の負荷で20回，最大スピードでおこなうとよい。特にストローク動作に類似した形でおこなうと，より効果的である（特異性の原理）。

以下に全身のパワーアップのための運動をあげておく（図8-13）。

▶パワークリーン

全身運動で，特に脊柱起立筋，僧帽筋，三角筋，広背筋，大臀筋，大腿四頭筋，下腿三頭筋，上腕二頭筋を発達させる。

▶ジャンピングスクワット

大腿四頭筋，大臀筋，下腿三頭筋，前脛骨筋などの下半身を強化する。

別の方法として，筋が短縮性の筋力を発揮するとき，その直前に反射的に筋が引き伸ばされると，発揮するパワーが増大するという筋肉の性質を利用したプライオメトリックトレーニング（図8-14）がある。弾性トレーニングとも呼ばれ，トレーニングの動作としては，一定以上の強度で筋肉をすばやく伸張させ，生じた筋反射とともにすばやく収縮させることがポイントとなる。

表8-2　プライオメトリックトレーニングにおけるガイドライン
(Chu, 2003を改変)

年齢	トレーニング種目の数	セット数	回数	メディシンボールの重さ
8～10歳	3	1	5～10	1.5～2 kg
10～12歳	3～4	2	8～12	2～2.5
12～14歳	4～5	3	12～15	2.5～3
14～16歳	5～6	3	12～15	3～3.5
16～18歳	6～8	4	10～15	3.5～4.5
19歳以上	8～10	4～5	10～20	4.5～5.5

▶（足と腰）両足跳び，交互足跳び，シザーズジャンプ，ダブルニージャンプ，サイドジャンプ。

▶（体幹）ダンベルスイング（水平），メディシンボールツイスト，シットアップメディシンボール投げ。

▶（体幹上部）メディシンボールチェストパス，メディシンボール投げ。

▶チューブを使ったトレーニング

チューブを利用して各ストローク動作をおこなう。抵抗運動のトレーニングにより各筋群のパワーを高める。上半身の強化（グラウンドストロークの動作，サーブの動作），下半身の強化（ランニング動作，足の振り上げによる足の運動）。

表8-2は年齢に応じたトレーニング種目の数・セット数・回数・メディシンボールの重さである。中学生以下やトレーニング経験の浅い者がプライオメトリックトレーニングをおこなう場合，ドリルのテクニックについて十分な指導を受けることと，実施回数を多くし過ぎないことに注意する（Chu, 2003）。

図8-13　アイソトニックトレーニング（パワー系）
パワークリーン
ジャンピングスクワット

図8-14 プライオメトリックトレーニング

5. スピードのトレーニング

スピードのトレーニングは，実施者の筋力，持久力，パワーに基づいておこなう。スピードトレーニングで向上させるスピードとは，①反応時間のスピード，②筋肉が収縮する際の筋線維の動員（リクルートメント）スピード，③動作そのものまたは動作を繰り返すスピードを指す（Moreauら，2003）。

期分けにおける準備期では，筋力トレーニングで筋力を高めることに重点をおき，試合期はコート上でのスピードトレーニングをおこなう必要がある。ただし，スピードトレーニングは十分なウォーミングアップをおこなわないと，筋断裂などの傷害の原因ともなるので注意する必要がある。

スピードトレーニングとしては以下の方法がある。

▶スポットランニング

その場で走る動作を繰り返す。このとき，膝を腰の高さまで上げて両腕を大きく振り，これをできるだけ速く繰り返す。50回×2セット，休息は30秒～1分。

▶インターバルスプリント

100％の力（全力）で0～15秒を走る方法で，運動と運動の間に1～2分間の完全休息を入れる。運動と休息を1セットとし，5～15回繰り返しておこなうとよい。運動と休息の割合は1：5から1：10の範囲内でおこなう。

▶ファルトレクトレーニング

スウェーデン地方で盛んにおこなわれたことによりこの名がついている。森や野原を自分の好きなスピードで走るもので，スピードを高めたり歩いたりを繰り返しておこなう。スピードの持久力を養うトレーニング方法である。

▶テニスコートでのスピードプレー

コート上で実際のプレーの形に近い状態でおこない，その動きのスピードを高めていくものである。全力でおこなうことが重要で，運動の時間は1分間程度，休息をとりながら3～5セットおこなう。種類としては「オーバーヘッドスマッシュの連続打ち」「オーバーヘッドスマッシュとボレーの交互打ち」「グラウンドストロークによる左右の振り回し練習」「ドロップショットとロブの交互打ち」などがあげられる。

6. 敏捷性のトレーニング

スタートやストップ，方向転換などのいろいろな動きを，コート上ですばやくおこなえるようにするものである。

▶シャトルラン（左右走）

コート（シングルス）のサイドラインにボールを置き，反対側のサイドラインへボールをできるだけ早く運ぶ。3～5往復を2～3セットおこなう。

▶シャトルラン（前後走）

テニスコートの縦を使って，①～⑥の順序でおこなう（図8-15）。ただし，身体は常にネットの方向に向いていること。2セットおこなう。

▶ファンドリル

テニスコートのセンターマークからスタートし，5方向のラインの交点にタッチし，元に戻る（図8-16①）。身体は常に正面（ネットの方向）を向き，できるだけ速くおこなう。2セットおこなう。

センターサービスラインとサービスラインとの交点からスタートし，8方向のラインおよびネットとの交点にタッチし，元に戻る（図8-16②）。

図8-15 シャトルラン

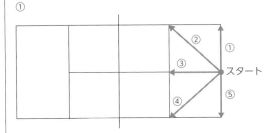

図8-16 ファンドリル

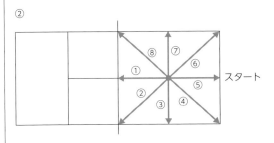

図8-17 ボレードリル

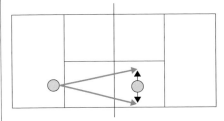

身体は常に正面（ネットの方向）に向いていること。1セットおこなう。

▶ジグザグ走ドリル

コーンやボールを5～6個縦に並べ、できるだけ速くジグザグに走る（往復走）。また、コーンやボールを置く位置を変えてみる。

▶ボレードリル

図8-17のようなボレーポジションで相手から左右にボールを送り出してもらい、ボレーをおこなう。20球で1セットを2セットおこなう。

▶オーバーヘッドスマッシュドリル

シングルスコートを使っていろいろなコースや深さのロブをオーバーヘッドスマッシュで返球する。20球で1セットを2セットおこなう。

7. 全身持久力のトレーニング

長くハードな試合や、毎日の練習に耐えることのできる持久力をつけることは、すべてのテニスプレーヤーにとって基本となるもので、必要不可欠なことである。全身持久力を向上させるためにはランニング系のトレーニングが有効であり、多くの酸素を取り入れ、それを効率よく利用できるようになる。

■1─持続走トレーニング

ゆっくりとしたペースで休息なしにランニングをおこなう。走行中の心拍数は140～160拍の範囲内で一定に保ち、時間は15～60分間。強度は最高心拍数の約70%程度で、気持ちよいと感じるペースでリラックスして走ることが大切である。トレーニングに慣れるに従い、強度（ランニング速度）を上げていくことも必要である。

森林や丘陵地をスピードに変化をつけながら任

意の距離を走るファルトレクトレーニングもここに含まれる。

2—インターバルトレーニング

急走期と緩走期を交互に繰り返して、全身持久力を向上させるトレーニングである。急走期の強度は、その競技特性に応じて走る距離を変化させるのが特色である。一般的な全身持久力を向上させるには、急走期は200mの距離を最大スピードの80～90％の力で走り（25～30秒程度のペース）、次に緩走期として1分45秒のジョギングをおこなう。これを1回とし、10回程度反復すると効果がある。10回反復できなければできる回数をおこない、トレーニングを重ねるにつれて回数を増やしていき、最初の回数の2倍になったところで、休息期の長さを短縮し、回数を最初に戻す。休息期の長さが30秒になったところで、次の段階として急走期の負荷強度（走速度）を上げていく。

3—インターバルスキルトレーニング

負荷期の運動をテニスのストローク練習でおこなうことにより、スキルの向上を考えながら全身持久力を高めていくトレーニングである。送球されたボールをフットワークを使ってフルスピードで打つことを15～30秒間おこない、30秒間の休息をとり、これを繰り返す。負荷期の運動はグラウンドストロークやボレー、オーバーヘッドスマッシュなどでおこなう。実際のテニスに近い動きをするので効果的なトレーニング方法である。

8．柔軟性のトレーニング

柔軟性の向上は、筋力やパワーといった他の運動能力をはじめ、動きの効率にも影響を及ぼす。柔軟性トレーニングは静的または動的なストレッチングを通じて関節の可動域・可動性・連動性を改善するためにおこなう。ストレッチングは一般的にウォーミングアップ、クーリングダウン時におこなうことが知られているが、トレーニングとして取り組む場合は、より時間を長くとったり、必要であれば練習中に時間を設けたりしておこなうこともできる。

ストレッチングには、運動様式別に2つの方法がある。1つはスタティックストレッチングと呼ばれる静的柔軟体操で、もう1つはダイナミックストレッチングと呼ばれる動的柔軟体操である（ウォーカー，2009）。静的柔軟体操は反動をつけずに少しずつ筋肉を伸ばしていき、伸ばされた感覚をもちながらしばらく静止する方法である。動的柔軟体操は屈伸や回旋などの動きを伴った体操で、反動をつけておこなう場合もある。

なおスタティックストレッチング、ダイナミックストレッチングともに、実施に際しては自力でおこなう方法（自動的）と外部からの力（パートナー、重力など）に頼る方法（他動的）がある。

1—スタティックストレッチング

これはウォーミングアップやクーリングダウンなどでよくおこなわれている運動である。全身の筋肉についておこなうことが望ましいが、特にテニスでは足、大腿部、肩、腕を十分に伸ばしておくことが必要である。柔軟性向上のためのトレーニングとしておこなう場合は、1つの運動につき20～30秒間、全体で10～15分間かける。練習や試合の直前には長すぎるスタティックストレッチングを避ける（ダイナミックストレッチングが好ましい）こと、また過度に伸ばしすぎないようにして、リラックスした状態でゆっくりとおこなうようにする。

図8-18 ダイナミックストレッチング

2 ─ ダイナミックストレッチング

　動きをコントロールしながら目的とする筋肉を伸ばす（図8-18）。重力を使う場合や2人でおこなう場合も同様である。反動を利用する際は動作が通常の関節可動域を超えないようにして、筋肉や腱の伸ばし過ぎに注意する。1回の運動を10〜15回繰り返しておこなう。ゆっくりと大きな動作でおこなうことが大切である。

9．総合的体力トレーニング（サーキットトレーニング）

　総合的体力トレーニングとは、筋力、筋持久力、パワー、敏捷性、全身持久力など各種の器官や組織の機能を同時に高めようとするものであり、こ

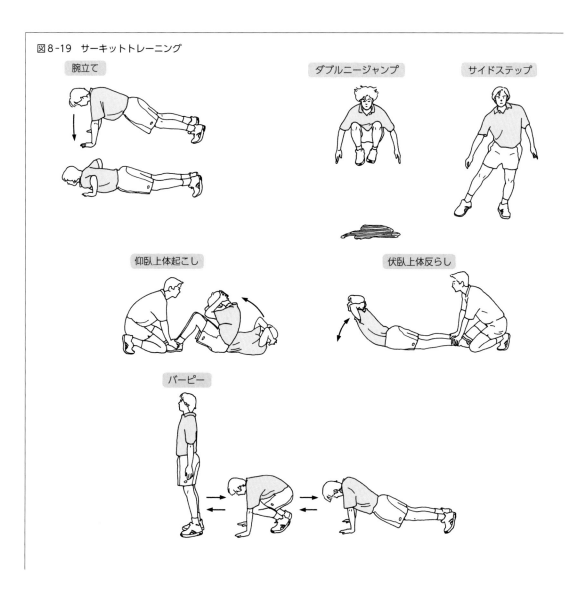

図8-19 サーキットトレーニング

の代表的な方法がサーキットトレーニングである（図8-19）。器具（バーベルやダンベルなど）を使うサーキットトレーニングの負荷の選定は，最大挙上重量（1RM）の1/2〜1/3を目安とする。器具を使わない場合は，各種目それぞれの30〜60秒間におこなえる最大回数の1/2の回数を反復回数とする。負荷重量や反復回数が決定したら，8〜12種目を休息を入れずに順番におこない，2〜3セットおこなう（セット間は少し休息をとってもよい）。全体を10〜30分でおこなえたならば，その時間の90％を目標時間としてトレーニングをする。この目標時間に達したならば，再度負荷を決定してトレーニングを進めていく。

8-5 発育発達期の体力トレーニング

 生涯スポーツとしてのテニスが注目を集める一方，競技としてのテニスはよりスピーディーに，よりパワフルに進化し続けている。世界のトップに躍り出てくる諸外国の選手たちは，10代半ばで技術・戦術などがほぼ完成されており，ジュニアと一般の垣根がなくなりつつある。低年齢で競技を開始し，10代半ばまでに一気に駆け上がらなければならない現状は，指導者が選手個々の発育発達に応じた適切なトレーニングを計画し実施できたか，選手自身の才能・努力とともに，指導者の能力が問われていると言えよう。

1．発育と発達

 保健体育の分野では，「発育」(growth)を身体の形態的変化，「発達」(development)を身体の機能的な変化として捉えていることが多い。本稿でもこれに準じて「発育」「発達」の用語を用いる。

 スキャモン（Scammon, 1930）は，臓器や器官の発育のパターンを4種類に分類し，有名な臓器別発育曲線を示した（図8-20）。これは出生時を0％，20歳時を100％として臓器・器官の各年齢時における発育量の割合を示したものである。その臓器・器官の発育特徴は，リンパ型は10歳ごろに成人の2倍近くになり，次第に減少し，成人の水準に戻る経過をたどる。神経型は乳幼児期に著しい発育を示し，以後ゆっくり発育しながら成人の水準に達する。一般型は出生後に急速な発育を示した後，緩やかな増加をたどりながら，思春期にきわめて急速な発育を示し，成人の水準に達する。生殖型は思春期までの発育は非常に緩やかであり，思春期に一般型以上に急速な発育を示し，成人の水準に達する。このように，身体の各部分

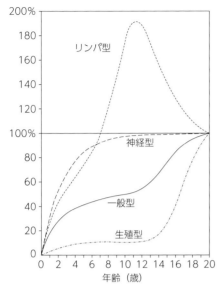

図8-20 臓器別発育曲線（Scammon, 1930）

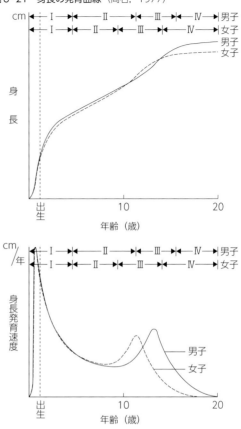

図8-21 身長の発育曲線（高石, 1977）

の発育は同時に進むのではないことがわかる。

1─身長の発育

身長の発育は，身体の発育段階を最も顕著に表す指標と言えよう。遺伝的な要因が大きいと言われているが，生育環境も後天的な要因として影響を与えていると考えられる。

図8-21の上図は出生後の身長の発育経過，すなわち，そのときの身長を，下図は年間発育増加量，すなわち1年間に何cm伸びたかを示したものである。胎児期を別として，誕生から成人にいたるまで2回の発育急進期がみられる。第一発育急進期は誕生から乳児期における身体の発育期であり，第二発育急進期は10歳以降から思春期にかけてで，身体が子どもから大人へと急速な変化を遂げる時期である。この時期の身長の急伸期はPHV年齢（peak height velocity）と呼ばれ，その平均は男子で13〜14歳，女子で11〜12歳であるが，個人差が大きく，年齢や学年が同じであっても発育状況は各個人によって違うことを理解しなければならない。また，骨の長さの発育が盛んなこの時期の骨には，成長軟骨と言われる弱い部分があり，この部分に繰り返し過度な刺激が加わると障害を起こす場合が多い。第二急進期は人生で最も大切な時期と考えられている。この時期を見逃さず，適切な対応をするためにも，定期的な身長の測定が必要であろう。

2─体重の発育

体重は身体の総合的な指標であり，骨格および筋肉・脂肪・内臓などの軟部組織，さらに血液，水分など身体のあらゆる部分に関連をもっている。

発育状態の評価だけでなく，総合的な健康状態の指標としても重要である。

身長の発育と同様に体重年間増加量のピークを示す年齢は，女子が13歳前後，男子が14歳前後と，男女差がみられる（図8-22）。男子がPHV年齢とほぼ一致しているのに対し，女子ではPHV年齢の1年後となっている。しかし，身長と同様に個人差が大きい。

体重は，体脂肪と除脂肪体重に分けられる。除脂肪体重とは文字通り，体重から体脂肪を除いた体重で，骨量や筋量を推定する指標である。筋量の変化がわかるとして，トレーニング効果を知るための指標の1つとされている。体脂肪の多くは皮下脂肪として蓄積されているので，皮下脂肪厚で体脂肪を推定するのが一般的である。通常，腹部，上腕背部，背中で測定されるが，子どもの場合には，上腕背部と背中で測定された値から，全体の体脂肪を推定する換算式が最もよく用いられている。

近年，強い競技志向やダイエットブームから，体脂肪は悪者扱いをされているが，女子の初経発来には一定以上の体脂肪率が必要なことや，生命の維持のためにも大切なものであることを再認識すべきであろう。

3―筋と筋パワーの発育発達

運動はおもに骨格筋を動かすことによっておこなわれる。骨格筋は筋線維が束ねられたものである。筋の発育を筋重量の増加とすると，筋線維が太くなること，筋線維が長くなること，および筋線維数が増えることが考えられる。筋線維数は誕生後数か月から成人になるまで変化は少ないと考えられている。筋力，筋パワーとも11歳以前の筋力の増加は緩やかであるが，その後，急激な成長をし，女子は14歳，男子は15歳で頭打ちとなる

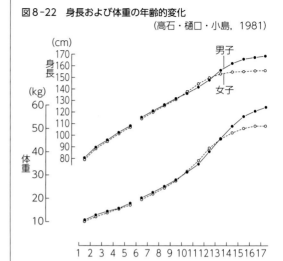

図8-22 身長および体重の年齢的変化
(高石・樋口・小島，1981)

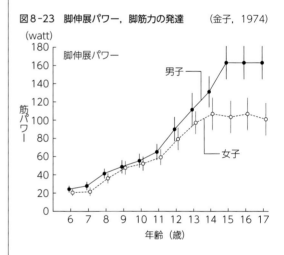

図8-23 脚伸展パワー，脚筋力の発達 (金子，1974)

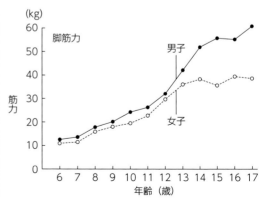

（**図8-23**）。筋力の発達には性ホルモンが強く関与しており，女性は初経以後，女性ホルモンの分泌が盛んになり，筋や骨の発育が抑制される。一方，男性は強い蛋白同化作用をもった男性ホルモンの働きにより，筋肉や骨の蛋白の合成が促進される。

4 ― 神経系の発育発達

神経系の発達は脳の発達と言えよう。脳重量の変化はスキャモンの発育曲線の神経型に属している。形態的には臓器より相当早く成人の値に近づく（**図8-24**）。

神経系の発達が運動に現れたものが運動機能の発達である。これには感覚系の発達が欠かせない。感覚には五感と言われる視覚，聴覚，味覚，嗅覚，触覚のほかに，平衡感覚，身体の位置感覚，運動に関する深部感覚などがあり，それらは8～10歳まで急速に発達し，12～13歳までにほぼ成人の水準に達する。

子どもは，たくさんの運動を経験することにより，「感覚」で感じ，修正を繰り返しながらより効率的な（速く，スムーズで，正確な）動作を学習していく。

運動フォームの発達段階には神経系の発達が大きく関与する。**図8-25**は捕球したボールをすぐ投げるといった動作の習熟過程を示したものであるが，走る，捕る，投げるといった基本動作を習得しつつ，それを一連の運動動作のなかでスムーズにおこなえるように発達する。神経系の発達は11歳前後で完成することから，この時期までにいろいろな動きを経験し，トレーニングさせることが大切である。

5 ― 呼吸循環器系の発育発達

呼吸循環器系の中心となる心臓は，体重の増加

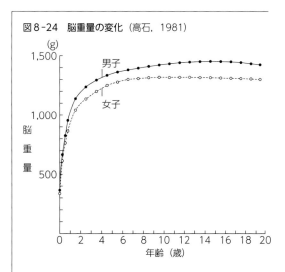

図8-24 脳重量の変化（高石，1981）

図8-25 捕－投の運動組み合わせにおける動作フォームの加齢的変容

4歳児

5歳児

6歳児

8歳児

10歳児

11歳児

※は運動の中断，- - -は数歩のステップを示す。

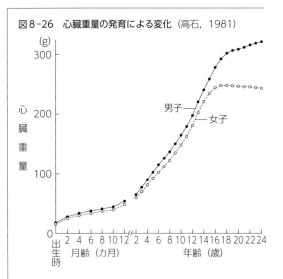

図8-26 心臓重量の発育による変化 (高石, 1981)

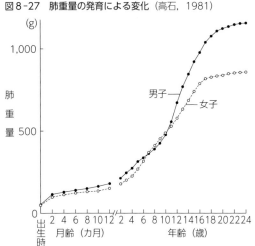

図8-27 肺重量の発育による変化 (高石, 1981)

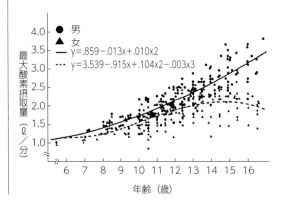

図8-28 加齢にともなう最大酸素摂取量の発達
(浅見, 1985)

とともに徐々に発育し，思春期に急激な増加を示す。心臓の平均重量は常に男子が女子を上回っており，思春期における交差現象はみられない（図8-26）。肺の重量は8～9歳で女子のほうが大きくなり，10歳で同じ値となった後，男子の肺の発育が女子より急激に進む。肺の発育は身長と同じ一般型であるが，この交差現象はPHV年齢より以前にみられる（図8-27）。

呼吸循環器系の能力を示すものとして，最大酸素摂取量がある。図8-28は加齢にともなう最大酸素摂取量の発達を表したものである。PHV年齢の前に比べ，PHV年齢後に急激に発達していることがわかる。その後，男子は18歳ごろまで増加を示すが，女子の増加は頭打ちとなる。この時期にスタミナづくりのトレーニングをおこなうと，効果的に持久力が増す。

2. 発育発達に応じたトレーニングのあり方

いつごろから，どのようなトレーニングを開始すればよいのか。このことを考える場合，何よりも優先しなければならないことは子どもの将来である。競技者をめざす子どもはもちろん，テニスをするすべての子どもがそれぞれの発育発達段階に合ったトレーニングを受け，より安全に，より楽しく，生涯にわたってテニスと関わっていけることが望まれる。

指導者には，自分が指導をしている間にチャンピオンを育成したいという望みがあるのは当然である。しかし，日々刻々と変化する選手に対し，指導者が勝利至上主義に傾倒すると，重要な変化を見逃し，その時々に必要なトレーニングを受けられないまま，成人してしまう。これは将来，選手として大きなデメリットを背負うことになる。

特に12歳までの指導およびトレーニングがカギとなる。

スポーツにおける技術は，ただ単に走ったり，投げたりすればよいものではなく，スポーツの目的にかなった特別の動きをするものである。その複雑な運動を習得するにはかなりのプロセスが必要であり，それに先立つ豊富な基本的運動の習得が不可欠である。子どもの指導をする場合，どの年齢にトレーニングとして何をやらなければならないかを理解することが大切である。「運動」ということでは神経型と一般型の発育パターンが深く関わっている。PHV年齢を把握し，子どもごとの成長段階を理解することが必要である。

ただし前述のとおり，PHV年齢（男子は13～14歳，女子は11～12歳）を含め，子どもの成長は個人差が大きいことに注意しなければならない。それぞれの子どもに合ったトレーニングをおこなうには，少なくとも10歳前後から定期的な形態測定を実施し，個々の成長段階を経過観察することが望まれる。

発育期のトレーニングはPHV年齢以前，PHV年齢時期，PHV年齢以後の3つに分けて考えるのが一般的である。図8-29は年齢による発達能力の違いを表したものである。PHV年齢時期以前に動作の習得のピーク年齢，PHV年齢とほぼ同じ時期にねばり強さのピーク，それ以後に力強さのピーク年齢を迎えている。

図8-30は発育発達に応じたスポーツ活動とトレーニングのあり方を示したものである。PHV年齢を境にスポーツ活動は種目の専門性が増し，トレーニング内容はスタミナやパワーづくりへと変化していくことがわかる。効率的で安全なトレーニング計画にはPHV年齢を把握することが必要である。

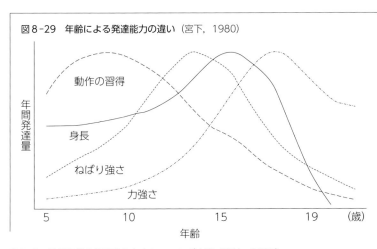

図8-29 年齢による発達能力の違い（宮下，1980）

表8-3 PHV年齢を目安としたトレーニング内容（梅林，2005）

PHV年齢以前	神経系のトレーニング（動きづくりのトレーニング）	走る・投げる・跳ぶ・打つなどの基本運動をトレーニングするとともに，球技やいろいろな動作を習得させ，状況判断能力を向上させ，調整力の向上に努める。
PHV年齢時期	呼吸循環器系のトレーニング（スタミナづくりのトレーニング）	内臓の発育発達に対応して，スタミナづくりを中心にトレーニングをおこなう。ただし，オーバートレーニングに注意する。
PHV年齢以後	筋力系のトレーニング（パワーづくりのトレーニング）	骨等の発育発達も低下してくることにより，負荷をかけられる時期である。本格的な筋力トレーニングをおこなう。

図8-30 発育発達に応じたスポーツ活動とトレーニングのあり方(浅見,1985)

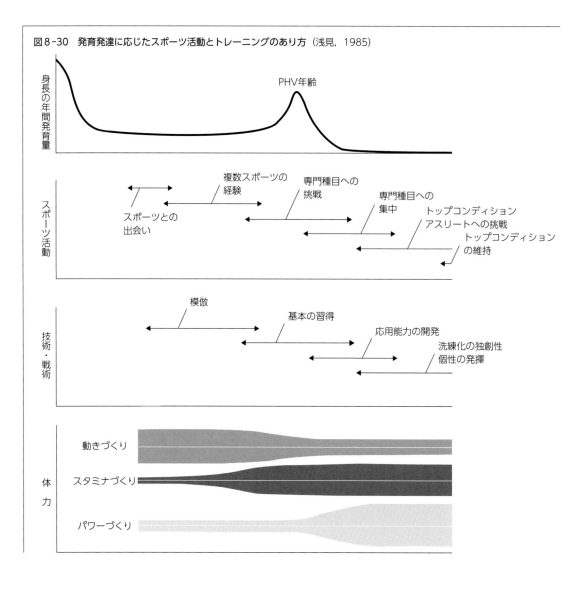

　表8-3はPHV年齢を目安としたトレーニング内容である。

3. 各年齢期におけるトレーニング・ガイドライン

　選手育成は，長期的な視野で考えなければならないということはもはや定説であるが，実際，どの年齢でどのようなトレーニングをどの程度おこなわせればよいのか，ということは指導者にとって難しい課題である。

　表8-4は，国際テニス連盟（ITF）の一貫指導プログラムのアウトラインを示している。選手を育成するには長期的な展望をもち，発育発達に見合ったトレーニングを段階的に指導していかなければならないとしている。発掘から始まり，育成，強化という過程をたどってトップへ到達していくなかで，何をなすべきか考えていく必要がある。

表8-4　国際テニス連盟の一貫指導プログラム

年齢	一貫指導プログラムとの対応	身体づくり・運動能力コーディネーション	戦術と技術のトレーニング	試合とそのトレーニング	コーチングのポイント
5～8歳	普及プログラム	・多くの異なったスポーツをする。 ・総合的コーディネーション能力の向上 ・1週間約2.5時間	・パートナーと協力する。 ・ラリーを続ける。 ・1週間約1.5時間	・ミニテニスのチーム戦	・変化をもたせ，楽しく自由にプレーさせ，創造性を養う。
9～10歳	育成プログラム1	・サッカーやバスケットボールのような球技 ・フットワークや動きづくり ・1週間約4.5時間	・すべてのストロークの大まかな打ち方を伸ばす。 ・すべての戦術的側面を教える。 ・1週間約4.5時間	・1年間にシングルス15試合ダブルス30試合 ・ラウンドロビン（総あたりリーグ戦）の試合をおこなう。	・良いデモンストレーションをすること
11～12歳	育成プログラム2	・反応の速さ，柔軟性，筋力を高める。 ・補助的なスポーツをおこなう。 ・1週間約5時間	・攻撃的なゲームスタイルと戦術の習得 ・ストローク技術の改良 ・1週間約6時間	・1年間にシングルス50試合ダブルス30試合 ・地域大会と全国大会をめざす。	・結果よりもプレー内容と過程を重視
13～15歳	育成プログラム3	・スピード，持久力と筋力をつける。 ・補助的なスポーツをおこなう。 ・1週間約8時間	・サーブとストロークにパワーをつける。 ・自分に合ったゲームスタイルの習得 ・1週間約12時間	・1年間にシングルス70試合ダブルス35試合 ・全国大会と国際大会をめざす。	・プレーヤーが自分のテニスに責任をもてるようにする。
16～18歳	強化プログラム1	・有酸素的持久力，筋力トレーニングを十分おこなう。 ・1週間8時間程度	・個人のスタイルを確立 ・ストローク技術のさらなる向上 ・1週間15～20時間	・1年間にシングルス80～100試合くらいダブルス40～50試合くらい	・プレーヤーの計画を立てる役割を担う。

（公益財団法人日本テニス協会，2002）

表8-5は各年齢におけるテニスの技術・戦術・体力の位置づけとトレーニング内容である。

4．子どものレジスタンストレーニングとその効果

レジスタンストレーニングとは，負荷抵抗を用いたトレーニングの意味で，自体重によるトレーニング，チューブトレーニング，ダンベルトレーニング，マシンやフリーウエイトを使ったトレーニングなど，負荷をかけておこなうトレーニングの総称である。

子どもにレジスタンストレーニングをおこなわせることに関しては，長骨の成長軟骨（骨端部）がダメージを受け，成長に悪影響が及ぶと言われている。しかし，適切なガイドラインが守られていれば，トレーニングによる外傷・障害の危険性はきわめて少ないという報告がなされている（ク

表8-5 技術・戦術・体力の位置づけとトレーニング内容（グロッサー，ノーマイヤ，1995）

トレーニング期	期間	位置づけ	トレーニング内容
1. 基礎トレーニング期	小学校低学年（5～8歳）2～3年	多方面にわたる身体の一般的なトレーニングをおこなう。基礎技術の習得，一般的な筋力，反応，巧みさの訓練など。	①特別なトレーニングはしないようにする。 ②基本的な運動を教える（走る，跳ぶ，投げる，転がる，投げる，打つなど）。 ③目と手，そして身体のコーディネーションを高める。サッカー，バスケットボールなどを利用する。 ④簡単なストレッチングを教える。 ⑤週3日程度の活動量でよい。
2. 専門トレーニング期	小学校高学年（9～12歳）2～3年	運動学習，技術練習に最もふさわしい時期。体力面では基礎技術の向上，反応や回数をかけるトレーニング，パワー，有酸素的持久力，柔軟性のトレーニングをおこなう。戦術面は技術やスキルに依存したものになる。	①サッカー，バスケットボール，野球，ドッジボールなどにより，調整力をさらに高めていく。 ②柔軟運動により柔軟性を高める。 ③前転，後転，側転，走る，跳ぶ，投げる，引っ張り合う・押す，高所へ登る・降りるなどの基本的な動きをおこなわせ，その能力を高める。 ④持久力のトレーニングとしてボールゲームなど，時間を考慮して心肺能力を高める。 ⑤週に4日の活動量が適当。
3. 競技力トレーニング期	中学校（13～16歳）2～3年	技術練習と種目固有の体力トレーニングは，時間的にも量的にも同等程度のものとなってくる。戦術面は技術と体力の両方に依存した形で強化される。中学校時に急激な増加傾向を示す全身持久力の基盤づくり。	①ウォーミングアップの方法を専門的に教える。 ②サーキットトレーニングを用い，体重を利用し，筋力を高める。ウエイトを用いてもよいが，15回以上持ち上がる負荷を用いる（筋持久力）。 ③ダッシュなどでスピードを高める。 ④他のスポーツもおこない，調整力を高める。 ⑤持久力トレーニングはランニングやファルトレク，インターバルトレーニングをおこなう。 ⑥柔軟性のトレーニングもおこなう。 ⑦週5日程度の活動量が適当。
4. 最大競技力トレーニング期	高校（15,16歳以降）トレーニング開始後6～8年後	技術と体力のどちらかに重点が置かれる。両者のレベルを調和させることが重要。	①ウエイトトレーニング（10RM），また，ジャンプ系のトレーニングをおこなう。 ②持久力についてはランニングやインターバルトレーニングで，より強い負荷をかけていく。 ③柔軟性トレーニングもしっかりとおこなう。 ④トレーニング理論について理解させ，自主性をもたせる。 ⑤動きづくりについては，他のスポーツ，サーキットトレーニングを取り入れておこなう。 ⑥週6日程度の活動量が適当。

レーアー，フレックス，2003）。したがって，そのプラスの効果を期待するには，まず指導者が正しい方法でトレーニングを施すことが必要となる。身体にかなり負担がかかるテニスの動き（ダッシュ，フルスイング，ジャンプ，ストロークの連続など）からすると，障害を予防するためにも，レジスタンストレーニングは重要となってくる。

1 ─ 筋力の強化

以前は，思春期前の子どもには，レジスタンストレーニングによる筋力増加は期待できないとされていた。しかし，最近の研究で，子どもの発育発達によるもの以上の筋力増加が生じることが認められている。短期間（8～20週）で30～50％の

筋力向上が生じるとの報告である（クレーアー，フレックス，2003）。トレーニングをパフォーマンスの向上に結びつけるためには，トレーニングの特異性の視点から，テニスの動きの特性，すなわち，動きの特徴，動きの速度，あるいは動員される筋肉の収縮タイプなどを把握する必要がある。

2 ― 外傷・障害の予防

テニスの場合，さまざまな負荷が筋肉や結合組織にかかってくるが，それに耐えられるだけの身体をつくっておくべきであろう。子どものトレーニングの負荷強度については，自体重あるいは負荷を用いる場合も，12〜15回×2〜3セットを基本としていくことが望ましい。あまり大きな負荷ではなく，15回前後おこなえる負荷をスタートとして考える。それ以後，トレーニングの効果がみられ，その運動に慣れてきたら，10回前後（8〜12回）を基本としていくことが望ましい。負荷に関しては，下記のような考えるとよい。

[5〜8歳] 自体重で，トレーニングの大まかな内容を理解させる。負担の少ないものを考える。
[9〜12歳] 自体重中心で考えるが，軽い負荷を用いたトレーニングをおこなってもよい。12〜15回の範囲内でできる負荷を選ぶ。1〜3セット。
[13〜16歳] すべての基本的なトレーニングのやり方を教える。負荷を使ったより高度なトレーニングへ移行させていく。競技特性に応じたトレーニングのあり方を考える。正しいテクニックを指導し，トレーニング量を増やしていく。8〜12回の範囲内でできる負荷を選ぶ。2〜3セット。
[16歳以上] レジスタンストレーニングについて理解し，よりトレーニングプログラムの質・量を向上させていく。6〜10回の範囲内でできる負荷を選ぶ。3セットが基本。

5. 発育発達期における性差

女性の本格的なスポーツ参加の歴史は100年程度である。太古の昔から競技としてスポーツに取り組んできた男性とは，歴史的に大きな違いがある。それゆえ，女性のスポーツには未知の大きな可能性とともに，未知の危険性があることも認識せざるを得ないだろう。成長期の選手を指導する際には，両性の違いを正しく理解し，性差を考慮に入れた指導が望まれる。

1 ― 女性の身体的特徴

①PHV年齢を男性より早く迎える

PHV年齢を迎える前後から女性は女性らしい身体へ，男性は男性らしい身体へと変化が始まる。これを第二次性徴と言い，形態的にも機能的にもこのころから性差が顕著となる。これには性ホルモンが強く関与している。

②骨盤が横長で円筒形

男性の骨盤は縦長の漏斗型であるが，女性の骨盤は横長の円筒形である。

③X脚になりやすい

骨盤腔が広く，大腿骨が短い。大腿骨頸と大腿骨体とがなす角度が男性よりも狭い（125度以下）ため，両膝が近づくX脚になりやすい（ウェルス，1989）。

④重心が低い

身体の重心位置は床面から53〜59％の高さにある。17歳ころまでは男女差はないが，その後女性のほうが低くなる（男性56.2％，女性55.2％）。

⑤男性に比べ骨，血液，筋肉の占める割合が低く，脂肪が多い

骨65％，筋量80％，筋力60〜65％，血液量90％（赤血球数，ヘモグロビン，ヘマトクリット90％）

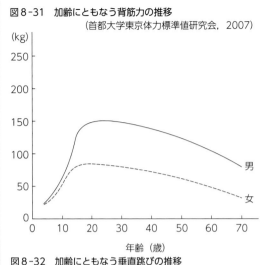

図8-31 加齢にともなう背筋力の推移
(首都大学東京体力標準値研究会, 2007)

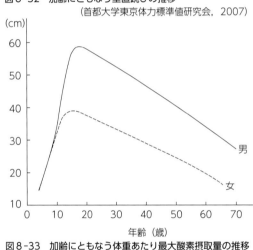

図8-32 加齢にともなう垂直跳びの推移
(首都大学東京体力標準値研究会, 2007)

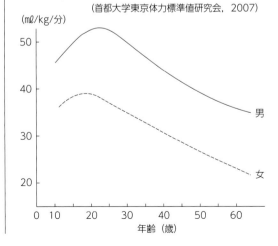

図8-33 加齢にともなう体重あたり最大酸素摂取量の推移
(首都大学東京体力標準値研究会, 2007)

である(対男性平均値)。

ステロイドホルモンは副腎皮質,性腺(女性では卵巣,男性では睾丸)から分泌され,思春期が近づくにつれこれらの活動は急激に活発化する。卵巣や副腎皮質から分泌される女性ホルモン(エストロジェン,プロジェステロン)は骨の発育を停止させ,成長ホルモンの分泌を抑制することにより,身体の発育を抑える方向に作用している。一方,睾丸や副腎皮質から分泌される男性ホルモン(アンドロジェン)は強い蛋白同化作用をもっており,筋肉や骨の蛋白合成を促進する。

2 ― 女性の体力と運動能力

PHV年齢を男性より早く迎える女性は,運動能力のピークも男性より早く迎える傾向が強い。第二次性徴後,骨格や身体組成に性差が顕著になっていくとともに,体力や運動能力も男女差が大きくなっていく。

1 ― 筋機能

筋力の性差は14～15歳ころから明らかになっていく。筋力は筋量と比例しており,前述のように男性ホルモンが筋量の増加に関与していることから性差が顕著になる。背筋力(図8-31)のピークは,男性が24～25歳であるのに対して女性は17～18歳,垂直跳び(図8-32)のピークは,男性が17～18歳であるのに対して,女性は14～16歳である。ただし,筋持久力には性差や年齢差は認められない。

2 ― 呼吸循環器系

全身持久力の指標である最大酸素摂取量を,体重あたりの最大酸素摂取量で比較した場合,男性の75%である。なお,女性の除脂肪体重あたりの最大酸素摂取量は男性の90%,筋量あたりの最大酸素摂取量は95%である(図8-33)。ピークは女性17～18歳,男性22～23歳である。また,前述のとおり,心臓の重量は常に男性が女性を上回っ

ており，心機能に影響を及ぼしている。女性の1回の心臓収縮により送り出される血液量は男性の85％であるが，心拍数は110％である。

3 ― 月経について

月経とは約1か月の間隔で起こり，限られた日数で自然に止まる子宮内膜からの周期的出血である。月経周期は25～38日（周期ごとの日数変動は±6日以内），月経持続日数は3～7日（平均4.6日）で，経血量は20～140ml程度が正常の範囲とされている。

月経は卵巣ホルモンによって調節されている（図8-34）。月経出血は子宮内膜の剥離により起こる。子宮内膜の状態を調節するのは卵巣から分泌される卵巣ホルモン（卵胞ホルモン，黄体ホルモン）である。これらは脳下垂体から分泌される性腺刺激ホルモン（卵胞刺激ホルモン；FSH，黄体化ホルモン；LH）によって調節されており，また，性腺刺激ホルモンは視床下部から分泌される性腺刺激放出ホルモン（GnRHあるいはLH-RH）による調節を受けている。

卵巣からのホルモンの分泌は卵胞発育期，排卵期，黄体形成期に分かれている。女子プレーヤーのコンディション（プレーヤー自身の自覚や感覚によるもの）はこの卵巣周期からみると，一般的にコンディションが良い時期は卵胞期後期から排卵期，悪い時期は黄体期に一致している。女子プレーヤーのコンディショニングをおこなう際には無視することができないものである。

1 ― 初経の発来

初経発来の平均年齢は12.8歳であるが，運動選手群では13.2歳となっている。テニス選手は13.6（±1.7）歳という報告（目崎，1997）もある。初経の発来には17％以上，正常な月経周期を確立するには22％以上の体脂肪が必要とされている（体脂肪率10％未満では100％月経異常がみられる）。また，体重でみると43kg前後で初経が発来する例が多い。

初経発来以前に非常に早くトレーニングを開始したプレーヤーは，初経発来が遅延傾向にあるとの報告がある。また，運動強度では激しいトレーニングやウエイトコントロールを強いられることは，体重や体脂肪の増加に影響し，正常な身体発達や健康面での問題が懸念される。トレーニングの開始時期，運動強度は考慮に入れる必要があろう。女子プレーヤーの場合，体脂肪のコントロールがしばしば取りざたされるが，正常な女性機能のためには，一定以上の体脂肪は必要であることを，プレーヤーも指導者も認識したうえでコントロールすべきであろう。

2 ― 月経異常

病的な原因がない場合，初経発来の遅延や継続的に月経がない状態（続発性無月経）がみられる場合，運動性無月経の可能性が考えられる。運動性無月経の原因は，精神的・身体的ストレス，体

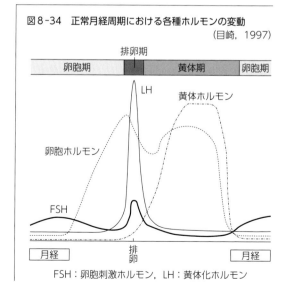

図8-34　正常月経周期における各種ホルモンの変動
（目崎，1997）

FSH：卵胞刺激ホルモン，LH：黄体化ホルモン

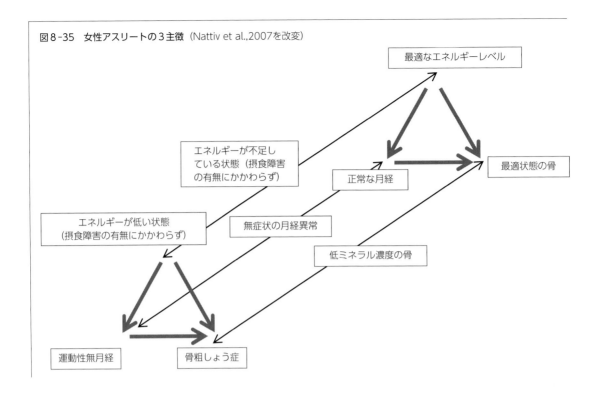

図8-35 女性アスリートの3主徴 (Nattiv et al.,2007を改変)

重(体脂肪)の減少,ホルモン環境の変化などである。運動性無月経は摂食障害,骨粗しょう症と併せて女性アスリートに特徴的な疾患と考えることができる。図8-35はトレーニング習慣,食生活,精神的な要因等が月経,骨ミネラル度,エネルギーレベルに影響を及ぼすことを示した図である(女性アスリートの3主徴)。月経の煩わしさがないからといって放置せず,早期に専門医に相談することが必要である。

3 — 月経困難症

一般的に「生理痛」と呼ばれている。症状としては,下腹部痛,腰痛,腹部膨満感,嘔吐,頭痛,脱力感,食欲不振,下痢,憂鬱,イライラなどで,非常に個人差がある。

[器質性月経困難症] 子宮内膜炎や子宮筋腫など器質的な疾患に伴うもの。専門医(産婦人科医)へ。

[機能性月経困難症] 何ら器質的疾患を有さないもの。初経発来後2〜3年から始まる。子宮の過剰収縮と考えられる。市販の鎮痛剤の服用で対処する場合が多いが,鎮痛剤成分のアレルギーの有無や競技力の高いプレーヤーたちにはドーピングの問題もあり,服用前に専門医に相談することが無難であろう。

4 — 月経前症候群

月経開始3〜10日前くらいから始まる精神的あるいは身体的な症状で,イライラ,精神不安をともなう。乳房症状(緊満感,乳房痛など),水分貯留症状(浮腫,体重増加)などがある。月経困難症の症状と同様,個人差が非常に大きい。指導者はこのような症状がプレーヤーに現れる可能性を知ることで,動揺することなく対処できるであろう。

5 — 月経周期の調節

重要な試合などに際して，月経期間中や月経前のコンディションの悪い時期を避けるために，コンディショニングとしての月経周期の調整が必要となることがある。

［月経周期短縮法］　月経予定前に月経が来るようにする。

［月経周期延長法］　月経周期を遅らせる。

薬剤を用いて月経を人工的に調節することは可能であるが，その際には正しい月経記録，基礎体温表などを参考にして専門医と相談する。いずれにせよ，性機能の未熟な発育期のプレーヤーたちには無用である。

4 — 指導者の役割と注意点

男性コーチが，第二次性徴の顕著な女子プレーヤーを指導することに戸惑いと遠慮があることは当然である。これまでと同じように何気なくかけた男性コーチの言葉に対し，ある日突然，羞恥心や嫌悪を感じる，ということもあるようである。

女性の身体的な変化について，指導者を含む男性がその話題に触れることはタブー視されてきた。しかし，初経の発来や月経周期，また，体重・体脂肪の変化は女子プレーヤーにとって重要であることは前述したとおりである。発育発達期のプレーヤーを指導する指導者は，初経が発来する以前から，来たるべき急激な変化に対応する準備が必要であろう。

一方，必要以上に性差を意識するのではなく，前述のように発育発達段階に応じた個人差に注目することを忘れてはならない。長期的な視野に立ち，プレーヤー本人の成長度合いや性格，取り巻く環境を認めることで，性差だけを判断基準にしない，より多角的な指導ができるようになる。

いずれにせよ（プレーヤーが低年齢のため）プレーヤーの保護者と良好なコミュニケーションをとり，指導者，プレーヤー，プレーヤーの保護者の三者がこれから起こる変化が非常に大切なものであるという共通認識をもつことが望まれる。また，指導者は定期的な形態測定を実施し，客観的なデータをもとに指導をおこなっていることをプレーヤーやその保護者に示すことで，より理解が得られるであろう。指導者には正しい知識と準備，そしてコミュニケーションが求められる。

8-6 中高年者の体力トレーニング

1．加齢による体力の変化

加齢にともなって生ずる身体の変化には，いくつかの特徴がある。それらは①体力や予備力（身体機能の余裕力）が低下する，②個人差が大きくなる，③最大心拍数が少なくなる，などである。

1─体力・予備力の低下

図8-36は加齢にともなう体力の変化を示している。20歳時の体力や運動能力を100として，加齢にともなう変化を割合（％）で示している。いずれの能力も年齢とともに低下していくが，その低下の程度は体力の要素によって異なる。最も低下率の低い握力は，平均低下率が年－0.5％以下なのに対して，最も低下率が大きい閉眼片足立ちは，平均低下率が年－1.8％である。握力のように日常生活でもよく使う筋は低下が抑制される。一方，閉眼片足立ちのような視覚に頼らない平衡感覚の能力低下は著しい。また，同じ筋力でも握力と脚筋力では低下度が異なる。握力が－0.5％／年以下の低下率であるのに対して，脚筋力は－1.2％／年で低下する。「老化は足から」が実証される。このような傾向に男女差はない（池上，1995，首都大学東京体力標準値研究会，2007）。多くのパラメーターは年率－1％前後で減少していくが，70歳以降では－2％／年，80歳代では－3％／年と，体力の低下は加齢とともに加速することが確かめられている（勝田，2012）。

基本的には筋量が減少するためであるが，それには2つの要因が考えられる。1つは筋線維数の減少（図8-37）であり，もう1つは筋線維サイズの減少（図8-38）である。とりわけ，タイプⅡ線維（速筋線維）のサイズの減少は，筋力の発揮に大きな影響をもたらす。

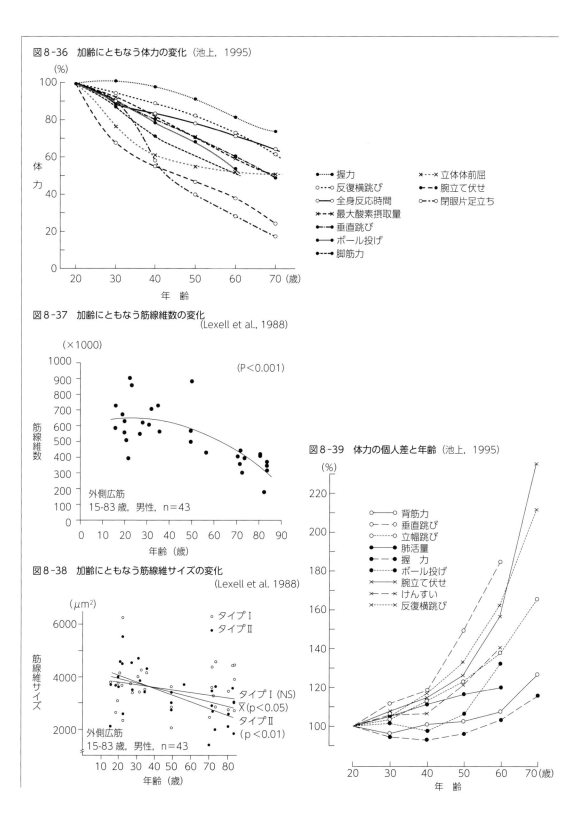

図8-36 加齢にともなう体力の変化（池上，1995）

図8-37 加齢にともなう筋線維数の変化（Lexell et al., 1988）

図8-38 加齢にともなう筋線維サイズの変化（Lexell et al. 1988）

図8-39 体力の個人差と年齢（池上，1995）

❷―個人差の拡大

身体機能は遺伝的要因（先天的要因）と環境的要因（後天的要因）に影響される。若いときは遺伝的要因が強いが、年を経るにつれて環境的影響を強く受けるようになり、身体機能も個人差が大きくなる。図8-39は体力の個人差と年齢の関係を示す（池上，1995）。20歳代の各体力の個人差（ここでは変動係数）を100として他の年代の体力の個人差の大きさを相対的に示したものである。同一年齢内の個人差は年齢が高いほど大きく、50歳以上で特に顕著になる。その傾向は体力種目や運動種目によって大きな違いがみられる。

❸―最大心拍数の減少

運動時の最大心拍数は、若い人の場合200〜220拍／分であるが、加齢にともなって減少する。一般的に最大心拍数は［220−年齢］で表される。これは安静時の心拍数が同じならば、中高年者の予備心拍数（最大心拍数と安静時心拍数の差）は少ないということになり、運動時の心拍数が同じなら、加齢が進むほど心臓への負担度が高くなる。

2. テニスにおける中高年の体力の現状

中高年におけるスポーツのおこない方には、その目的によってレクリエーショナルにおこなうか、競技的志向をめざすかに大別される。テニスもほかのスポーツと同様で、前者は健康増進、ストレス解消、体力維持などを目的とし、一方、後者は大会に参加し、勝つことをめざして努力する。プレー人口は前者が圧倒的に多いが、競技志向のプレーヤーも多く、日本テニス協会に登録し、指定の大会でポイントを獲得しているベテランは、約5,600名（男性3,300名、女性2,300名、2013年）であり、体力的にも技術的にも自ずとそのレベルは異なってくる。

ここではレクリエーショナルにテニス活動をおこなっている中高年テニスプレーヤーの体力特性と、一流アスリートとして活躍した経験のある高齢テニスプレーヤーの体力について述べる。

松原ら（2002）は、健康でテニス活動をおこなっている35歳から65歳までの男女82名と、特にスポーツ活動をおこなっていない同年齢の者27名を対照群として、筋力、敏捷性、持久力など6種目の体力測定をおこなった。その結果、テニス愛好家の活動レベルでは、対照群との間に顕著な差は認められなかった。これは活動内容の面でゲーム、とりわけダブルスゲームが多く、体力の向上につながるような比較的強度の高い運動が少ないことも影響していると考えられる。健康増進・体力維持のためにもオンコートでのゲームばかりでなく、体力トレーニングプログラム実施の必要性が説かれている。

表8-6は高齢テニスプレーヤーの体力測定結

表8-6 高齢テニスプレーヤーの体力（勝田，2012）

被験者	年齢（歳）	握力（kg）	上体起こし（回）	長座体前屈（cm）	開眼片足立ち（秒）	10m障害物歩行（秒）	6分間歩行（m）	総合評価（A〜E）
MA1	80	30	12	16	11	6.0	545	C
MA2	81	28	12	27	23	8.3	541	C
MA3	83	29	11	35	12	8.6	510	C
MA4	87	32	5	26	7	9.9	480	D

果を示す（勝田，2012）。かつて全日本ベテランテニス選手権大会や関東オープン，毎日テニス選手権（毎トー）などの大会で優勝するなど，優秀な成績を残した経験のある80歳代の男性テニスプレーヤー4名を対象にして，文部科学省の新体力テストを実施した。その結果，種目別の測定値は各個人によってその特徴が異なるが，総合評価では80歳代前半の3名が，75歳以上の総合評価基準でC（中位）の成績を残し，体力的に－5～－10歳の若さを保っていることが示されている。この4名が80歳を超えても現役のプレーヤーとして大会に出場し続けていることはすばらしいことであり，生きがいとして生涯現役でプレーできるテニスのすばらしさを示しているとも言える。

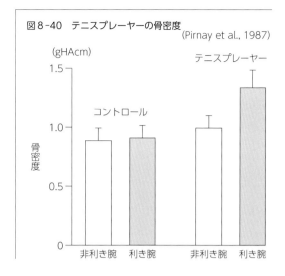

図8-40　テニスプレーヤーの骨密度
(Pirnay et al., 1987)

3．テニス運動の効果

　中高年がテニスをおこなうことによって生ずる効果は，一般的に①体調がよくなる，②ストレスから解放される，③体力が向上し健康感が増す，などが考えられるが，本稿ではおもに体力面からの効果について述べる。

　ラリーやボレー練習など比較的運動強度の高いレッスンを週1回2時間，10週間程度おこなうと，全身持久力の向上に効果があることが認められている（日本テニス協会，2005）。

　図8-40はテニスプレーヤーの骨密度を示す。コントロール群の骨密度は利き腕・非利き腕の間に差はないが，テニスプレーヤーでは利き腕側の骨密度が高い。これはラケットを持ってスイングする影響が明らかに出ていることを示す。

　どのような運動が骨量を増加させるのか。種目別の比較において，水泳，自転車，マラソンなどが，あまり大きな増加を期待できないのに対して，テニスはバレーボールやバスケットボールなどと同様に，高い骨量の増大が期待できることが確認されている。

　加齢にともなって骨が脆くなることは避けられないことであり，特に女性はホルモンの影響で，閉経後に骨粗しょう症になりやすい。女性ホルモンのエストロゲンは骨吸収（古い骨を溶かす）を遅くする働きがあり，この分泌が減ると骨の破壊の速度が速まり，骨は脆くなる。テニスを続けることによって，骨の若さを保ち，転倒→骨折→寝たきりの悪循環から逃れる可能性が高まると考えられる。

　また，最近の研究で，運動は認知症予防に役立つという報告が数多く出されており，テニスも一球一球予知できないボールへの対応が求められることから，これが脳の血流を増し，脳の活性化に大いに役立っていると考えられる。

　将来，高齢になったとき「認知症にならない」「寝たきりにならない」ためにも，中高年者にとってテニスを続ける意味は大きい。

4. 中高年にとっての体力トレーニングとより良いコンディションづくり

いろいろな体力要素があるなかで，最も重要と考えられるのは筋力と持久力である。この2つの要素はヒトの動きの根幹をなすものであるからである。図8-36に示したように，筋力は脚筋力，持久力は最大酸素摂取量でみると，20歳をピークとして60歳までの40年間，年率－1％，10年で－10％，40年で－40％と，ほぼ直線的に低下していることがわかる。

では，60歳以降に筋力トレーニングをおこなった場合，効果は期待できるのかをまとめたものが**表8-7**である。Fiataroneら（1990, 1994）によると，平均年齢90歳でもトレーニング効果が期待できることが示されており，筋力ばかりでなく筋量も増える。これは筋が可塑性（plasticity）に富む組織であり，「いくつからトレーニングを始めても遅すぎることはない」ということを示している。また，全身持久力を示す最大酸素摂取量も，60歳代・70歳代において改善効果が認められている（Spina, 1999）。これは筋の酸化酵素活性が増加し，毛細血管数が増加するためである。

中高年のテニスプレーヤーに推奨されるトレーニングとは？　それは個人の健康状態・体力レベル・テニスの技術レベル・めざす目標などによって異なるが，基本的には「体調がよい」ということを第一に考えるべきである。近間にジムなどがあって，トレーニングをおこなえる機会があるならば利用するのもよいが，その場合でも，特定の筋に偏ることなく，上半身・体幹・下半身の筋をバランスよくトレーニングすることが大切である。負荷は軽め（最大筋力の50～60％），週2回程度で十分であろう。

また，特別な施設や器具を使わなくても，自宅で簡単にできるトレーニングの一例を紹介しよう。3種類の運動が推奨される。①腕立て（上半身），②上体起こし（腹筋・体幹），③スクワット（脚筋・下半身）。これらはテニスばかりでなく，日常生活においても大切な動きの基礎となるものであり，毎日実施したい。各種目とも10回繰り返し，1セットから始め，徐々に繰り返し回数やセット数を増やすのがよい。

さらにつけ加えるならば，バランス能の強化の

表8-7　高齢者における筋力トレーニングの効果（下肢）

文献	性別（例数） 年齢（歳）	運動様式	頻度 期間	負荷 ％1RM	筋力の 増加率	筋横断面積 の増加率	筋線維横断 面積の増加率
McCartney et. al. (1996)	男/女（113） 60-80	ウエイト トレーニング	2日/週 84 weeks	50％1RM →80％1RM	32％ （脚伸展）		
Charette et al. (1991)	女（13） 64-86	脚伸展	3日/週 12 weeks	65％1RM →75％1RM	60％（1RM）		ST変化なし FT20.1％
Grimby et al. (1991)	男（9） 78-84	脚伸展	3日/週 25回		10％ （コンセントリック）	3％	ST変化なし FT変化なし
Judge et al. (1993)	男/女（18） 71-97	膝屈曲	3日/週 12 weeks	75-80％1RM	32％（1RM）		
Fiatarone et al. (1994)	男/女（100） 72-98	股関節 膝伸展	3日/週 10 weeks	80％1RM	113％（1RM）	2.7％	
Fiatarone et al. (1990)	男/女（10） 86-96	膝伸展	3日/週 12 weeks	50-80％1RM	174％（1RM）	9％	

ST：遅筋線維　　FT：速筋線維

ために片足立ち（開眼），かかと上げを勧めたい。体力要素のなかで，加齢とともに最も低下の著しいのはバランス能の低下であり，これが将来，転倒の危険へとつながっていく可能性があるからである。

　全身持久力の指標である最大酸素摂取量に対するトレーニングは，50％$\dot{V}o_2$max程度の軽い負荷で効果が期待できる。この負荷強度は，走っているとき自覚的にはきつくなく，隣の人と話をしながら走れる強度と考えてよい。

　中高年者がテニスで仲間と楽しむためにも，試合に勝つためにも，基礎体力は必須であり，日常生活のなかから身体づくりを心がけ，快適なテニスライフにしたいものである。

[第8章文献]
- 浅見俊雄（1985）スポーツトレーニング，朝倉書店.
- Bourquin, O. (2003) "Coordination" in Reid, M., Quinn, A. and Crespo, M. (ed.) Strength and Conditioning for Tennis ; Spain : The International Tennis Federation, ITF Ltd.
- ブラッド・ウォーカー（2009）ストレッチングと筋の解剖，川島敏生［訳］，栗山節郎［監訳］，南江堂.
- Chandler T. J. & Chandler W. B. (2003) "Training Principles" in Reid, M., Quinn, A. and Crespo, M. (ed.) Strength and Conditioning for Tennis ; Spain : The International Tennis Federation, ITF Ltd.
- Chu, D. (2003) "Increasing Power in Tennis" in Reid, M., Quinn, A. and Crespo, M. (ed.) Strength and Conditioning for Tennis ; Spain : The International Tennis Federation, ITF Ltd.
- クリスティン・ウェルス（1989）女性のスポーツ生理学，宮下充正［監訳］，大修館書店.
- Fiatarone M.A. et al. (1990) High-intensity strength training in nonagenarians Effects on skeletal muscle. JAMA june13 : pp.3029-3034.
- Fiatarone M.A. et al. (1994) Exercise training and nutritional supplementation for physical frailty in very elderly people. THE New England Journal of medicine 330（25）：pp.1769-1775.
- グロッサー，ノイマイヤー（1995）選手とコーチのためのスポーツ技術のトレーニング，朝岡正雄，佐野淳，渡辺良夫［訳］，大修館書店.
- 市橋則明，伊吹哲子（2013）これからの筋力トレーニングのあり方を考える，理学療法，Vol.30（9）：pp.947-958.
- 池上晴夫（1995）運動生理学，朝倉書店.
- 加藤宏一（1989）小児思春期婦人科学，診断と治療社.
- 勝田茂（2012）超高齢者の運動・体力・リハビリテーション，運動器抗加齢医学研究会.
- 小屋菜穂子，梅林薫，北村哲他（2011）ナショナルジュニアテニス選手に適した体力測定項目の検討，同志社スポーツ健康科学，Vol.3：pp.6-13.
- Lexell,J.et al (1988) What is the cause of the ageing atrophy? Total number,size and proportion of different fiber types Studied in whole vastus lateralis muscle from 15-to83-year-Old men. J. Neurol. Sci. 84：pp.275-294.
- 益田栄（1978）ポケット解剖アトラス（第2版），文光堂.
- 松原慶子ほか（2002）中高年テニスプレーヤーの体力特性について，日本体育学会第53回大会.
- 目崎登（1997）女性スポーツの医学，文光堂.
- 宮下充正（1980）子どものからだ－科学的な体力づくり－，東京大学出版会.
- Moreau, X., Perrotte, N., & Quétin, P. (2003) "Speed and Agility" in Reid, M., Quinn, A. and Crespo, M. (ed.) Strength and Conditioning for Tennis ; Spain : The International Tennis Federation, ITF Ltd.
- Nattiv, A. et al. (2007) "The Female Athlete Triad" Position Stand of American College of Sports Medicine. Medicine & Science in Sports & Exercise : pp.1867-1882.
- N. G. オゾーリン（1966）スポーツ・トレーニングの基本原則，N. G. オゾーリン，A. O. ロマノフ他，スポーツマン教科書，岡本正巳［訳］，講談社.
- 西島茂光（2003）医師国家試験完全対策　婦人科，MEC出版.
- PirnayF.et al. (1987) Bone mineral content and physical activity. Int. J. Sports Med. 8：pp.331-335.
- Quinn A. & Reid M. (2003) "Screening and Testing" in Reid, M., Quinn, A. and Crespo, M. (ed.) Strength and Conditioning for Tennis ; Spain : The International Tennis Federation, ITF Ltd.
- Rammal, K., Strom, G. (1949) The rate of lactate utilization in man during work and at rest. Acta Physiol Scand. 17（4）：pp.452-456.
- Scammon, R.E. (1930) The measurement of man. Univ. Minesota press.
- Spina RJ. (1999) Cardiovascular adaptations to

- endurance exercise training in older men and women. Exerc. Sport Sci. Rev. 27 : pp.317-332.
- 首都大学東京体力標準値研究会［編］(2007) 新・日本人の体力標準値Ⅱ，不昧堂出版．
- 高石昌弘，樋口満，小島武次 (1981)，からだの発達―身体発達学へのアプローチ―，大修館書店．
- 高石昌弘，宮下充正［編］(1977) スポーツと年齢，大修館書店．
- Verstegen, M. (2003) "Developing Strength" in Reid, M., Quinn, A. and Crespo, M. (ed.) Strength and Conditioning for Tennis ; Spain : The International Tennis Federation, ITF Ltd.
- ウイリアム・J. クレーマー，スティーブン・J. フレック (2003) ジュニアスポーツのための筋力トレーニング：今すぐ始める体力向上エクササイズ：小学生から高校生まで，石井直方［監修］，森永製菓株式会社．
- 山本利春 (2001) 測定と評価－現場に活かすコンディショニングの科学―，ブックハウス・エイチディ．
- 財団法人日本体育協会 (1988) C級コーチ教本．
- 財団法人日本体育協会 (1990) B級コーチ教本．
- 財団法人日本テニス協会［編］(1998) テニス指導教本，大修館書店．
- 財団法人日本テニス協会［編］(2005) 新版テニス指導教本，大修館書店．
- 財団法人日本テニス協会 (2002) 強化指導指針Ⅰ～トップへの道～．
- 財団法人日本テニス協会 (2005) 強化指導指針Ⅱ～トップへの道～．

TENNIS COACHING THEORY

9章

テニスの指導における安全管理

9-1 安全対策とその指導

1. 応急手当とは

　スポーツ活動中や日常生活でのけが（外傷・障害）や病気に対し，スポーツ現場や家庭，職場などでおこなう手当は「応急手当」と言われ，病院など医療機関での診断・治療を受けるまでに応急手当をおこなうことで，けがや病気の悪化や重症化を防ぐことができる。特に，スポーツ現場ではけがのリスクを伴うこと，さらに，初期の手当が適切におこなわれるかどうかにより，その後の経過や結果に大きな影響を与えることがあることから，スポーツ指導者が応急手当の知識・技術を習得することは非常に重要である。

　応急手当は大きく分けて，生命に関わる救命処置と，それ以外の運動器外傷・障害などの応急手当に分けられる（図9-1）。さらに，救命処置とそれ以外の応急手当は，いくつかの内容からなり，さまざまな手当の方法や予防の基礎知識を得ておくことが，スポーツ指導者として必要となる。

　救命処置として，心臓や呼吸が止まったことに対する心肺蘇生や，心停止に対するAEDの使用，また，喉に物が詰まったときなど気道異物に対する処置は重要である。医師など医療従事者だけではなく，一般人もその場に居合わせた人がおこなうことが重要であり，一次救命処置（BLS: Basic Life Support）と呼ばれる。

　運動器外傷・障害やその他の応急手当として，関節の捻挫や脱臼，打撲，けいれんなどのスポーツ外傷・障害に対する応急手当や，出血がある場合の応急手当，熱中症に対する手当や予防などがテニス，スポーツ活動において重要である。

▪注　「一次救命処置：BLS（Basic Life Support）」
　医師や救急救命士などが薬剤や医療機器を用いておこなう処置である二次救命処置（ALS: Advanced Life

図9-1　応急手当の種類と内容

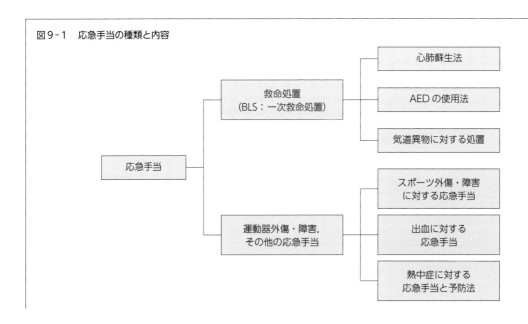

Support）に対し，その場に居合わせた人がただちにおこなう処置が一次救命処置（BLS）である。

2．救命処置

テニスに限らず，スポーツ中や普段の生活でも，心臓発作や窒息などにより，呼吸や心臓が停止した場合など救命処置が必要になることがある。心臓停止や呼吸停止は，普段症状がなくとも，何の前触れもなく起こることがある。身体的・精神的な負荷により誘発されることもあり，また，重度の外傷により，心臓や大血管などの循環器，気道や肺など呼吸器に障害が起こることがある。このような場合には，心肺蘇生をすぐにおこなう必要がある。

その場に居合わせた人が心肺蘇生をおこなうことにより命が助かる可能性が高くなるため，発見してすぐに処置をおこなうかどうかがカギとなり，数分間が勝負になる。人間の脳は数分間の無酸素状態でダメージを受けるので，救急車が来るまでの間も救命処置が必要である。プレーヤーや関係者が倒れた場合には，救命処置を以下の手順に従って，勇気をもって実施することが重要である。

■1—心肺蘇生法

倒れている人の発見から心肺蘇生法までの流れ（一次救命処置）を図9-2に示した。
①声かけ
倒れた人を見た場合，「どうしました？　大丈夫ですか？」と肩を軽くたたきながら声をかける。返事があれば，まずは呼吸や血圧，心拍などすぐに生命に関わる危機はないと判断できる。
②反応がない　→　119番通報とAEDの要請
返事がない場合には，すぐに周囲に大きな声で援助を要請する（緊急コール）。「誰か来てください。119番通報とAEDを探して来てください！」と大きな声で助けを求め，援助者が2人以上いる場合には119番通報と，AEDを持って来る役割の分担を指示する。

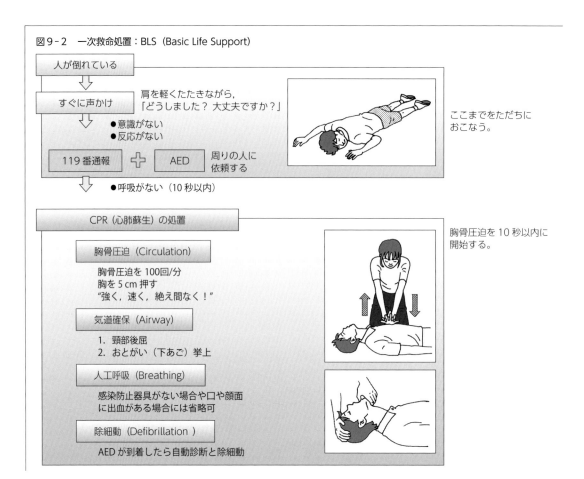

図9-2　一次救命処置：BLS（Basic Life Support）

③呼吸がない→胸骨圧迫（気道確保，人工呼吸）

　反応がない場合には，すぐに呼吸を確認する。10秒以内に呼吸が確認できなければ，ただちに胸骨圧迫を開始し，循環を確保する。胸骨下半分に両手を重ねて，真上から1分間に100回の速さで，相手の胸が5cmぐらい沈むような強さで押す。胸骨圧迫は"強く，速く，絶え間なく"おこなうことが重要である。

　人工呼吸ができる場合は，気道を確保（頸部を後屈して下あごを高く持ち上げる）し，胸骨圧迫30回（約20秒）のあと，人工呼吸2回の組み合わせを繰り返しおこなう。感染防止器具がない場合や口・顔面に出血がある場合は人工呼吸をおこなわず，胸骨圧迫だけでもよい。

④AEDを用いた除細動

　AEDが到着したら，ただちに電源を入れて電極パッドを胸に貼る。AEDによる自動診断によって電気ショックが必要の場合，除細動ボタンを押す指示がでるので，倒れた人から離れて除細動ボタンを押す。これら一連の動作は，自動音声ガイダンスに従っておこなうことで誰にでも間違いなくできるので，躊躇なくAEDを使うことが重要である。

2―AEDの使用法

　AEDは自動体外式除細動器のことで，

Automated External Defibrillatorの略である。心臓が突然止まるのは，心室細動と呼ばれる心臓の細かい震えによって起こることが多く，その場合，できるだけ早く心臓に電気ショックを与えて心臓の震えを取り除くこと（除細動）が必要になる。AEDは，この電気ショックを与える機器である（図9-3）。

心臓は一定のリズムで筋肉（心筋）が収縮することでポンプの役目を果たして全身に血液を送り，生命を維持している。心室細動と言われる電気刺激の伝わりの障害により心筋が無秩序に収縮してポンプの役目を果たさなくなった状態に対し，AEDは体外から電気ショックを与えて元の規則正しい収縮に戻す。

医師などの専門家でなくても，一般の人が使えるように，操作は音声ガイダンスに沿って自動化されている。AEDが到着したら，音声指示に従ってAEDによる診断と処置を開始する。救急車の到着までに電気ショックを実施することで，回復して社会復帰率が約2倍になると報告されているので，躊躇なく使用することが重要である。

AEDは，電源とコードで繋がった2つの電極パッドからなり，開封して電源スイッチを入れると自動音声ガイドがあるので，音声に従って，以下のように使用する。

①電極パッドを胸に貼る。

貼り付ける位置は，電極パッドに絵で表示されているので，それに従い，右胸の上（鎖骨の下）と，左下側（左脇5～8cm下）の2か所に肌との間に隙間ができないようにしっかりと貼りつける。その間も胸骨圧迫を継続する。

②自動解析

電極パッドを貼り付けると，「身体に触れないでください」との音声ガイドがあり，自動的に心電図の解析が始まる。この間は，胸骨圧迫を中断し，身体に触れないようにする。

③電気ショック

電気ショックが必要であると判断すると，「電気ショックをおこないます。身体から離れて，電気ショックボタンを押してください」などの音声ガイドがあるので，全員が離れたのを確認して，電気ショックボタンを押す。

④心肺蘇生の再開

電気ショックが終わったら，ただちに胸骨圧迫を再開する。

再開して2分ほどで，AEDがふたたび心電図の解析をおこなうので，音声ガイドに従い，身体から離れる。以後は，上述の②～④を繰り返す。

救急隊が到着して引き継ぐか，倒れた人に普通通りの呼吸が出現したら，心肺蘇生を中止する。この場合でもAEDの電極パッドははがさず，電源も入れたままにしておく。普通通りの呼吸がある場合は，嘔吐などで窒息の可能性があるので，横向きに寝かせた回復体位をとらせる。

3—気道異物に対する処置

喉に異物を詰まらせたときなど，呼吸ができなくなった場合も，すぐに処置が必要になる。口を開けさせ口腔内から喉を見て，異物がないかどう

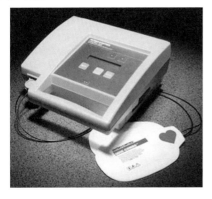

図9-3 AED

か確かめる。異物が見える場合には、指やスプーンなどを用いて取り出す。見てわからない場合は、胸郭内圧を上げて、吐き出させる必要がある。

ハイムリッヒ法と呼ばれる方法は、体の後ろから腹部に腕をまわして組み、強く勢いよく圧迫して吐き出させる方法である。吐き出して息ができるようになるまで繰り返す。

3. 運動器外傷・障害，その他の応急手当

1―スポーツ外傷・障害に対する応急手当

テニスの練習や試合、コート外でのトレーニングなどで、足関節の捻挫や、下肢の肉離れ、膝外傷などの下肢外傷・障害、腹部の肉離れや腰痛、肋骨疲労骨折など体幹の外傷・障害、肩の障害、テニス肘、手首の障害などの上肢の外傷・障害が発生している。急激に発症する外傷（いわゆる"けが"）と、徐々に発症する障害（いわゆる"オーバーユース（使い過ぎ）症候群"）とに分けられるが、その中間的なものもある（図9-4）。

1―スポーツ外傷

捻挫や骨折、脱臼、肉離れ、アキレス腱断裂や靱帯断裂などは外傷であり、内出血や局所の腫脹を防ぐため、できるだけすぐにRICE処置（図9-5）をおこなうことが、受傷後の回復を早くするために重要である。

RICE処置は、安静（R: Rest）、アイシング（I: Icing）、圧迫（C: Compression）、局所の挙上（E: Elevation）の頭文字をとった、外傷の急性期におこなう初期処置であり、局所の血管の収縮や血管透過性亢進を防ぐことにより、腫れをできるだけ起こさないようにする目的でおこなう。病院など医療機関に行く前に、外傷の現場でおこなうことが大切である。

クラッシュアイスなどをビニール袋に詰めて局所に当てて圧迫をおこなう方法などがよい。アイシングは15分間を目安におこなう。アイスパックなどを直接皮膚に当てると、凍傷など皮膚障害を起こすので注意が必要であり、氷や氷水などを用いるのがよい。

2―スポーツ障害（オーバーユース（使い過ぎ）症候群）

徐々に発症し、運動時や動作時に痛みが強くなる障害であり、その原因は使い過ぎや疲労、筋柔軟性の低下などのコンディションの不良が多い。年齢や性別、身長や体重の変化、過去の障害の既往など内的因子が原因である場合や、練習量や練習方法、ラケットやシューズなどの用具、気候や気温などの外的因子、環境因子による場合もある。スポーツ障害が疑われるときは、スポーツ医やスポーツ整形外科の専門医を受診して、病状と原因を調べ、それらを取り除くことが必要である。

2―出血に対する応急手当

出血に対する応急手当として、まず止血をおこなう。創部から出血がある場合は、出血部を圧迫して止血する。ガーゼやタオル、ハンカチなどを用いて創部を覆うようにして圧迫するのがよいが、ガーゼやタオルなどがなければ、衣服で圧迫してもよい。

テニスでの外傷の場合、通常は擦り傷や打撲による裂傷で、動脈性の勢いある出血は少ないが、プレー中に鋭利な角などで切った場合（プレー中は顔面や頭部では表皮の血流が多い）や、腕や太腿、下腿などに筋肉まで至る傷を負った場合には出血が多くなることがあるので、圧迫止血は重要である。通常は5～7分間程度圧迫できれば止血できるが、圧迫を解除すると勢いよく出血する場

図9-4 スポーツ外傷と障害

```
                    ┌─ 外傷（いわゆる"けが"）
                    │   ・急激に発症する。
                    │   ・受傷部位の疼痛，腫脹，熱感を生じる。
                    │   ・RICE処置をおこなう。
   スポーツ外傷・障害 ─┤
                    │      例：捻挫，骨折，脱臼，肉離れ，アキレス腱断裂，
                    │          靱帯断裂など
                    │
                    └─ 障害（オーバーユース（使い過ぎ）症候群）
                        ・徐々に発症する。
                        ・動作や運動により痛みが強くなる。
                        ・使い過ぎや，疲労，筋柔軟性不良など原因を取り除くことが
                         必要。

                           例：疲労骨折，シンスプリント，オスグッド病，痙攣など
```

図9-5 RICE処置（外傷の急性期・初期処置）

● R　　REST＝安静にする
　　　……患部を動かさないよう，副え木などで固定する。

● I　　ICING＝冷やす
　　　……患部を冷やす。

● C　　COMPRESSION＝圧迫する
　　　……腫れや内出血を防いだり少なくするため，
　　　　包帯などで患部を軽く圧迫する。

● E　　ELEVATION＝高く上げる
　　　……腫れや内出血を防いだり少なくするため，
　　　　患部を心臓より高い位置に保つ。

合は，圧迫止血をしながらすぐに医療機関を受診する。

　止血できたら，創部をできるだけ清潔にして感染を予防する。消毒液か水道水で創部の異物や泥などを除去する。創部の洗浄をおこなうと再出血したり，創部の傷口が広がったりする場合は，創部を清潔なガーゼかタオルで圧迫して，そのまま医療機関へ搬送して処置をする。

　外国など日本と環境が異なる場所では，破傷風など重篤な感染を予防するため，創部からの出血を圧迫止血して，できるかぎり早期に医療機関を受診する。特に，開放性骨折など，骨折を伴う開放創がある場合は，化膿性骨髄炎を発症するリスクがあるので，早期（できれば2〜3時間以内）に医療機関での創洗浄などの処置が必要である。

3―熱中症に対する応急手当と予防，プレー指針

熱中症は，暑い環境で生じる障害の総称であり，熱失神や熱疲労，熱痙攣，熱射病などがある。重症例では死亡に至るケースもあるため，必ず避けなければならない。

暑い環境は，気温のみならず，湿度や輻射，風などの要因にもよるので，通常の温度計（乾球温度計）以外に，黒球温度計，湿球温度計の計測からWBGT（Wet-Bulb Globe Temperature湿球黒球温度）を測定して，運動量や休息をコントロールし，発症を予防することが重要である。手持ちできるWBGT測定器も計測に用いられる（図9-6）。

熱中症には，以下の症状・状態がある。暑い時期や暑い時間帯の運動では，プレーヤーをよく観察し，これらの症状がみられたら，すぐに応急手当をおこなう。

［熱失神］皮膚血管の拡張などによって血圧が低下し，脳血流が減少して起こり，めまい，失神などがみられ，顔面蒼白で脈は速く弱くなる。

［熱疲労］脱水による症状で脱力，倦怠，めまい，頭痛，吐き気などを起こす。

［熱痙攣］大量の発汗に対して水分の補給だけで塩分の補給が少ないと，血液の塩分濃度が低下し，足，腕，腹部の筋肉が痙攣する。

［熱射病］体温上昇による中枢神経機能の異常によって，意識障害や呼吸異常を起こす。死亡率が高い。

1―応急手当

まず，涼しい場所に運び，衣服を緩めて寝かせ，水分・塩分を補給する。足を高くして手足を末梢から中心部に向けてマッサージする。吐き気や嘔吐があり水分補給できない場合は，点滴をおこなう必要があるので，医療機関に搬送する。特に，

図9-6　WBGT測定器と湿球・黒球・乾球温度計からの計算式

屋外
WBGT＝0.7×湿球温度＋0.2×黒球温度＋0.1×乾球温度
屋内
WBGT＝0.7×湿球温度＋0.3×黒球温度

熱射病は，死亡率も高いので，体を冷やしながら早急に医療機関に運び，治療が必要である。応答が鈍い，言動がおかしいなどの症状があれば，熱射病として，すぐに体温を下げるために水やぬれタオルをかけたり，体をあおいだりして冷却し，氷やアイスパックをくびや頭，脇や大腿のつけ根など太い血管のある部分を冷やす。

2―予防

熱中症は，暑い環境下での運動で起こるので，気温や湿度，風の環境要因に十分注意して，発症しないよう予防することが重要である。特に，子どもは発汗機能が未熟であることや，循環血液量が少ないことから，熱中症を起こしやすいので十分な注意が必要である。予防には，以下の点に注意をはらう。

［環境］気温のみならず，湿度や風，日当りは，体からの熱の出入りに大きな影響を与えるので，よく注意する。WBGTが，気温と湿度，輻射熱の3因子を取り入れた環境因子として指標となる。

［水分・塩分補給］発汗により体温の上昇を防い

図9-7 熱中症予防のためのWBGTと日本体育協会の運動指針

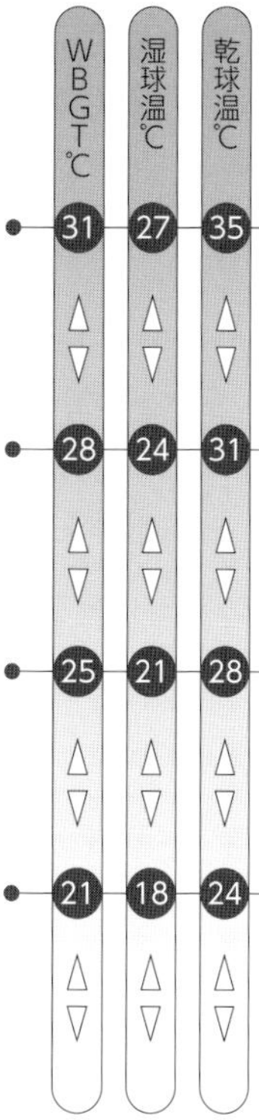

WBGT ℃	湿球温℃	乾球温℃	区分	内容
31	27	35	運動は原則中止	WBGT 31℃以上では，特別の場合以外は運動を中止する。特に子どもの場合には中止すべき。
28	24	31	厳重警戒（激しい運動は中止）	WBGT 28℃以上では，熱中症の危険性が高いので，激しい運動や持久走など体温が上昇しやすい運動は避ける。運動する場合には，頻繁に休息をとり水分・塩分の補給をおこなう。体力の低い人，暑さに慣れていない人は運動中止。
25	21	28	警戒（積極的に休息）	WBGT 25℃以上では，熱中症の危険が増すので，積極的に休息をとり，適宜水分・塩分補給する。激しい運動では，30分おきくらいに休息をとる。
21	18	24	注意（積極的に水分補給）	WBGT 21℃以上では，熱中症による死亡事故が発生する可能性がある。熱中症の兆候に注意するとともに，運動の合間に積極的に水分・塩分を補給する。
			ほぼ安全（適宜水分補給）	WBGT 21℃未満では，通常は熱中症の危険は小さいが，適宜水分・塩分の補給は必要である。市民マラソンなどではこの条件でも熱中症が発生するので注意。

でいるので，失われた水分を補給する必要がある。発汗では水分とともに，塩分も失われるので，補給は水分と塩分の両者が必要で，0.1～0.2％の食塩水がよい。水分補給をこまめにおこない脱水を予防する。

［衣服，帽子］　暑いときは，衣服や直射日光を遮る帽子などに注意する。衣服は，吸湿性・通気性のよいものを着用し，色も黒や濃い色は熱を吸収するので，白など薄い色の衣服がよい。顔や腕など皮膚が露出して日光に当たる部分には日焼け止めクリームを使うなどして，日焼けによる皮膚の障害を避けることも必要である。

［運動量，運動時間］　暑い環境下でのプレーを避けることが最も大切である。夏の暑い時間帯である午前11時から午後3時は特に注意が必要で，長時間のプレーを避けて，日陰で頻回に休息して体温上昇を防ぐ。

3─プレー指針

日本体育協会の熱中症予防ガイドブックでは，WBGT31度以上，気温35度以上では，運動は原則中止，WBGT28度以上，気温31度以上では厳重警戒（激しい運動は中止）としている（図9-7）。テニスでは，試合ルールとして「ヒートルール」があり，暑い環境下では，試合中であっても，体を冷やし熱中症を予防するための時間をとることが決められている。

温度計を用いた気温計測や，WBGT計測器を用いた環境温度測定をおこなうとともに，プレーヤーの状態を観察し，重症熱中症を発症しないよう，十分に注意する必要がある。

4. 代表的な外傷・障害とその応急手当

テニスでは,さまざまな運動器外傷・障害が発生する。プレーヤーのレベル・年齢により発症頻度は異なるが,下肢,体幹,上肢,頭頸部などすべての部位に発生している。

全日本ジュニア選手権は,毎年8月に12歳以下,14歳以下,16歳以下,18歳以下の男女,シングルス・ダブルスのカテゴリーで開催され,約700試合がおこなわれるが,例年約5％程度,30数試合で外傷・障害が発生している（図9-8）。おもなものは,運動器外傷であり,捻挫,肉離れ,筋痙攣などがある。

1 ― 足関節捻挫

1 ― 病態と症状

テニスでは前後左右の方向転換が多いため,足関節の捻挫が多い。ハードコートでは,シューズとコート表面とのグリップが強いため,踏み込んだ際や切り返し時に起きた内返し捻挫による外傷の頻度が高い。外くるぶしと足をつなぐ靱帯の損傷が起こり,重度では,足関節の脱臼により外側側副靱帯断裂が起こる。外くるぶしと距骨（きょ

図9-8 全日本ジュニア選手権大会での外傷・障害の発生状況

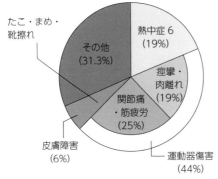
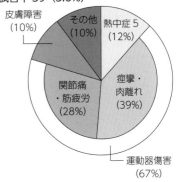
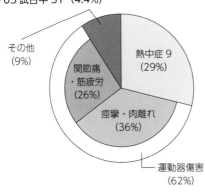
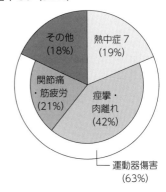

こつ），または，外くるぶしと踵骨（しょうこつ）の靱帯や関節包の損傷の程度により重症度が異なり，連続性が保たれているⅠ度損傷から，完全な靱帯断裂のⅢ度損傷まである。激痛と腫脹が起こるので，できるだけ早く応急手当をおこなう。初期の適切な応急手当が，その後の回復に要する時間を短くする。

通常は，手術を要しない保存治療で治癒することが多いが，関節軟骨損傷，骨軟骨骨折，骨折を起こした場合には手術治療を要することもある。

捻挫と同じ受傷機序で，外くるぶし（腓骨遠位端）の骨折や，足の小趾（第五中足骨）の骨折もみられるので，応急手当をおこなったのちは，整形外科の専門医を受診する。

2 ―応急手当

プレーを中止し，足部から足関節までの安静，冷却（アイシング），圧迫，挙上をおこなう（RICE処置）。外傷後の初期にRICE処置によって患部の腫脹，皮下出血，内出血を予防することが，治癒を早めるのに非常に大切である。医療機関に行くまでに，少なくとも15分間程度のアイシングののち，テーピングなどの圧迫をおこなうのがよい。足を地面につけないほどの痛みがある場合には，松葉杖や車いすを使用して足をつかないようにする。

2 ―膝関節の外傷

1 ―病態と症状

膝関節の外傷は，足関節捻挫と同様に，前後左右の動きでの急激な停止や切り返し，方向転換によって生じるだけでなく，ジャンプ着地や踏み切り動作にて生じることがある（図9-9）。急性外傷では，膝関節内の半月板損傷や，靱帯損傷が多い。

半月板損傷では，膝の運動時の痛みとともに，ひっかかり感や，膝関節を動かしたときに，ガクッとなる脱力感や脱臼感があることもある。重症ではロッキング症状と言われる損傷した半月板の嵌頓（かんとん）により膝関節が動かなくなることもある。このようなときは，関節内に半月板や関節軟骨などの遊離体（関節ねずみ）がみられることもあり，症状が一時的に治まっても再発しやすく，整形外科の専門医の診察を受ける。

靱帯損傷では，内側側副靱帯損傷や前十字靱帯損傷がみられる。靱帯損傷は，1～2カ月で急性期の痛みや腫脹の症状が回復するが，前十字靱帯損傷は自然治癒が困難であり，運動すると膝関節亜脱臼や脱臼を再発することが多く，方向転換や踏み込んだ際にガクッと膝がずれたり，外れたりする"膝くずれ"の症状が起こる（図9-10）。このような場合には，膝関節の二次的な損傷を防ぐために早く整形外科医の診断を受けることが重要である。

2 ―応急手当

RICE処置をおこなう。氷または冷たい水をビニール袋に入れて患部に圧迫して固定する。動かすと痛みが生じる場合には，副木やサポーターなどで固定して医療機関を受診する。

3 ―膝関節の障害

1 ―病態と症状

膝関節とその周囲には，多くのスポーツ障害がみられる。これらは，大きな外傷がなく，繰り返す比較的小さなストレスで起こること多く，筋肉の疲労や骨の成長，関節軟骨の摩耗，関節周囲の筋緊張が高いことが原因となる。運動時には痛みが生じるが，休めば軽快し，また運動すると痛みが再発や憎悪するなど症状が繰り返して続くことが多い。図9-11に示すように，さまざまなスポーツ障害があるので，スポーツ整形外科で，正

しい診断を受けることが問題解決のために重要である。

よくみられるのが、滑膜ヒダ障害であり、長時間でのプレーや練習後に痛みが膝蓋骨周囲の滑膜にみられ、悪化すると歩行や階段の上り下りで膝前面の膝蓋骨周囲に痛みが生じる。また、ジュニアでは膝蓋骨の上下に痛みが出る大腿四頭筋腱炎や膝蓋腱炎、膝蓋骨付着部障害（Osgood-Schlatter病、Sinding-Larsen-Johansson病）も頻度が高い。これらは大腿前面にある筋肉である大腿四頭筋の柔軟性の低下が原因であることが多い。大腿後面のハムストリングスの筋緊張が強いと、肉離れやすねの前内側に痛みが出る鵞足炎の原因となることもある。

2—処置と対応

オーバーユース（使い過ぎ）症候群では、応急手当や運動中止などで痛みなどの症状が軽快しても、運動により痛みが再発することが多いので、重要なのは、正しい診断とその原因を探り、原因を取り除くための指導を受けて、実行することである。ストレッチングによる柔軟性向上や関節可動域訓練などを、筋力強化、持久力強化、バランス能力向上の訓練とともに自ら継続的に実行する。

4—筋痙攣

1—病態と症状

筋痙攣とは、骨格筋が自分でコントロールできずに収縮する（不随収縮）することで、ふくらはぎの下腿三頭筋などで起こることが多く、「こむらがえり」とも言われる。ふくらはぎ以外でも、大腿前面・後面、腹筋、上肢などでも起こる。痛みと、筋肉の収縮がコントロールできないため、運動不能になる。原因は、筋肉の疲労や全身の疲労、脱水による電解質異常などである。

2—応急手当

患部の両側の関節を使って、痙攣している筋肉を伸ばす。軽くマッサージをおこなって、筋肉の緊張をとり、筋肉内の血流を高めることも効果がある。ふくらはぎの筋痙攣では、膝を伸ばした伸展位で足関節を背屈、母趾、足趾も伸展（爪側に伸ばす）した状態にしてしばらく保持する。大腿前面の筋痙攣では膝関節屈曲と股関節伸展をとり、逆に、大腿後面の筋痙攣では膝関節伸展と股関節屈曲をおこなう。通常は、20分程度で痙攣は回復

図9-9　膝関節の半月板損傷の例

図9-10　膝関節の外傷（前十字靭帯断裂）

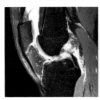

するが，運動による再発もあり，安静による回復と再発防止を図る。重症や再発例では痛みが数日から数週間継続する。

5─肉離れ（筋断裂）

1─病態と症状

肉離れは，筋肉が収縮するときに，筋肉や筋膜，筋腱移行部などで断裂を起こすことで生じる。筋腱移行部に多い。損傷部の痛みがあり，重症では立っていられなくなる。下肢の肉離れは，筋痙攣と同様に，下腿後面や大腿後面，大腿前面に多い。踏み込んだ際やジャンプでの踏み切り・着地，切り返しなどにより生じる。腹筋ではサーブやオーバーヘッドスマッシュなど，体幹を後ろに反らして急激に腹筋に力を入れたときに生じることが多く，右利きのプレーヤーの左側の腹直筋など，利き腕と反対側の腹筋にみられる。

2─応急手当

筋痙攣と異なり，筋肉や腱との移行部で断裂が起こっているので，無理に伸ばさずに，安静をとる。初期に断裂部からの出血による血腫（血液の塊り）ができると，血腫が吸収されて回復するまでに日数がかかるので，受傷初期から1〜2日間は圧迫と固定，安静をおこない，血腫の形成を防ぐ。

6─アキレス腱断裂

1─病態と症状

踏み込んだときなど，下腿後面の下腿三頭筋と踵の骨とをつなぐアキレス腱の断裂が起こる。「後ろからボールが当たった感じ」や「後ろから蹴られた感じ」がするということも多い。断裂部は，皮膚の上から触ると，陥凹がわかることがある。

2─応急手当

筋断裂と同様，損傷部のアキレス腱を無理に伸ばさないよう，膝関節屈曲位，足関節伸展位（足関節をつま先方向に伸ばす）にして安静または固定し，整形外科を受診する。

7─テニス肘

1─病態と症状

テニス肘には，内側型と外側型の2つのタイプがある。内側型は，前腕から肘の内側に突出した骨（上腕骨内側上顆）につながる前腕屈筋（手首

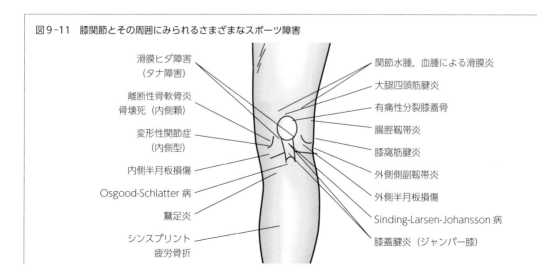

図9-11　膝関節とその周囲にみられるさまざまなスポーツ障害

滑膜ヒダ障害（タナ障害）
離断性骨軟骨炎
骨壊死（内側顆）
変形性関節症（内側型）
内側半月板損傷
Osgood-Schlatter病
鵞足炎
シンスプリント
疲労骨折

関節水腫，血腫による滑膜炎
大腿四頭筋腱炎
有痛性分裂膝蓋骨
腸脛靱帯炎
膝窩筋腱炎
外側側副靱帯炎
外側半月板損傷
Sinding-Larsen-Johansson病
膝蓋腱炎（ジャンパー膝）

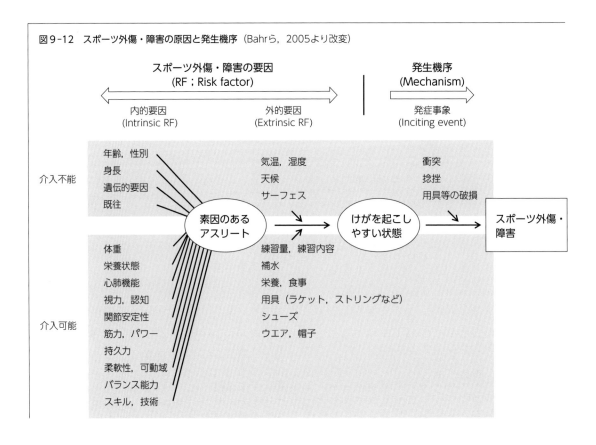

図9-12 スポーツ外傷・障害の原因と発生機序（Bahrら，2005より改変）

を手のひら側に曲げる筋肉）の筋腱付着部の障害で，その部位に運動時の痛みと押さえたときの痛みが生じる。フォアハンドストロークやフォアハンドボレー，サーブ，オーバーヘッドスマッシュなどで痛みが生じる。外側型は，前腕から肘の外側に突出した骨（上腕骨外側上顆）につながる前腕伸筋（手首を手の甲側に動かす筋肉）の筋腱付着部の障害で，バックハンドストロークやバックハンドボレーで痛みが生じる。どちらも，使い過ぎ（オーバーユース）によって起こる。

2—処置と対応

テニス肘は，基本的には，繰り返す比較的小さいストレスによって起こるスポーツ障害で，いわゆる"オーバーユース（使い過ぎ）症候群"であるので，急性外傷の応急手当を要しない。痛みがある場合は，安静と湿布など消炎鎮痛薬の外用薬処置をおこなう。前腕・手指の屈筋・伸筋のストレッチングを十分におこなう。また，痛みのない範囲で，筋力強化をおこない，内的因子である身体的因子を改善する。また，ラケットやストリングなどの反発が強い用具では痛みや症状が憎悪しやすいので，用具についても外的因子として改善を図る（図9-12）。

9-2 リスクマネジメント

1．スポーツの事故

■1—安全への意識

　プロの競技から健康のための運動まで多様な関わりをもちながら，スポーツは私たちにとって身近なものとなった。なかでもテニスは，生涯スポーツの代表的種目として多くの人びとに親しまれている。多くの市民に競技やレクリエーションとして楽しまれることは喜ばしいことであるが，いかなるスポーツにも危険が内在していて，盛んになればなるほど，そこで生じる事故も増加する。まさに，光と影である。

　そのなかには，いくら細心の注意を払っていても避けられない事故がある一方で，活動に携わる指導者・管理者やその参加者自身が事故防止への配慮を欠いたことによって起こるケースも案外多くみられる。ひとたび重大な事故が起こると，活動から長期離脱したり，あるいはその後に障害を残すことになったり，生命に関わることにもなりかねない。そうなると，「スポーツのけがと弁当は自分持ち」といった考え方では済まされず，被害者の救済が重要な課題となる。

　労災保険の関係から広範な過去の事故を対象に調査したH．W．ハインリッヒ（1941）は5000件を超える事故例を丹念にあたり，その事故の頻度を300対29対1の法則（ハインリッヒの法則）として発表している。つまり，身近なところに300例のヒヤッとした小さな出来事があると，そのうち29例は軽い事故となり，その1例は重大な事故となると言う。このことは身近な300のヒヤリ（小さな危険）を見逃さないことの大切さを示しており，あらゆる場面での安全を確認するための指針となる。すなわち，事故の陰にある部分を意識す

ることで，事故を未然に防止することにつながるのである。

スポーツ活動の隆盛とともに，事故は増加しており，その一方で人びとの権利意識の高まりによって，その責任の追及はだんだんと厳しいものとなってきている。そこで指導者をはじめ，管理者などその活動に関わる者は，予防法や救急法などの処置の知識に加えて，それらの事故や危険を減じるためのリスクマネジメント（危機管理手法）や最低限の法律的知識をもつ必要がある。

2―スポーツの事故事例

スポーツに関わって生じる事故には，まず活動中の事故として，参加者の自損的なものから参加者同士で生じる場合，指導者と参加者間あるいは第三者によって生じる場合やその逆に第三者に被害が及ぶ場合，施設・用具に起因する場合，そして指導計画や内容に起因する場合，さらに自然現象が影響する場合などもあり多様である。また，直接的なスポーツ場面ではなく，活動と付随して生じる事故も，広くスポーツ関連の事故と捉えられる。

3―テニスの事故事例

学校での事故を調査している日本スポーツ振興センターの資料や保障給付数からみたスポーツ安全協会等の資料をみると，スポーツ種目ごとの事故発生率は，アメリカンフットボール，ラグビー，柔道，レスリング，体操が上位であり，テニスはそれらと比較すると高くはないが，さて，これまでどのような事故事例が生じているのだろうか。

過去の事例をひろいあげてみると，それらは民間テニスクラブでの打球による傷害事故，あるいは学校の体育授業中の事故，運動部活動中の事故，そして施設や付属設備に関わる事故などがみられ

る。特に，後遺障害や死亡に至ったケースは，プレーやレッスン中に起こった眼球の負傷事故，あるいは部活動でのランニング等の練習後の体調急変による事故，熱中症による事故，そして特殊な事例としては，審判台からの幼児落下事故やコート脇のベンチ日覆い倒壊事故，コートローラー下敷き事故，大会引率中の事故などが，事故判例として散見される。

2．スポーツ事故判例

スポーツの事故のうち裁判で争われた事例は，学校の体育授業中の事故から部活動，そして社会体育活動での事故や民間のスポーツクラブ，プロスポーツでの事故までかなり広範囲にわたっている。訴訟まで至るケースは，やはり重篤な後遺障害や死亡に至る可能性のある水泳，スキー，マラソン・持久走，柔道，体操などの種目が多い。テニスについては決して多くはないが，まずここではテニスに関わる事故判例を検討し，さらに近年の注目すべきスポーツ事故の判断等を確認しておきたい。

1―テニスの事故判例

1―民間テニスクラブでの打球事故①

民間テニスクラブのレッスン中の事故として典型的なケースがある。昭和57年2月，Y会社の経営する硬式テニスクラブの従業員で，テニスの指導にあたっていたコーチAが，原告であるX（女性）を含む初心者クラスの受講生7名に対し，バックハンドストロークの指導をするにあたって，Aが送り出すボールをコートの反対側で受講者2名に交互に打たせることとした。Aが送り出すボールを途切れさせないために，残りの受講者に

は打ち返されたボールを拾って届けるよう指示し，Xが指示に従って，受講者の打ち返したボールを拾っていたところ，その１つがXの右眼に当たり，網膜振盪症等の傷害を受けた。この事故につきXが，この受傷はAが受講者に対する危険防止義務を怠ったことに基づくものであるとして，使用者Y社に対して損害賠償請求をしたものである。

　裁判所は，Aはテニススクールのコーチとして，受講者の生命・身体を損なうことのないよう，その受講者の資質・能力・受講目的に応じた適切な手段・方法で指導をこなすべき注意義務があるところ，これを怠り，主婦で初心者の原告に対し，練習者の近くでボール拾いをすることの危険性やその危険防止について何の指導もしないまま，ボールが衝突する危険のある状況でのボール拾いを指示してこれをさせ，その結果網膜振盪症の傷害を負わせるに至ったものと認められるから，Aの使用者である被告Yは，民法715条1項に基づき，傷害によって被った原告の損害を賠償すべき義務があると言うべきである（約140万円），と判示した（横浜地裁昭和58年８月24日判決，判例時報1091号120頁）。

　つまり，コーチAが安全防止の義務を怠ったと過失を認め，その雇い主である会社Yの使用者責任を認め，損害を賠償するように命じたのである。このケースでは，特に初心者クラスであること，そして練習の体制を考えれば，これらの衝突の危険性を指導者は十分に予見できると思われる。指導者は受講生の生命・身体に最大限注意を払い，その資質や能力などに応じた適切な手段・方法で指導すべき義務があるということである。

②—民間テニスクラブでの打球事故②

　平成６年２月，上級者対象のクラスの受講生X（男性）がボレーを含めたダブルス試合形式のレッスンを受けていた際に，順番待ちのためコートサイドのベンチに腰掛けて下を向いてストリングを調整していたところ，試合形式練習をしていた他の受講生の打ったボレーの方向が逸れて，斜め後ろにいたXの顔面を直撃し，右眼球に外傷性瞳孔麻痺，視力低下等の傷害を負った事案である。原告Xは，ボールを当ててしまった受講生Y1と指導にあたっていたコーチY2と当該テニスクラスを開催していたY3株式会社を被告として，その待機位置の指示などを含め，それらの当事者の過失と原告の被った損害とには相当因果関係があるとして，損害賠償を求めた。

　これに対して，裁判所はこの練習が当日初めておこなわれたわけでもなく，各練習生が適切な場所を選んで待機し，自身の安全およびプレーの妨げにならないように配慮する義務があり，受講生自らが危険を回避すべきであるとし，また，ルールを遵守してまじめに練習に取り組んだ結果，ミスをしたとしてもただちに過失があるとは言えないと，指導コーチもボレーミスした受講生もいずれについても過失がないとされた（横浜地裁平成10年２月25日判決，判例タイムズ992号147頁）。

　このケースでは，経験豊富な受講生は自らの危険を回避する義務があるとした。このように参加者の経験レベルなどその属性によっては裁判所の判断も異なっている。すなわち，指導者にとっては，受講生（参加者）が未熟な初心者や年齢の低い場合は，より安全配慮義務の範囲が大きくなると言ってよい。

③—単位制高校体育授業中事故

　平成８年９月，高校単位制課程に通う62歳になる学生原告X（女性）がテニスの授業で練習試合のコートチェンジ中に，他のコートの聴講生が打ったボールを左目に受け，眼球打撲，左外傷性硝子体剥離の傷害を負い，Y1市に対して国家賠償法第１条，聴講生Y2に対して不法行為に基づ

き損害賠償を求めた事例である。

第一審の大阪地裁（平成9年12月5日判決）判決では、事故原因は担当教諭Aが自ら試合に参加し、コートにいる原告Xを注視せず、隣のコートの状況を見ないままにコートチェンジをしようとするXに隣のコートの状況を注意するように指示・監督しなかった過失があるとして、指導者の過失を認めた（ただし、原告Xの過失も7割とした）。なお、聴講生への請求は棄却している。しかしながら、この判断に対して原告被告とも控訴し、その結果大阪高裁では第一審の判断とは逆に、指導者が試合に入りながら指導する方法は教育的効果もあり、一般に用いられる指導方法であり、担当教諭が自ら参加することなく生徒の動きを常に監視・監督すべき注意義務までは負っていたと言うことはできないとして、過失があったと認めることはできないとした（大阪高裁平成10年7月30日判決、判例時報1690号71頁）。

この訴訟で注意すべき点は、第一審において、正課体育は任意の課外活動よりも指導者の注意義務は高度なものとして、全面的に原告の主張を容認した点でもあった。ただし、第二審の高裁では危険が少ない種目でもその注意義務は求められるが、教諭の注意義務の具体的内容は、授業の対象となる競技種目の違いによる危険度に応じて異なる、として第一審を否定したことである。

4 ― 運動部活動中の事故

昭和56年7月、放課後の練習の準備のために、Y市立中学校テニス部の1年生部員A（男子）が、他の部員2名とともに、重さ620kgの手動式整地ローラー（コンクリート詰め鉄板巻製）を駆け足で勢いをつけながら牽引してコート整備をしていたところ、コートの一部にあった窪みに足をとられてうつぶせに転倒してしまった際、牽引していたローラーが止まらずに、転倒した部員Aを惰性で礫過し、同部員が頭蓋底骨折により死亡した事故が起こった。そこで、Aの両親である原告Xは、Y市立中学校長、部活運動部長およびテニス部指導顧問教員等に対して、国家賠償法による損害賠償を求めた。裁判所は、顧問教諭はローラーの適切な使用方法をテニス部員全員に周知徹底させる注意義務を怠ったとして顧問教諭の責任を認めた。ただし、駆け足した生徒にも駆け足での牽引は危険であることが予知・認識し得たとして、3割の過失相殺をした（静岡地裁沼津支部昭和62年10月28日判決、判例タイムズ671号187頁）。

このケースの場合、顧問教諭から具体的なローラーの牽引についての指導がなされていないこと、過去にもこのようなケースが全国的にも発生していることについての認識不足が指摘されている。

また、これら以外にも部活動中の事故としては、熱中症による後遺障害事故が発生している。2007年5月に起こった事故は、高校2年生女子部員が試験明けで、そのうえ天候も気温湿度ともに高かった状況、さらに指導者がその場を離れている時間帯に生じている。その当日の状況に対して、練習メニューの軽重、指導者の指示事項、水分補給等が自由にできる環境であったのかなどが問われることとなった。この訴訟で、大阪高裁は第一審・神戸地裁の判断を変更し、県側の責任を認め、2億4000万円の支払いを命じた。つまり、学校側が熱中症への注意義務を怠ったと判断したのである。

5 ― その他のテニス関連事故判例

そのほか主催者の責任を問うたケースとして、市の主催するテニス教室で、指導中に受講生の打ち返したボールがインストラクターの目に当たり負傷した事故では、インストラクターはボールを避けることは容易であったこと、練習方法も一般的であったことなどを理由に、主催者である市の

安全配慮義務違反はないと判示されている（東京高裁平成11年6月30日判決，判例タイムズ1028号207頁）。

次に，施設や用具による事故としては，審判台，ベンチ等に関わる特異な事故の判例があげられる。昭和56年8月，Y町立中学校のテニスコートに設置してあった審判台で遊んでいた幼児A（5歳10か月）が審判台の後方から降りようとしたときに審判台が後方に倒れその下敷きになり，脳挫傷により死亡した事故では，第一審・第二審で，営造物の設置・管理の瑕疵を認め，設置管理者たる町の責任が認められている。つまり，通常の使用方法にとどまらず，異なる方法で使用した場合にも耐えうる安全性を求め，このケースの場合，子どもが遊ぶところにある物についてはその安全性を高く示した。いわゆる，誘惑的な危険物となりうることに管理者はより注意が必要ということである。ただし，最高裁では幼稚園児の行動は通常予測し得ないものであったとして，町の責任は否定されている（最高裁平成5年3月30日判決，判例時報1500号161頁）。

さらに，市営テニスコートで外に出たボールを取りに行った者が塀を乗り越え戻る際，コート脇の塀が崩れ落下して，ベンチで見ていた者に当たり重傷を負ったケースでは，市に塀の設置・管理に明白な瑕疵があるとして損害賠償を命じている（浦和地裁昭和55年7月16日判決，判例時報99号）。

またその逆に，公営団地内のテニスコートで男性がコート脇のベンチの日覆いに両手をかけてぶら下がる等の準備運動をしていたところ，骨組みの鉄製パイプが一部腐食していたために根元から折損し，同人が転倒して下敷きとなって負傷した事故では，用途にそぐわない不適切な使用であり，日覆いとして通常有すべき安全性は有していたとして，設置管理者の営造物責任は否定されている（東京地裁昭和58年2月24日判決，判例タイムズ492号91頁）。

❷─重要なスポーツ事故判例から学ぶ

テニスに限らず広くスポーツ指導において参考となる重要な判断が裁判所からなされている。それらからは，特に近年，指導・管理者側にとって厳しい傾向が読みとれる。そのうち，最も注目すべき事例の1つは，落雷事故に関する判断である。

平成8年8月，高校サッカー部員（男子）が遠征先の試合中に落雷を受けて重度の後遺障害を負った事故では，指導者・管理者側の法的責任はないとした第一審および控訴審の判断を最高裁が高裁に再戻し，逆の判断が下されている。つまり，指導者や管理者には落雷に対する危険の予見が可能であり，その回避義務を怠ったとし，3億円を超える損害賠償が認められたのである（高松高裁差戻審判決，平成20年9月17日）。このことは，落雷についての危険の認識を屋外スポーツ活動の指導者・管理者にもたせたことはもとより，情報の収集や落雷感知器などの携帯，大会の中止などを決定できる運営責任者を決めておくこと，大会日程に余裕をもっておくことなどの具体的教訓となった。屋外のテニスの活動でも同様の安全配慮が求められることであろう。

ただし，昨今の屋外の変わりやすい気象，避難の場所，現場の判断などを考えると困難なことも多いため，突発的な自然現象と関わるような事例には，被害者救済の立場からも社会保障的な無過失責任賠償制度の方向を視野に検討すべきと思われる。

また，子ども会のハイキング行事中の事故訴訟で判示されたように，たとえ，ボランティアで指導するような場合でも，法的には指導者と参加者との間に指導契約として一種の役務提供契約が発

生する。つまり，契約書の有無，また有償・無償にかかわらず，指導する側には，「スポーツ指導契約」に付随する義務として「安全配慮義務」が想定され，その違反は通常，不法行為責任あるいは債務不履行責任としての損害賠償がなされる可能性があるのである。

3．指導者が知っておくべき法的知識

1—法的責任

さて，スポーツ活動では，指導する側にどのような責任が生じるのであろうか。すでに判例をみることで示されているがそれらを整理してみよう。一般に責任は，道義上の責任と法律的責任とされ，そこで実際に追及されるのは後者であり，以下のように分けることができる。

▶道義上の責任

▶法律的責任 ── 民事上の責任
　　　　　　── 刑事上の責任
　　　　　　── 行政上の責任

1—民事上の責任

スポーツ事故で問われる責任の多くは民事上の責任である。民事上の責任とは，すなわち損害賠償責任であり，それらは民法の不法行為による請求（民法第709条，第715条），債務不履行による請求（民法第415条），および国家賠償法による請求（国家賠償法第1条，第2条）として現れる。

例えば，不法行為による請求では，民法第709条に，「故意又は過失によって他人の権利又は法律上保護される利益を侵害した者は，これによって生じた損害を賠償する責任を負う」と規定している。つまり不法行為とは，故意又は過失によって他人の権利を侵害する行為であり，①損害の発生　②故意，過失　③違法性　④相当因果関係　⑤責任能力，などの要件が満たされることで不法行為責任が成立することになる。また，民法第715条では，「ある事業のために他人を使用する者は，被用者がその事業の執行について第三者に加えた損害を賠償する責任を負う。ただし，使用者が被用者の選任及びその事業の監督について相当の注意をしたとき，又は相当の注意をしても損害が生ずべきであったときは，この限りでない」として，被用者の過失による損害を賠償する責任を認めている。先に紹介したテニスレッスン中の事故判例で認められたものである。ただし，これら不法行為の場合，被害者は加害者の過失（故意）を立証しなければならない。

これに対して，債務不履行による請求については，民法第415条に，「債務者がその債務の本旨に従った履行をしないときは，債権者は，これによって生じた損害の賠償を請求することができる。…」と規定されている。これは契約責任として，例えば，スポーツ教室などでは，債務者はスポーツ活動を指導する側で，債権者は指導を受けて事故にあった者のようなケースで，この場合は，加害者のほうで過失（故意）のなかったことを立証しなければならない。

国家賠償法による請求については，不法行為責任の特別なケースである。国家賠償法第1条で，「国又は公共団体の公権力の行使に当る公務員が，その職務をおこなうについて，故意又は過失によって違法に他人に損害を加えたときは，国又は公共団体が，これを賠償する責に任ずる。…」として，公務員の加害行為による損害賠償責任を認めている。さらに，同法第2条では公の営造物の瑕疵に基づく損害の賠償責任を規定しており，このなかに公立学校の校舎や体育館・運動場・プール等の不動産ばかりでなく，審判台やゴール等も

含まれると解されている。

2 ― 刑事上の責任

次に，刑事上の責任とは，いわゆる犯罪行為による責任ということで，たとえば，参加者や指導者の過失によって起こった場合には，刑法第211条「業務上過失致死傷等」が適用されることになる。スポーツに関わる事故で刑事上の責任を問われることはまれと言えるが，重過失が認められるような場合は，個人あるいは指導者に対しても責任が及ぶことになる。これまでに高校ラグビー部の合宿で指導者の安全配慮不足により，体調を崩した者を放置し死亡させた事例や，近年では，個人経営の柔道教室に通う小学生が頭部損傷から死亡した事例，高校部活動中の指導者の暴力行為などについて，裁判所は刑事責任を認めている。

▶注 「刑法（業務上過失致死傷等）」
　第二百十一条　業務上必要な注意を怠り，よって人を死傷させた者は，五年以下の懲役若しくは禁錮又は百万円以下の罰金に処する。重大な過失により人を死傷させた者も，同様とする。

3 ― 行政上の責任

行政上の責任は，公務員にのみ係わる責任で，国家公務員法第78条，第82条，地方公務員法第28条及び第29条等に分限，懲戒として規定されており，具体的な懲戒処分は，免職，停職，減給，戒告などである。

2 ― 指導上の安全配慮義務について

先に紹介した判例でもしばしばあげられたように，裁判上では，安全配慮義務が尽くされたかどうかが過失責任を問う場合に重要となる。その安全配慮義務には，予見可能な事柄（状況）であったのか（危険予見義務），また通常の応急措置や緊急的な対応（危険回避義務）が尽くされたかがポイントとなる。

それでは，指導者は具体的にどのようなことを守らなければならないのだろう。この指導者側に求められる指導上の安全配慮義務について，望月は，施設，用具，方法，人などと関わって以下のようにまとめている（伊藤 堯ほか，2000）。

> ①健康状態を把握し，救護する義務
> ②安全にスポーツを行える環境を整備する義務
> ③被指導者を監視下において危険を回避する義務
> ④危険性の高い指導方法を行ってはならない義務
> ⑤技量を把握して，安全に行える技を選択する義務
> ⑥必要な場合は的確な補助を行う義務
> ⑦準備等の行為における安全指導義務
> ⑧被指導者の異常な行為を回避する義務

これらは比較的危険度の低い軽スポーツから高度なレベルのスポーツ指導までを含んだものであるが，テニス指導においてもそれぞれの場面で確認するべきポイントと言えるだろう。

3 ― 違法性阻却事由

ただし，すべての活動場面で指導者側に責任が常に求められるわけではない。スポーツ活動は，当事者間に特有の関係が存在し，行為自体の違法性が阻却される場合があり，それらは危険引き受け（危険の同意）や正当行為などが根拠とされている。

危険引き受けとは，そのスポーツに関わる者は通常そこで生じる危険についてあらかじめ同意していて，著しい逸脱や故意などの行為がなければ，法的な責任は発生しないという考え方である（危

険引き受けの法理）。また，正当行為とは，危険性が高いと思われるものでも相当な行為として社会的に認められている事柄は，その行為自体から生じる損害については，同様に法的責任は問われない。ボクシングなどの危険性の高いスポーツなどがこの典型的な例にあたる。したがって，多くの場合，ルールに従いおこなわれた結果の事故について，指導者も通常は責任を追及されることはないのである。

4―事故の予防と事後補償

1―事故の予防

よりよいスポーツ環境を構築するために，まず事故予防から安全配慮の対象をヒューマン（人），ハード（用具・施設），ソフト（プログラム）の観点から捉えることが大切となる。例えば，人的側面における安全配慮としては，指導者は準備運動とともに参加者の顔色や姿勢，集中力などに注意を向けなくてはならない。次に，ハード面における安全配慮では，使用する用具の点検や施設の状況に注意が必要である。テニスコートの場合は，特に雨天時の表面の状況や不整地，コート周りの障害物，ボールの散乱などに気をつける必要があるだろう。さらに，ソフト面の安全配慮については，その参加者の技術レベル・年齢にふさわしいプログラムや課題の設定となっているかどうかが求められよう。無理な課題によってテニス肘のようなスポーツ障害を誘引することもある。

このほか，特別なケースとして環境面の配慮を要するケースに先の落雷や光化学スモッグをあげておきたい。地域によっては，落雷に限らず，常にこれらの情報を得る体制が求められる。

これらのことをまとめて，指導者や管理者は「危機管理マニュアル」としてシステム化しておくことには意義がある。そのなかには救急・医療を含めた連絡先，情報収集，救急法，AED，事故（記録）報告書などが含まれる。

2―事後補償

事故に関わる当事者の関係を損なわないためにも，被害者に対する十分な補償が大切となる。そこでその対策として，参加者はもとより指導・管理にあたる者も，自らのけがなどに対する補償と他者への損害賠償のできる保険に加入しておくことが求められる。

スポーツ保険には，各種，さまざまなものがあり，テニス保険に特化したものから，広くスポーツ・レジャー保険（年間数千円），あるいは行事的な保険（例えば，1泊2日で数百円）まであり，実際の参加形態，指導形態によって選択することができる。また，グループで継続的に活動しているような場合は，スポーツ安全保険（スポーツ安全協会：サークルであれば，5人以上のグループで年間1850円：2013年現在）などは補償範囲が広く有効である。いずれにしても，他者への損害賠償も含んだ保険であることなど，その補償対象を確認しておくことは大切である。

以上のように，事前の予防と事後の補償は，活動中の安全配慮とともに三側面が揃って，まさにリスクマネジメントとして成り立つのである。

4．よりよいテニス環境を求めて ―もう1つのリスクマネジメント

2011年に成立したスポーツ基本法でも，第14条スポーツ事故の防止等として「国及び地方公共団体は，スポーツ事故その他スポーツによって生じる外傷，障害等の防止及びこれらの軽減に資するため，指導者等の研修，スポーツ施設の整備，スポーツにおける心身の健康の保持増進及び安全の確保に関する知識（スポーツ用具の適切な使用に

係る知識を含む。）の普及その他の必要な措置を講ずるよう努めなければならない」と規定している。さらに，その後文部科学省から出された基本計画のうち安全の確保として，全国的なスポーツ事故・外傷・障害等の実態把握，スポーツ医・科学の疫学的研究の取り組みの推進，指導者等を対象とした研修機会などの取り組み推進さらにAED設置や携行等のAED使用の体制整備の普及・啓発を規定している。これらは単に公共的な機関にだけでなく，広くスポーツの現場に広がることが求められる。

　この項ではテニスの事故判例等を取り上げ，指導者や管理者そして参加者が事故を防ぐために注意すべき点や責任について確認してきた。事故の多くは，無理と無知から生まれると言われる。このことを責任ある立場の者は肝に銘じておかなくてはならない。

　そして，よりよい環境を育てていくためには，もう1つのリスクマネジメントとして，身体的暴力や言葉の暴力あるいはセクシュアルハラスメントなどによる人権侵害のない場を私たちは形成していかなければならない。残念なことに，スポーツ集団内や指導場面でも過去においてこれらの悪しき影の部分が指摘されてきたことは事実である。スポーツは，本来自発的な行為であり，そのものを楽しみ，あるいは課題を克服・達成し，自立していく個人がその主役である。そのためにも，一切の人権侵害行為が起こらない環境をつくり上げていく努力をするべきである。

　安全と公正の視点から，けがや事故の問題ばかりでなく，広く人権侵害との両面をリスクマネジメントの対象として念頭におくことが大切であろう。

[第9章文献]
- 井上洋一，小笠原正他（2005）導入対話によるスポーツ法学，小笠原正［監修］，不磨書房．
- 伊藤堯，濱野吉生，浦川道太郎，菅原哲朗［編］（2000）スポーツの法律相談，青林書院．
- 奈良女子大学文学部スポーツ科学教室［編］（1998）やわらかいスポーツへの招待，道和書院．
- 日本スポーツ法学会［監修］（2011）詳解スポーツ基本法，成文堂．
- 小笠原正，諏訪伸夫［編著］（2008）スポーツのリスクマネジメント，ぎょうせい．

さくいん

欧文

ADP（アデノシン二リン酸） ……………………… 80
AED …………………………………………………… 272
ATP（アデノシン三リン酸） ……………………… 80
ATP-CP系 ………………………………………… 80, 81
CP（クレアチンリン酸） …………………………… 81
PHV年齢 ………………………… 183, 252, 253, 257
RICE処置 ……………………………………… 274, 275
tennis 10s …………………………………………… 193
TENNIS P&S ………………………… 11, 91, 173, 190
tennis Xpress ……………………………………… 194

あ行

アイソキネティックトレーニング ……………… 240
アイソトニックトレーニング …………………… 238
アイソメトリックトレーニング ………………… 238
アプローチショット ………………………………… 64
アミノ酸 ……………………………………………… 94
安全配慮義務 ……………………………………… 285
安全への配慮 ………………………………… 178, 180
アンフォーストエラー …………………………… 132
イースタンバックハンドグリップ ………………… 46
イースタンフォアハンドグリップ ………………… 46
一貫指導 ……………………………………………… 16
一貫指導プログラム ……………………………… 254
一斉指導 …………………………………………… 160
イメージトレーニング …………………………… 109
インターバルスキルトレーニング ……………… 245
インターバルトレーニング ……………………… 245
ウエスタンバックハンドグリップ ………………… 47
ウエスタンフォアハンドグリップ ………………… 46
ウォーミングアップ ……………………………… 230
運動学習 …………………………………………… 100
運動感覚 …………………………………………… 164
運動技能 …………………………………………… 100
運動強度 ……………………………………… 83, 89, 236
運動性無月経 ……………………………………… 259
運動の三法則 ………………………………………… 76
運動有能感 ………………………………………… 152
運動量 ………………………………………………… 76
運動連鎖 ……………………………………………… 78
エネルギー供給過程 ………………………………… 80
エネルギー摂取量 …………………………………… 96
応急手当 …………………………………………… 270
オーバーヘッドスマッシュ …………………… 60, 205
オーバーユース症候群 …………………………… 274

オーバーロードの原理 …………………………… 223
オープンコート …………………………………… 134
オープンスキル ………………………………………… 4
オープンスタンス …………………………………… 40

か行

回転運動 ……………………………………………… 78
解糖系 ………………………………………… 80, 81
外発的動機づけ …………………………………… 101
可逆性の原理 ……………………………………… 223
学習の法則 ………………………………………… 156
過剰学習 …………………………………………… 108
活用型 ……………………………………………… 171
加齢 ………………………………………………… 262
簡易化されたゲーム ……………………………… 173
慣性 …………………………………………………… 76
期計画 ……………………………………………… 170
技術 ………………………………………………… 3, 34
技術的予測 …………………………………………… 6
キネティクス ………………………………………… 71
キネマティクス ……………………………………… 71
基本的戦術 ………………………………………… 193
救命処置 …………………………………………… 271
局面構造 ……………………………………………… 72
期分け ……………………………………………… 236
筋痙攣 ……………………………………………… 280
筋力 ………………………………………………… 221
空間的オープンコート …………………………… 135
クーリングダウン ………………………………… 233
グラウンドストローク ……………………… 49, 202
グランドスラム ……………………………………… 30
グリコーゲン …………………………… 81, 82, 92
グループ指導 ……………………………………… 160
クローズドスキル …………………………………… 4
クローズドスタンス ………………………………… 39
クロスコートラリー ……………………………… 141
クロスステップ ……………………………………… 38
ゲーム・ベースド・アプローチ ………………… 157
ゲーム状況 ………………………………………… 193
血中乳酸濃度 ………………………………… 84, 234
健康増進 ……………………………………………… 88
後輪を利用してのターン ………………………… 209
コーチング …………………………………………… 9
コーディネーション …………………… 12, 222, 237
コーディネーション能力 ………………………… 182
コード オブ コンダクト ………………………… 121
コートサーフェス ………………………………… 149

コードバイオレーション	118	ストレス	105
ゴールデンエイジ	12	ストレッチング	222, 231, 234, 245
呼吸循環器系	251	スピード	222
骨密度	90, 265	スプリットステップ	38
個別指導	160	スポーツ基本法	14, 290
コンチネンタルグリップ	47	スポーツマンシップ	10, 121, 153, 154
		スポーツ立国戦略	15

さ　行

サーキットトレーニング	246	スランプ	109
サーブ	49, 205	生活習慣病	88, 90
最大酸素摂取量	84, 258, 266	セオリー	140, 141, 143
最大心拍数	84, 264	相対評価	176
サイドステップ	38	セミウエスタンバックハンドグリップ	47
サスペンションポイント	118	セミウエスタンフォアハンドグリップ	46
サプリメント	95	セルフテニス	184
作用・反作用の法則	76	セルフラリー	184
酸化系	80, 82	全習法	107
時間的オープンコート	135	戦術	130
持久力	221	戦術的予測	6
事故	283	センターセオリー	141, 147
脂質	93	戦略	130
持続走トレーニング	244	速筋線維	87
至適挑戦	157	ソフトテニス	27
指導強化指針Ⅲ	15	損害賠償	285
指導計画	169		

た　行

地面反力	76	ターン	208
シャトルラン	243	ダイナミックストレッチング	232, 246
ジュ・ドゥ・ポーム	22	耐乳酸性能力	84
重心	77	タイブレークスコア方式	120
集中練習	108	タイムバイオレーション	119
習得型	171	ダウン・ザ・ライン	142
柔軟性	222	ダブルバックハンドグリップ	47
ジュニアプレーヤー	99, 181	段階的指導法	157
生涯スポーツ	2, 90	短縮性収縮	78, 86
食事バランスガイド	96, 97, 98	弾性エネルギー	78
女性アスリート	260	たんぱく質	94
シリアル練習	108	チーフアンパイア	123
神経系	251	チェアーワーク	206
伸張性収縮	78, 86	チェアーワークセオリー	211
伸張−短縮サイクル	78	チェアアンパイア	123
心肺蘇生法	271	知覚	6
心拍数	89	知覚的予測	6
心理的オープンコート	136	遅筋線維	87
スキャモン	248	注意義務	286
スキル	3	中高年	180, 264
スクエアスタンス	39	ティーチング	9
スタティックストレッチング	245	テニス人口	19, 191

テニス肘	281
テニスフィールドテスト	225
デビスカップ	25
デモンストレーション	162
デュースコート	146
転移	109
動機づけ	100
糖質	92
等尺性収縮	86
特異性の原理	223
ドリルゲーム	173
トレーニングセンターシステム	16
ドロップショット	64

な 行

内発的動機づけ	101
難易度	158
肉離れ	281
乳酸	81, 221, 233, 234
乳酸性機構	82
ニュートラル	132
熱中症	276
捻挫	278
ノーアドバンテージ方式	120

は 行

ハーフボレー	65
発育急進期	249
発育発達	99, 248
バックスイング	49
バックターン	210
パッシングショット	65
ハラスメント	10
バランス	75
反応強制法	164
反復練習	107
ビタミン	96
非乳酸性機構	81
評価	166, 229
評価基準	167
標準ターン	208
敏捷性	222
ファンドリル	243
フィーディング	164
フィードバック	102, 106, 161, 163
フィールドテスト	225
フェアプレー	10, 153, 154

フェドカップ	25
フォロースルー	49
プッシュストローク	207
フットアップスタンス	40, 60
フットバックスタンス	40, 60
フットワーク	38
物理的制限法	164
プライオメトリックトレーニング	241
プラトー	109
ブレーキング	208
プレースタイル	27
ブロック練習	108
分散練習	108
分習法	107
並進運動	78
法的責任	288
ポーチのセオリー	145
ボールコントロール	41
ボールコントロール能力	133
ボールパーソン	127
保護者	194, 261
ポジショニング	38
ポジショニング能力	136
ポジショニングのセオリー	144
ポジション的予測	6
ボディーコントロール	36
ボディーワーク	36
ボレー	61, 205

ま 行

マッチタイブレーク方式	120
マネジメント	161
右回りターン	208
ミニダブルス	188
ミニラリー	187
ミネラル	94
無酸素性作業閾値	84
無酸素性持久力	221
無酸素的過程	81
メインゲーム	173
メディカルチェック	180
メンタルプラクティス	109
目標に準拠した評価	166
モニタリング	161

や 行

有酸素性持久力	222

有酸素的過程 ································· 81
ユニット動作 ································· 78
予備力 ······································ 262

ら 行

ラインアンパイア ··························· 126
落雷 ·· 287
ラケットワーク ······························ 37
ラボラトリーテスト ························· 225
ランダム練習 ······························· 108
ランニングステップ ·························· 39
リターン ···································· 64
レジスタンストレーニング ··················· 255
レッスン計画 ······························· 173
レディネス ································· 106
レディポジション ························ 38, 48
レフェリー ································· 122
ロービングアンパイア ······················· 127
ロブ ···································· 65, 147

あとがき

　スポーツには自分の可能性を追い求め，自分の限界に挑戦し自分を鍛える競技スポーツと，健康で楽しく明るい人生を彩る生涯スポーツとがあります。スポーツを振興していくためには，その両面を支えるさまざまな施策が必要です。テニスは手軽にできるスポーツとして，競技スポーツにおいても，生涯スポーツにおいても，ジュニアから高齢者まで多くの人に親しまれているため，スポーツ振興の要として社会に貢献する役割を担っているものと期待しています。(公財)日本テニス協会では，普及と強化を2本柱としてテニスの振興に努めております。近年日本のテニス界では，国際大会における選手の活躍がめざましく，子どもたちに良い刺激と大きな夢を与えています。この礎は長年にわたり全国各地域，各都道府県で指導に携わられた皆様方のご尽力のお蔭であると深く感謝申し上げます。

　2020年東京オリンピック・パラリンピックに向けて，指導者はますます高い指導力が問われることでしょう。指導対象者の技術レベルや年齢層は多様です。勝利を追求する者，教育的効果を期待する者，健康維持や体力の増進・仲間づくりを大切にする者など，多様な要求に応じた指導とその質的レベルの向上が求められています。長期的展望をもち，1人ひとりの個性を見抜き，個人に合わせた適切な指導や助言ができる指導者が必要とされているのです。テニスの経験だけでなく，学問に裏づけられた基礎理論のうえに，テニスの専門性を身につけた指導者であることが求められています。

　本書は，「テニスとは」(第1章)に始まり，テニスの科学，技術，戦術，ルール，指導論，体力トレーニング，安全管理，あるいは車いすテニスなど，従来の枠組みを踏襲しながらも，テニスをやさしく楽しむことを目的に開発されたTENNIS PLAY & STAYなど，すべての章に新しい情報を取り入れました。学校や地域スポーツ活動のなかで，テニスを指導されておられる指導者の参考書として，また技術向上とテニスに関する知識獲得を求めていらっしゃる一般愛好者の副読本として，役立てていただけるような内容です。テニスの普及・発展に寄与し，底辺の拡大と，強化育成のさらなる向上に貢献できるものと確信しています。

　本書発行にあたっては，優れた技術経験と豊富な指導歴のある方々に執筆をお願いし，(公財)日本テニス協会普及本部コーチング委員会のメンバーに編集の労をおとりいただきました。本書の出版にご協力下さいました多くの関係者の皆様に深く感謝し御礼申し上げます。

　　平成27年11月

　　　　　　　　　　　　　　　　　　　　　　　　公益財団法人　日本テニス協会
　　　　　　　　　　　　　　　　　　　　　　　　　　普及本部長　　武正八重子

■ テニス指導教本 編集委員会委員
- 藤田　聡　　（公財）日本テニス協会普及本部副本部長
- 松原 慶子　（公財）日本テニス協会普及本部副本部長
- 井上 直子　（公財）日本テニス協会コーチング委員会委員長
- 畑山 雅史　（公財）日本テニス協会コーチング委員会副委員長
- 高橋 正則　（公財）日本テニス協会コーチング委員会常任委員

■ 執筆者（執筆順）
- 梅林　薫　　大阪体育大学　（第1章1節，第1章2節1項，第1章3節）
- 橋爪　功　　（第1章2節2項〜3項）
- 後藤 光将　明治大学　（第1章4節）
- 村松　憲　　慶應義塾大学　（第2章1節，4節〜5節）
- 道上 静香　滋賀大学　（第2章2節，3節　第3章1節〜2節）
- 藤田　聡　　立命館大学　（第3章1節，3節〜4節）
- 吉居 尚美　立命館大学大学院　（第3章4節）
- 高橋 正則　日本大学　（第3章5節）
- 川廷 尚弘　（公財）日本テニス協会常務理事　（第4章1節1項1〜10）
　　　　　　 （公財）日本テニス協会事業本部本部長
- 岡村 徳之　（公財）日本テニス協会事業本部副本部長　（第4章1節1項11，2項〜3項，第4章2節）
- 高橋 仁大　鹿屋体育大学　（第5章1節〜4節）
- 西村　覚　　島根大学　（第6章1節〜3節）
- 横松 尚志　（公財）日本テニス協会普及本部コーチング委員会常任委員　（第6章4節）
　　　　　　 （公財）日本テニス協会普及本部ジュニア委員会常任委員
- 中原 かおり　（公財）日本テニス協会普及本部普及委員会委員長　（第6章5節）
　　　　　　 岐阜大学非常勤講師
- 中澤 吉裕　（公財）日本テニス協会普及本部普及委員会委員　（第7章1節〜3節）
　　　　　　 （一社）日本車いすテニス協会ナショナルチーム監督
- 岩月 俊二　（公財）日本テニス協会強化情報・科学委員会委員　（第8章1節，3節〜5節）
　　　　　　 （公財）日本テニス協会医事委員会委員
- 小屋 菜穂子　九州共立大学　（第8章2節）
- 北村　哲　　びわこ成蹊スポーツ大学　（第8章2節）
- 勝田　茂　　筑波大学名誉教授　（第8章6節）
- 中田　研　　大阪大学　（第9章1節）
- 井上 洋一　奈良女子大学　（第9章2節）

■ 技術写真協力
- 守屋 宏紀

＊所属と役職は2015年12月時点の情報。

| テニス指導教本 I |
| ©Japan Tennis Association 2015 　　　　NDC783／xiii, 297p／24cm |

| 初版第1刷 | 2015年12月20日 |
| 第2刷 | 2023年9月1日 |

編　者	公益財団法人 日本テニス協会
発行者	鈴木一行
発行所	株式会社 大修館書店
	〒113-8541 東京都文京区湯島2-1-1
	電話03-3868-2651（販売部）　03-3868-2299（編集部）
	振替00190-7-40504
	［出版情報］https://www.taishukan.co.jp/

装丁・本文デザイン	井之上聖子
イラスト	落合恵子
技術写真撮影	三船貴光
図版作成	イーアールシー
印　刷	横山印刷
製　本	難波製本

ISBN978-4-469-26785-3　　Printed in Japan

Ⓡ本書のコピー，スキャン，デジタル化等の無断複製は著作権法上での例外を除き禁じられています。本書を代行業者等の第三者に依頼してスキャンやデジタル化することは，たとえ個人や家庭内での利用であっても著作権法上認められておりません。